本书为国家古籍整理出版"十一五"重点规划项目"江右族群文献整理系列"之一

本书为江西省高校古委会古籍整理项目并获其出版资助

临川二晏集

(北宋) 晏　殊
　　　晏幾道　著

黄建荣
戴训超　整理

江西人民出版社
Jiangxi People's Publishing House
全国百佳出版社

《江右族群文献整理系列》丛书总序

唐贞观年间,分天下为十道,其一为江南道,今江西辖区属于江南道;玄宗开元二十一年(733年),分天下为十五道,析江南道为江南东道、江南西道,今江西辖区其时多属江南西道,江西政区得名,率由乎此。"江右"为江西别称之一,明末清初宁都三魏之一的魏禧,在其《日录·杂说》中解释"江东、江西"时说:"江东称江左,江西称江右,何也?曰:自江北视之,江东在左,江西在右耳。"古人习惯坐北朝南,从北往南看;江东在左,被称"江左";江西在右,故称"江右"。本丛书之所以取名《江右族群文献整理系列》,是因为宋代文献中多以"江右"称江西。

江西被称为吴头楚尾,地理位置优越,"襟三江而带五湖,控蛮荆而引瓯越",但历史上很长时间被中原人目为蛮荒之地,化外之所。相传江西历史上第一位历史名人——澹台灭明,虽为孔子七十二贤弟子之一,但却是长得最丑陋的一个,仿佛在江西生活的人都长得难看。江西籍高士徐孺子,被荐为太守而不就,是著名隐士。在《后汉书》中虽誉其为"角立杰出",但却指其出身是"南方卑薄之域"。可见在唐代之前,江西被看作是瘴气弥漫的落后之地。

进入两宋,江西突然异军突起,政治、经济、文化全面繁荣。时人欧阳修云:"区区彼江西,其产多材贤。"(《居士集》卷七)科举文化尤其发达,洪迈称"人才之盛,遂甲于天下"(《容斋随笔》卷五)。杨万里亦谓"窃观国朝文章之士,特盛于江西。……求之地方,未有若是其者"(《诚斋集》卷一三三)。同一纬度的省份,如福建、湖南、贵州、四川等,在两宋时期远落后于江西。后人曾有统计中国科举仕宦地理分布情况,其中江西自隋以降,共有进士10506人,占全国进士数98689的10.64%——余秋雨名作《文化苦旅》中即有《十万进士》篇目,其数值当取整数;而两宋时期,江西籍进士高达5145人,居全国第二,状元也有13人,其中不乏闻名后世者(参胡兆量《中国文化地理概述》,北京大学出版社2006年版,第192页)。产生两宋科举成就的原因固然很多,其中江西人读书成风,应是一个不可忽略的原因。洪迈观察到的江西一隅,其家乡饶州读书风气时评论说:"为父兄者,以其子弟不文为咎;为母妻者,以其子与夫不学为辱。其美如此。"此说恰当地反映了当时的情况,因科举兴家者,在江西如雨后春笋般不断冒出。例如,晏殊14岁举神童,15岁即应廷试,赐同进士出身;刘敞、刘攽、刘奉世两代三人一门三进士;洪皓、洪适、洪遵、洪迈父子一门四进士,甚或还出现乐安流坑董氏家族一门五进士的盛况。明清时期,江西仍延续了两宋科举传统,人才辈出,尤其是明代,时有"状元多吉水,朝士半江西"之谚(《元明事类钞》卷十二"多吉水"条)。

两宋时期,是江西由蛮荒落后之地转变为富裕发达之所的关键时期。转变的原因,尽管已经有不少学者进行了大量的研究,但成果总还是不尽如人意。本次整理以临川二晏、临江三刘、鄱阳四洪别集为整理对象,就是想为当今学界提供更多更好的宋代历史文献。这九位两宋江西先贤在各自的领域内为中国历史增添了华彩。晏殊年少成名,15岁中式,历真宗、仁宗朝,屡任要职,35岁入枢府至54岁罢相,选贤任能,范仲淹、宋祁、欧阳修等后世闻名人物,均出自其门下,在文学上他也开创了江西词学,留下了诸多宝贵文字,值得整理。刘敞学识渊博,为欧阳修、王安石、曾巩等推崇;其弟刘攽,苏轼赞其"能读坟典丘索之书,习知汉魏晋唐之故",以治汉史著名。洪氏家族中洪皓以气节著称,会靖康事变,出使金国被迫滞留15年,南归后被誉为"宋之苏武";长子洪适(Kuò)以金石学见长,著有《盘洲集》80卷;洪迈更因五集《容斋随笔》而声名卓著,四库馆臣评曰:"辩证考据,颇为精当。"

《江右族群文献整理系列》的出版,若能助益宋代江西史研究,则幸甚。

江西省高校古籍整理研究指导委员会

晏殊集

(北宋)晏殊 撰

黄建荣 韩锋 杨安邦 整理

前　言

《晏殊集》，宋晏殊撰。

晏殊(991—1055)，字同叔，江西临川人(其故里今划归南昌市进贤县)。北宋文学家。自幼聪颖，7岁能文。宋真宗景德初年，张知白安抚江南以神童荐之，时年14岁。15岁时，与进士千馀人并试廷中，提笔立成，得真宗嘉尚，赐同进士出身，擢秘书正字，留秘阁读书。三迁为集贤校理。23岁时，以父丧归临川。24岁时，真宗夺服起之，从祀太清宫诏修宝训，同判太常礼院。25岁左右丧母，求终服不许，再迁太常寺丞，擢左正言、直史馆。28岁时，为昇王府记事参军，以户部员外郎知制诰，为太子舍人(东宫属官)。30岁时，拜翰林学士，为太子左庶子。宋仁宗时，晏殊于32岁迁右谏议大夫兼侍读学士，同修《真宗实录》。34岁迁礼部侍郎。35岁拜枢密副使(掌管军事的副丞相)，因上疏论张耆不可为枢密使而迕太后旨，罢知宣州(治今安徽宣城)，改应天府(治今河南商丘)。39岁召拜御史中丞资政殿学士兼翰林侍读学士，不久即升参政知事(副相)加尚书左丞。43岁因撰李宸妃墓志失实，以礼部尚书罢知亳州(治今安徽亳州市)，二年后徙陈州(治今河南淮阳)。48岁迁刑部尚书，以本官兼御史中丞复为三司使。50岁知枢密院事，遂为枢密使进同中书门下平章事(宰相)。53岁拜集贤殿学士同平章事兼枢密使。54岁时，因被谏官奏论而罢相，开始了将近十年的贬谪生涯：先是降工部尚书知颍州(治今安徽阜阳市)，57岁以刑部尚书知陈州，次年又知许州(治今河南许昌市)，60岁以户部尚书、观文殿大学士知永兴军(治今陕西西安市)，63岁徙知河南府兼西京(今河南洛阳)留守，迁兵部尚书，封临淄公。次年因病请归京师。既愈，仍求出，特留迩英阁。次年病逝，享年65岁，葬于河南阳翟县麦秀乡之北原。卒赠司空兼侍中,谥元献。仁宗亲临其丧,并诏令辍朝二日,以示哀悼。

晏殊学富才高,历任要职。他奉养清俭,居家严整。重才、选才、育才,出力为最。宋代兴学,自晏殊始。他知人善用,务进贤才,四方学者,云集门下。当世知名人士如范仲淹、孔道辅、韩琦、富弼、杨察、杜衍、宋庠、欧阳修等皆得以进用,造就了仁宗一朝人才鼎盛的政局。

晏殊生平著述甚丰,《宋史》本传记之有"文集二百四十卷,及删次梁、陈以后名臣述作,为《集选》一百卷",《东都事略》记为 240 卷,《中兴书目》作 94 卷,《文献通考》记有《临川集》30 卷、《紫薇集》1 卷。南宋陈振孙云晏殊之五世孙晏大正作《年谱》1 卷,言其先祖晏殊有《临川集》30 卷、《二府集》25 卷,今皆不传。另据文献记载,晏殊曾编《上训》及《真宗实录》,悉心编纂《天圣十八路图》《方岳志》《舆地志》等志书,惜原本皆不传,幸《玉海》《咸淳临安志》等均采其书,犹可窥见其概。

《四库全书》所收录的晏殊著述,有清人所辑《元献遗文》1 卷、《珠玉词》和《类要》100 卷(存目)。其中《类要》属于类书性质。该书原为 100 卷,今收入《四库存目丛书·子部·类书类》,实存 37 卷,为清钞本。由其目录可知,现存的内容除地理类八卷之外,其余均属杂类,如"帝谦辞至帝怒"(第九卷)、"母后至主幼"(第十卷)、"门下省至正字"(第十六卷)、"谏官至恋阙"(第十八卷)、"致仕至连累"(第二十五卷)、"总叙隐士至神异方士"(第二十七卷)、"酒至茶"(第二十八卷)、"杂博戏至杂音伎"(第二十九卷)、"优劣语至自戒"(第三十二卷)、"北狄至边塞风景"(第三十六卷)、"历代杂录至丧乱"(第三十七卷)等。该书的内容和主要特点,从《四库总目提要》之《类要提要》和曾巩的《类要序》可见一斑,兹不赘述。

《元献遗文》含诗、词、文三大类共 63 篇:诗 6 首;词 51 首;文有 6 篇,涉及札子、状、记、铭、书等文体。《珠玉词》收词为 131 首。可以看出,《四库全书》对晏殊的诗、文收录是很少的。新中国成立以来,古籍整理成效显著,涉及晏殊作品的整理主要有:《全宋文》辑得其佚文 55 篇(含残篇、残句),包括赋 9 篇,制、状、表、奏等 23 篇,其余为书、序、跋、论、记、铭、赞、碑志等 23 篇;《全宋诗》补辑、编次其诗为三卷,共120首和残句61条,《全宋诗订补》收诗2首和残句1条;《全宋词》收其词140首,其中《珠玉词》134首,补遗6首,残句1条,以及20余条存目词。《全宋词补释》辑补词2首。点校者另从《两宋名贤小集·萝轩外集》中补辑晏殊诗残句5条。

晏殊之文"赡丽",从其赋可见一斑。晏殊赋在内容上流溢出太平盛世的雍容闲雅心态,在铺陈、用典、藻饰、音律等形式方面也颇具特色。如《中园赋》,反复叙说先贤隐居田园的好处:"惟二哲之高矩,蔼千龄之信牍。……崇高宅乎富贵,声教移乎风俗",通过藻饰反复渲染中园的美景:"坛杏蒙金,蹊桃衔碧。李杂红缥,柰分丹白。梨夸大谷之种,梅骋含章之饰。……愈疾栽菊,忘忧树萱。香珍绿蕙,媚服崇兰。玉蕊金蓥,相思杜鹃。辛夷袭紫,芍药含丹。"如《雪赋》大量运用与雪有关的典故:"旌冯豹之奏事,纳晏婴之进说。……讽班姬之比物,吟谢媪之联章。……班晋钺以命将,约齐瓜而遣戍。……杖汉节兮毛尽,击燕歌兮泪注。"晏殊的其他散文,也有一些可说之处。如《庭莎记》虽是在他被罢相贬官后怀有牢骚时所写,但还是压抑不住其自得其乐、悠游闲适的心情;《因果禅院佛殿记》所采用的骈散合一的句法;《两朝祥瑞赞序》的简练、清丽;《萧望之论》的起伏跌宕结构和势如破竹的语气;《奥室铭》的托物言志,等等。

关于晏殊之诗的研究,一般文学史几乎是一笔带过。实际上,晏殊诗无论是数量还是成就,都在北宋诗坛上占有一席重要之位,古代就有不少文人对其诗进行了评价。如宋祁在《宋景文笔记》中认为晏殊是"今世之工为诗者也""(晏公)诗见编集者乃过万篇,唐人以来所未有",欧阳修在《六一诗话》中说晏殊"尤善为诗",曾巩在《类要序》中说晏殊"尤长于诗,天下皆吟诵之",《宋史》本传说晏殊"尤工诗,闲雅有情思"。从题材和内容上看,晏殊的早期诗与西昆体之诗风联系应较密切,其已佚的《紫薇集》正是晏殊与西昆体作家唱和的代表诗集。正如宋人程敦厚在《晏元献公紫薇集序》中所言:"自公与杨、刘唱和集出,学者争效之,号西昆体,李、杜之作几废而不行。"而现存的晏殊120多首诗,主要包括四大方面内容:一是展示帝王活动的应制之作;二是歌宴酒席的唱酬;三是对太平盛世的节日描绘,仅诗题就涉及到元日、立春、上元、上巳、社日、七夕、端午、寒食、中秋、重阳、冬至、除夜等众多节日;四是描写士大夫的优游富贵生活。晏殊诗歌题材的构成,显然与他所处的时代,以及他的身份、地位与生活道路密切相关。当然,晏殊也在一定程度上关注了社会现实。如"莫惜青钱万选才"(《假中示判官张寺丞校勘》)表达对贤才的期盼;"白沙草场多雁户,黄榆关迥绝狼烟"体现对国事的操心;"尧萱方告朔,汉時更宜春。菖叶农耕候,如膏洒泽频"(《奉和御制中和节》)表明了对农事的关心;"荒田野草人间事,谁向伶玄泪满衣"(《寒食东城作》)流露出对人民的同情。从艺术特点上看,晏殊诗主要追求的是一种清丽淡雅的富贵气象。如"鉴湖清澈秦望高"(《忆越州》)、"清香犹绽雪中梅"(《元日词御阁》之四)、"不辞终夕赏清辉"(《次韵和王校勘中秋月》)、"清晓融风肃桂堂"(《和至日北园燕集》)、"托根清禁中"(《西垣榴花》)等诗句,无不显示出"清"的境界;如其名篇之一七言律诗《无题》(又名《寄托》或《寓意》)中的"梨花院落溶溶月,柳絮池塘淡淡风"二句名对,因其以清丽的辞藻和悠闲的情调营造出一种天然、华美的富贵气象,故而深得后人好评。宋代葛立方评之为"自然有富贵气",清人冯班评之为"自然富贵,妙在无金玉气"。

在文学史上,晏殊对词的贡献尤为突出。如欧阳修云:"晏公小词最佳,诗次之,文又次于诗。"晏殊词上承南唐花间遗绪,下启北宋婉约词风,有继往开来之功,与幼子晏几道和张先、欧阳修四人同被誉为宋词"四大开祖"。从题材内容上看,绝大部分是书写男女之间的相思爱恋和离愁别恨。如"无穷无尽是离愁,天涯地角寻思遍"(《踏莎行》),"无情不似多情苦,一寸还成千万缕。天涯地角有穷时,只有相思无尽处"(《玉楼春》),"窗间斜月两眉愁,帘外落花双泪堕。朝云聚散真无那"(《木兰花》),其语言已无花间词的秾艳,而更显清丽疏朗,温润秀洁。晏殊词也经常表现对生命的忧思,如"细算浮生千万绪,长于春梦几多时"(《木兰花》),"可奈光阴似水声,迢迢去未停"(《破阵子》),"时光只解催人老"(《采桑子》;《渔家傲》),"所惜光阴去似飞"(《破阵子》),"春光一去如流电"(《踏莎行》),"念时光堪惜"(《滴滴金》)等。而当这种对人生有限的忧思与情爱的缺失交融在一起之时,就构成了其"情中有思"的特点,如代表作《浣溪沙》:"一曲新词酒一杯。去年天气旧亭台。夕阳西下几时回。　　无可奈何花落去,似曾相识燕归来。小园香径独徘徊。"其中"无可奈何花落去,似曾相识燕归来"为千古传诵的名句:表面看来,它写的是落花缤纷,惜花人对花之凋谢无奈的叹息;燕子仿佛是旧时的老相识,年年岁岁按时归来;实际上,正如今人叶嘉莹所云,是"伤春之哀悼中,却隐含了对于消逝无常与循环不已之两种宇宙现象的对比的观照"。晏殊是宋代第一个大量创作寿词者,因此还有较多的祝寿之作,其中主要是为帝王祝寿,也有一些是为妻子和自己祝寿。前者之代表如"四海一家同乐。千官心在玉炉香。圣寿祝天长","金炉暖。龙香远。共祝尧龄万万"(《喜迁莺》)等。这些祝寿词在文学史上的价值和意义虽不十分显著,但毕竟扩大了词的应用功能;从文化史的角度来看,则在一定程度上反映了当时的一些社会风貌。

晏殊词的艺术特色,可用"风流闲雅"来概括之。如《清平乐》:"金风细细。叶叶梧桐坠。绿酒初尝人易醉。一枕小窗浓睡。紫薇朱槿花残。斜阳却照阑干。双燕欲归时节,银屏昨夜微寒。"这首词可看做是体现晏殊词艺术特色的代表作之一。词的上片,写秋风细细吹来,梧桐叶缓缓飘落,词人品尝着绿酒,借着醉意倚着窗下独睡,尽显出轻松、悠闲的风流情态;词的下片,先写词人酒醒后在慵懒满足心态下的所见:鲜艳漂亮的紫薇花和红色木槿花渐显凋残,温暖的夕阳映照着阑干;再笔锋一转,既惜燕子将归,又用"微寒"一词来感伤昨夜之孤独之情。全词既有金风、梧桐、绿酒、紫薇、朱槿、斜阳、银屏等意象所呈现的华丽色彩,也有风细、叶坠、尝酒、浓睡、花残、斜照、归雁、微寒等动作描绘而呈现的淡雅情调。今人赵尊岳之《珠玉词选评》一书评此词"抒写静中情味,雅韵欲流",詹安泰于《宋词简论》中评此词"景象和心情融成一片,意境清新,耐人寻味"。

晏殊之文、诗、词,原无定名,此次整理统称为《晏殊集》。点校底本主要是影印文渊阁《四库全书》本(简称《四库》本)中所载的《元献遗文》和《珠玉词》。主要对校本有三:一是曾枣庄、刘琳主编的《全宋文》第十九册(上海辞书出版社、安徽教育出版社,2006),二是北京大学古文献研究所编的《全宋诗》第三册(北京大学出版社,1998),三是唐圭璋编《全宋词》第一册(中华书局,1979重印本)。其他参校本有:清康熙庚申年间胡亦堂的《晏同叔先生集》(《四库存目丛书·集部》卷393,齐鲁书社,1997。该书即《四库全书》所本,简称"胡本");宋陈思编,元陈世隆补的《两宋名贤小集·萝轩外集》所收的晏殊诗(见《四库全书·集部八·总集类》,简称"陈本");清嘉庆九年南城曾燠编撰的《江西诗征》(《续修四库全书·集部·总集类》,上海古籍出版社,2002。简称"曾本")所选的晏殊诗;明毛晋汲古阁刊刻本《宋名家词·珠玉词》(《续修四库全书·集部·词类》,2002。简称"毛本"),清沈辰垣等编撰的《御选历代诗馀》(《四库全书·集部十·词曲类二》,简称"沈本")所选的晏殊词,等。

本书的体例,分前言、正文、补遗和附录四大部分。正文的编排,先列《四库》本的《元献遗文》,包括《四库提要》和胡亦堂的自序;次列《四库》本的《珠玉词》,包括《四库提要》、毛晋的《珠玉词跋》、晏端书的《珠玉词钞跋》。补遗的原则是:参照《全宋文》《全宋诗》和《全宋词》,凡正文已出现而这三套书中亦录的晏殊文、诗、词不再重复,凡正文未出现而这三套书中已录的则作为补遗,但不出校记。附录大致分为三类:一是关于晏殊的生平及言行(选自《宋史》、明清地方志、族谱序、文集和笔记等),二是关于宋人对晏殊的祭悼诗文(摘自宋人的诗文集),三是关于宋人对晏殊作品的评价(含序、跋、诗话等)。

本书点校者为东华理工大学黄建荣、韩锋、杨安邦三人。黄建荣负责体例安排、版本的遴选、附录材料的搜集,以及点校、统稿和初审等工作;韩锋主要参与文本和部分材料的搜集、打印,以及大部分文稿的初校工作;杨安邦主要参与前言的初撰和《元献遗文》的点校工作。

点校者
2010年8月

篇 名 目 录

说明：
(1)篇名与所在页码之间用"/"(斜杠)隔开。
(2)词牌后用"( )"括注第一句,不超过四字。以与同一词牌各首相区别。

元献遗文
《四库全书总目·元献遗文》提要/19
清胡亦堂《晏同叔先生集序》/20
文
天圣上殿札子/21
进两制三馆牡丹歌诗状/21
庭莎记/22
几铭/23
答赞善兄家书/23
答中丞兄家书/25
诗
列子有力命王充有命禄极言必定之致览之有感/26
和王校勘中夏东园/26
初秋宿直/26
安昌侯/27
无题/27
忆临川旧游/27

词
浣溪沙(阆苑瑶台)/28
又　(三月和风)/28
又　(青杏园林)/28
又　(一曲新词)/28
又　(宿酒才醒)/29
又　(已是年光)/29
更漏子(寒雁高)/29
鹊踏枝(槛菊愁烟)/29
凤衔杯(留花不住)/30
清平乐(春花秋草)/30
又　(秋光向晚)/30
又　(春来秋去)/30
红窗听(记得香闺)/31
撼庭秋(别来音讯)/31
少年游(芙蓉花发)/31
木兰花(东风昨夜)/31
又　(池塘水绿)/32
又　(朱帘半下)/32
殢人娇(二月春风)/32

踏莎行(细草愁烟)/32
　又　(祖席离歌)/33
　又　(碧海无波)/33
　又　(小径红稀)/33
渔家傲(宿蕊攒攒)/33
　又　(越女采莲)/34
玉楼春(绿杨芳草)/34
阮郎归(南园春半)/34
蝶恋花(帘幕风轻)/34
　又　(六曲栏杆)/35
临江仙(斗草阶前)/35
　又　(浅浅馀寒)/35
蝶恋花(卷絮风头)/35
　又　(醉到西楼)/36
　又　(欲减罗衣)/36
鹧鸪天(彩袖殷勤)/36
　又　(斗鸭池南)/36
　又　(陌上濛濛)/36
生查子(金鞭美少)/36
南乡子(绿水带春)/37
清平乐(留人不住)/37
　又　(西池烟罩)/37
　又　(暂来还去)/37
木兰花(秋千院落)/37
菩萨蛮(哀筝一弄)/37
玉楼春(一尊相遇)/38
阮郎归(残香剩粉)/38
虞美人(飞花自有)/38
　又　(曲阑干外)/38
踏莎行(雪尽寒轻)/38

御街行(霜风渐紧)/38
六幺令(日高春睡)/39

珠玉词(《四库》本,109首)
《四库全书总目·珠玉词》提要/40
明毛晋《宋六十名家词》之《珠玉词跋》/41
清晏端书《珠玉词钞跋》/42
点绛唇(露下风高)/43
浣溪沙(红蓼花香)/43
　又　(淡淡梳妆)/43
　又　(小阁重帘)/43
　又　(绿叶红花)/43
　又　(湖上西风)/43
　又　(杨柳阴中)/43
　又　(玉椀冰寒)/44
清商怨(关河愁望)/44
菩萨蛮(芳莲九蕊)/44
　又　(秋花最是)/44
　又　(人人尽道)/44
　又　(高梧叶下)/44
诉衷情(青梅煮酒)/44
　又　(东风杨柳)/45
　又　(芙蓉金菊)/45
　又　(数枝金菊)/45
　又　(露莲双脸)/45
　又　(秋风吹绽)/45
　又　(世间荣贵)/45
采桑子(春风不负)/45

又　（红英一树）/46
又　（阳和二月）/46
又　（樱桃谢了）/46
又　（古罗衣上）/46
又　（时光只解）/46
又　（林间摘遍）/46
酒泉子(三月暖风)/46
又　（春色初来）/47
望仙门(紫薇枝上)/47
又　（玉壶清漏）/47
又　（玉池波浪）/47
谒金门(秋露坠)/47
清平乐(金风细细)/47
又　（红笺小字）/47
更漏子(蕣华浓)/48
又　（雪藏梅）/48
又　（菊花残）/48
相思儿令(昨日探春)/48
又　（春色渐芳）/48
喜迁莺(风转蕙)/48
又　（歌敛黛）/49
又　（花不尽）/49
又　（烛飘花）/49
又　（曙河低）/49
胡捣练(小桃花)/49
秋蕊香(梅蕊雪残)/50
又　（向晓雪花）/50
滴滴金(梅花漏泄)/50
燕归梁(双燕归飞)/50
又　（金鸭香炉）/50

望汉月(千缕万条)/50
少年游(重阳过后)/51
又　（霜华满树）/51
又　（谢家庭槛）/51
雨中花(剪翠妆红)/51
迎春乐(长安紫阳)/51
红窗听(淡薄梳妆)/52
睿恩新(芙蓉一朵)/52
又　（红丝一曲）/52
玉楼春(帘旌浪卷)/52
又　（燕鸿过后）/53
又　（池塘水绿）/53
又　（玉楼朱阁）/53
又　（朱帘半下）/53
又　（杏梁归燕）/53
又　（紫薇朱槿）/53
又　（春葱指甲）/54
又　（红条约束）/54
凤衔杯(青苹昨夜)/54
又　（柳条花缬）/54
踏莎行(绿树归莺)/55
临江仙(资善堂中)/55
蝶恋花(一霎秋风)/55
又　（紫菊初生）/55
又　（南雁依稀）/55
又　（紫府群仙）/56
玉堂春(帝城春暖)/56
又　（后园春早）/56
又　（斗城池馆）/56
渔家傲(画鼓声中)/56

又　（荷叶荷花）/57
又　（荷叶初开）/57
又　（杨柳风前）/57
又　（叶下鹙鹐）/57
又　（罨画西边）/57
又　（脸傅朝霞）/58
又　（粉面啼红）/58
又　（幽鹭慢来）/58
又　（楚国细腰）/58
又　（嫩绿堪裁）/58
破阵子（海上蟠桃）/59
又　（燕子欲归）/59
又　（忆得去年）/59
又　（湖上西风）/59
瑞鹧鸪（越娥红泪）/59
又　（江南残腊）/60
殢人娇（玉树微凉）/60
又　（一叶秋高）/60
连理枝（玉宇秋风）/60
又　（绿树莺声）/60
长生乐（玉露金风）/61
又　（阆苑神仙）/61
山亭柳（家住西秦）/61
拂霓裳（庆生辰）/61
又　（喜秋成）/61
又　（笑秋天）/62

补遗

文（《全宋文》）
中园赋/63

飞白书赋/64
御飞白书扇赋/65
雪赋/65
亲贤进封赋/66
皇子冠礼赋/66
西掖植紫微赋/67
傀儡赋/67
蜩蛙赋/67
祖士衡起居舍人告词/67
丁谓复相制/67
举范仲淹状/68
请赐舍人院书籍增给财物奏/68
刘筠序班奏/68
京百司吏授官归司事奏/68
乞选人更不隔年预使季阙奏/68
看验进状举人文卷事奏/69
张耆不可为枢密使奏/69
乞令场务不得妄增课利奏/69
荐王洙为应天府书院说书奏/69
差剩员兵士代百姓充驿子奏/69
诸州都监等尝为公人仆隶者勿与
　旧所事官接坐奏/69
乞罢职田状/70
乞举人增试策问奏/70
四夷朝贡请遣官记异域风俗奏
　/70
代辞升储表一/70
代辞升储表二/71
侍读学士等请宫中视学表/71
谢赐会灵观铭石本表/72

谢赐飞白书表/72
谢昇王记室表/72
答枢密范给事书/72
与富监丞书/73
徐公文集后序/74
东封圣制颂序/74
惟德动天颂序/75
天和殿御览序/75
两朝祥瑞赞序/75
跋宋景文诗/75
萧望之论/75
论秦穆公用由余/76
演连珠/76
御飞白书记/76
五云观记/76
因果禅院佛殿记/78
奥室铭/79
连理木赞/79
章懿太后神道碑/79
马忠肃公亮墓志铭/79
光禄寺丞胡仲容公墓志/86
诗(《全宋诗》)
留题越州石氏山斋/87
赠会稽道士/87
忆越州二首/87
吊苏哥/87
正月十八夜/87
咏上竿伎/88
煮茶/88
题太祖庙（又作"题阏伯庙"）/88

中书即事/88
和宋子京召还学士院/88
竹醉日/88
假中示判官张寺丞王校勘/88
雪中/89
盂兰盆/89
古瓦砚诗/89
送董信州/89
建茶/89
禁苑/89
题巩县西门周襄王庙/89
鹿葱花/90
送僧归护国寺/90
麻姑山/90
牡丹/90
迎春花/90
金灯花二首/90
石榴/91
草/91
椿/91
柳/91
金凤花/91
金棖园/91
上元/91
七夕/91
奉和真宗御制后苑杂花海棠/92
海棠四首/92
和枢密侍郎因看海棠忆禁苑此花最盛/92
奉和圣制元日二首/92

元日词/92
癸酉岁元日中书致斋感事/93
壬午岁元日雪/93
奉和圣制立春日二首/94
奉和圣制新春/94
立春祀太乙二首/94
立春日词/94
奉和圣制上元夜/95
扈从观灯/95
奉和圣制上元夜/96
奉和圣制上元三首/96
上元夕次韵答张谏议/96
次韵和天章范待制上元从幸会灵观/96
丁卯上元灯夕二首/96
正月十九日京邑上元收灯之日/96
元夕/97
上元日诣昭应宫分献凝命殿以宪职不预班独归书事/97
奉和御制中和节/97
奉和圣制社日/97
社日/97
寒食东城作/97
寒食游王氏城东园林因寄王虞部/97
次韵和参政陈给事寒食杜门感怀二首/98
奉和圣制上巳日/98
上巳赐宴琼林与二府诸公游水心憩于西轩二首/98
上巳琼林苑宴二府同游池上即事口占三首/98
端午词/98
端午作/100
七夕/100
社日戏题呈任副枢/100
丙寅中秋咏月/100
次韵和王校勘中秋月/100
中秋月/101
中秋月二首/101
次韵和司空相公闰秋重九中书对菊/101
九日北郡登高见寄/101
九日宴集和徐通判韵/101
次韵和史馆吕相公九日偶成/101
八月菊/102
重阳夕内宿/102
九月八日游涡/102
闰九月九日/102
和至日北园宴集/102
奉和圣制冬至/102
奉和圣制除夜二首/103
和三兄除夜/103
次韵和致仕陈相公除夜/103
春阴/103
赋得秋雨/103
送凌侍郎归乡/103
张太傅生日诗/104
巢父井/104

转运度支得青州资政黄素书韩吏部伯夷颂许昌相公以诗跋尾遂为七言因而寄及谨用拙篇纪咏/104

次韵谢借观五老图/104

赠李阳孙/104

棋盘石/104

崇因寺/105

题东湖涵虚阁/105

西垣榴花/105

送铅山周尉/105

过华夫书屋/105

紫竹花/105

送瞿生还拜亲/106

白云庵/106

咏黄葵/106

春野观农事/106

残句(67条)/106

词(《全宋词》《全宋词补释》)

诉衷情(海棠珠缀)/110

  又　(幕天席地)/110

  又　(喧天丝竹)/110

渔家傲(粉笔丹青)/110

蝶恋花(玉椀冰寒)/110

  又　(梨叶疏红)/111

破阵子(燕子来时)/111

醉桃源(东风吹水)/111

望江梅(闲梦远)/111

残句(1条)/111

附录一　生平及言行

元脱脱等《宋史·晏殊传》/112

宋欧阳修《晏元献公神道碑》/114

明嘉靖《抚州府志》晏殊传/117

清雍正《抚州府志》晏殊传/118

明嘉靖《江西通志》晏殊传/120

清雍正《江西通志》晏殊传/121

清同治《临川县志》晏殊传/121

元虞集《临川晏氏家谱序》/123

明吴与弼《长山晏氏族谱序》/124

旧题宋曾巩《隆平集》之晏殊传/125

宋王称《东都事略》之晏殊传/126

宋黄震《古今纪要》之晏殊传/127

宋章定《名贤氏族言行类稿》之晏殊传/127

宋沈括《梦溪笔谈》卷九之晏殊言行录/128

宋朱熹《宋名臣言行录·前集》之晏殊言行录/129

宋王铚《默记》卷中之晏殊言行录三则/130

宋吴曾《能改斋漫录》之晏殊佚闻一则/131

宋魏泰《东轩笔录》卷七之晏殊佚闻一则/131

宋晁公武《郡斋读书志》之晏殊生平及文集一则/131
宋范仲淹《范文正公集言行拾遗事录》之晏殊言行一则/132
宋张耒《张右史文集》之晏殊言行一则/132
宋龚鼎臣《东原录》之晏殊言行一则/132
宋无名氏《王氏谈录》之晏殊言行二则/133
宋江休复《嘉祐杂志》之晏殊言行一则/133
宋苏象先《丞相魏公谭训》之晏殊言行二则/133
宋司马光《涑水记闻》之晏殊言行一则/134
宋施德操《北窗炙輠录》之晏殊言行一则/134
宋许顗《彦周诗话》之晏殊言行一则/135
宋释文莹《湘山野录》之晏殊言行二则/135
宋张耒《柯山集》之晏殊家事一则/135
宋刘攽《彭城集》之晏殊家事一则/136
宋侯君素《旌异记》之晏殊家事一则/136
宋欧阳修《归田录》之晏殊佚闻二则/137

宋魏泰《东轩笔录》之晏殊佚闻四则/137
宋邵伯温《邵氏闻见录》之晏殊佚闻一则/138
宋邵博《邵氏闻见后录》之晏殊佚闻二则/138
宋王明清《挥麈前录》《挥麈后录》之晏殊佚闻三则/139
宋朱彧《萍洲可谈》之晏殊佚闻一则/140
宋佚名《道山清话》之晏殊佚闻一则/140
宋蔡绦《西清诗话》之晏殊佚闻一则/140
宋庞元英《文昌杂录》之晏殊佚闻一则/141
旧题宋孔平仲《谈苑》之晏殊佚闻一则/141
宋王铚《默记》之晏殊佚闻六则/141
宋程大昌《演繁露·续集》之晏殊佚闻一则/143
宋叶梦得《避暑录话》之晏殊佚闻五则/143
宋孙升《孙公谈圃》之晏殊佚闻一则/145
宋高晦叟《珍席放谈》之晏殊佚闻一则/145
宋吴曾《能改斋漫录》之晏殊佚闻一则/145

宋刘克庄《后村先生大全集》之晏殊佚闻一则/146

附录二　祭悼

宋苏颂《司空侍中临淄公晏殊谥元献》/147

宋沈遘《赠司空兼侍中晏殊谥元献》/148

宋韩维《阳翟祭晏元献公文》/148

宋梅尧臣《闻临淄公薨》/148

宋欧阳修《晏元献公挽辞三首》/149

宋宋庠《晏公丧过州北哭罢成篇二首》/149

宋王安石《元献晏公挽辞三首》/150

宋韩维《晏元献公挽辞三首》/150

宋王珪《赠司空侍中晏元献公挽词二首》/150

宋胡宿《兵部尚书赠司空侍中晏元献公挽词三首》/150

宋沈遘《晏元献公挽歌辞》二首/151

宋黄幹《晏元献祠》/151

明孙承恩《古像赞·晏元献公殊》/151

附录三　诗文评等

《四库全书总目·类要》提要/152

宋曾巩《类要序》/152

宋程敦厚《晏元献公紫薇集序》/153

宋欧阳修《跋晏元献公书》/154

宋魏了翁《跋晏元献公帖》/154

宋曹彦约《跋晏元献公与吕申公帖》/155

宋曹彦约《跋晏元献公手帖》/155

宋吴处厚《青箱杂记》之晏殊诗文评一则/155

宋吴曾《能改斋漫录》之晏殊诗文评五则/156

宋宋祁《宋景文笔记》之晏殊诗文评二则/158

宋叶梦得《避暑录话》之晏殊文话一则/158

宋叶梦得《石林诗话》之晏殊诗话一则/159

旧题宋陈思编，元陈世隆补《两宋名贤小集·萝轩外集》附晏殊诗话七则/159

宋魏了翁《跋晏元献公帖》/160

宋陈傅良《跋晏元宪公表稿》/161

明胡应麟《跋周昉育婴图·又跋》/161

宋欧阳修《诗话》之晏殊诗话二则/161

宋宋祁《宋景文笔记》之晏殊诗文评二则/161

宋黄庭坚《山谷外集》之晏殊文话一则/162

宋江休复《嘉祐杂志》之晏殊诗话二则/162

宋蔡绦《西清诗话》之晏殊诗话五则/162

宋蔡居厚《蔡宽夫诗话》之晏殊诗话一则/164

宋刘攽《中山诗话》之晏殊诗话二则/164

宋赵彦卫《云麓漫钞》之晏殊诗话一则/165

宋刘克庄《后村诗话》之晏殊诗话一则/165

元献遗文

《四库全书总目·元献遗文》提要

晏元献遗文一卷
（江西巡抚采进本）

宋晏殊撰。殊有《类要》，已著录。《东都事略》称殊有文集二百四十卷，《中兴书目》作九十四卷，《文献通考》载《临川集》三十卷、《紫薇集》一卷，陈振孙《书录解题》云，其五世孙大正为《年谱》一卷，言"先元献尝自差次，起儒馆至学士为《临川集》三十卷，起枢廷至宰席为《二府集》二十五卷"云云，今皆不传。此本为国朝康熙中慈溪胡亦堂所辑，仅文六篇、诗六首，馀皆诗馀。殊当北宋盛时，日与诸名士文酒唱和，其零章断什，往往散见诸书。如《复斋漫录》《古今岁时杂咏》《侯鲭录》《西清诗话》所载诸诗，此本皆未收入，未为完备。然殊在北宋，号曰能文，虽二宋之作，亦资其点定，如《能改斋漫录》所记"白雪久残梁复道，黄头闲守汉楼船"者，其推重可以想见。原集既已无存，则此裒辑之编，仅存什一于千百者，亦不能不录备一家矣。

——《四库全书》研究所整理《钦定四库全书总目》（整理本）第2037页，中华书局，1997年

晏同叔先生集序

清 胡亦堂

宋自真、仁两朝,数十年天下太平。其时贤相接踵而起,悉皆光明俊伟、沉毅磊落之人,其所竖立著典册而垂不朽,历代以来,相业之盛未有能过者也。而晏元献公以龆年而受知人主,历阶肮仕,至于入操大政,进受封国,优游于省闼之间,保功名以克善其终,可不谓荣哉!虽比于当时平仲诸君子所调澶渊之役,赞亲征而退大敌,当北使时止和议以尊国体,定策禁中,际危疑而声色不动,此数大事者,若少有逊焉。然远考其略,如建言太后垂帘谒庙之所宜,论张耆不可为枢密,请出宫中长物助边,盖其表表者,其所以立朝亦已为无负矣。至公在真宗时,时有所问,辄答奏并草封进示不泄。后仁宗类为八十卷,藏于禁中;又别有文集,多至二百四十卷,亦取入秘府,故均不得于世。今传之者,止状、记、铭,诗寥寥三四,而其外之歌词较多。世之论者,以为其甚于言情,不无以妩媚为病,盖公遇当太平无事之世,既已靖其尽职退食多暇,因而间作,终属其少年蚤进,而又为其性情才致所进。前后宰相如介甫、美成,亦有为之者,非独公也。且公为人慎密恭俭,今读其《答赞善中丞家书》,谆谆以节用保家为言,此岂有富贵骄淫之习足以相染?于此知歌词所作,盖以托兴,非其实也。今取而登之,比于唐之为诗,犹其初云。继公起者,以公第七子叔原所为词,附于集后,以俟后之人并及焉。

康熙庚申岁重九之前三日,慈溪胡亦堂二斋父题于公署之梦川亭。

——《四库存目丛书·集部》393-12,齐鲁书社,1997年

文

天圣上殿札子[1]

朝廷者,天下之本也。自古未有朝廷治而天下不治者,亦未有朝廷不治而能治天下者。故曰正朝廷以正百官,正百官以正万民,正万民以正四方,此不易之序也。太宗皇帝尝以边事问御史中丞王化基,化基对以"治天下犹植木,所患根本未固,固则枝干不足忧。今朝廷治,则边郡何患不安?"化基之言甚简且要,真知治本者也。且人君无职事,惟辨臣下之邪正,实人君之职也。然古今说者以辨邪正为难,臣窃以为不然,在人君用心何如耳[2]。使人君之心,是非好恶每存乎私,则邪正之辨实难;人君之心,是非好恶[3],一循乎大公至正之道,则邪正之辨何难之有?唐明皇用姚崇、宋璟则天下治,方是时,是非好恶无私意故也。及用李林甫、杨国忠,驯至大乱,此其心非不知林甫、国忠之奸邪,特便其能徇己之私尔。《书》曰:"有言逆于汝心,必求诸道;有言逊于尔[4]志,必求诸非道。"为人君者能不忘乎此,而邪正有不辨者,臣不信也。

【校记】

[1]"天圣"题 胡本"天"字前多"宋元献公"四字。

[2]耳 胡本作"尔"。

[3]是非好恶 《全宋文》脱。

[4]尔 胡本作"汝"。

进两制三馆牡丹歌诗状

臣准传宣札子,奉圣旨令两制三馆赋后苑诸殿亭牡丹歌诗者。化合天人,祥开卉木。协风灵雨,散为膏壤之滋;共蒂并柯,布在密青之圃。画品难形于卓异,瑞图不尽于芳妍。乃诏儒臣,各摛华藻。匪太平之特异[1],岂[2]荣遇之及兹?昔者虞舜膺期,有皋陶之赓载;周宣继业,闻吉甫之诵章。盖默助于谟猷,不专工于辞翰。迨于汉室,尤好艺文。别馆离宫,多命从臣之制作;倡优郑卫,已无前古之箴规。中叶以还,其风未泯。永平《神雀》之颂,孝明称美者五人;贞元《重九》之篇,德宗考第[3]于三等。并垂编简,式著熙隆。洪惟圣运之会昌,可继重华之辉耀。然于众制,未复前修,思讽谕者,隐其诚而靡宣;局声律者,艳其言而罕实。不足以上神睿览,下达民情,效明良喜起之音,续雅颂清微[4]之范。姑用登高而能赋,庶几博弈之犹贤。虽叶旁求,岂任多愧。臣首当庸滥,实玷恩华。兴悟以思,腼惶无极。其两制[5]侍讲学士、龙图阁待制,自章得象已下十三人,三馆秘阁自康孝基已下二十七人,歌诗共一百四十首,谨随状进以闻。

【校记】

[1]异 《全宋文》据《皇朝文鉴》改作"盛"。
[2]岂 胡本作"一"。
[3]第 胡本作"等"。
[4]微 《全宋文》作"徽"。
[5]两制 《全宋文》据《皇朝文鉴》在"制"后补"并"字。

庭莎记

余[1]清思堂中宴亭之间隙地,其纵十八步,其横南八步、北十步。以人迹之罕践,有莎生焉。守护之卒皆疲癃者,芟薙之役[2],劳于后畦。盖是草耐水旱,乐延蔓,虽披[3]心陨叶,弗之绝也。予既悦草之蕃芜,而又悯卒之勤瘁,思唐人赋咏,间有种莎之说。且兹地宛在崇堞,车马不至,弦匏不设,柔木嘉卉,难于丰美。非草[4]也,无所宜焉。于是傍西塘,尽修径,布武之外,悉为莎场。分命驺人,散取增殖,凡三日乃备。援之以丹楯,溉之以甘井,风光四泛,纤尘不惊。嗟夫!万汇之多,万情之广,大含元气,细入无间,罔不禀和相适,区别显仁。措置有规,生成有术,失之则戮,获之则康。兹一物也,从可知矣。乃今遂二性之域,去两伤之患,偃藉吟讽,无施不谐。然而人所好尚,世多同异。平津客馆,寻为马厩;东汉学舍,间充园蔬。彼经济所先,而污隆匪一,矧兹近玩,庸冀永年?是用刊辞于石,知所留意,庶几不剪[5]也。

【校记】

［1］余　胡本作"介"。
［2］役　胡本作"后"。
［3］披　《全宋文》据《皇朝文鉴》改作"拔"。
［4］草　《全宋文》据《皇朝文鉴》在"草"字之前补"是"字。
［5］剪　胡本、《全宋文》均作"翦"。

几　铭

小饭防噎，跬行虞跌[1]。巾[2]有角垫，衣存衵[3]缺。惟忠与孝，则罔摧折。

【校记】

［1］跬行虞跌　陈本作"跬步防跌"。
［2］巾　陈本作"中"。
［3］衵　陈本作"袂"。

答赞善兄家书

十一哥赞善兄、十一县君尊嫂座前[1]：庄客至，知大事礼毕。日月迅速，哀痛无极，奈何！奈何！志[2]文本及寄殊生日衣服及孩儿奶奶[3]等信物柑子、黄雀鲊等，领讫。地远，不须烦神[4]，况人事有何穷极[5]？置[6]得宅子。大抵廉白守分为官，须[7]作一生计，且安泊亲属，不必待丰足。尝见范应辰率家人持十斋，自云："一以[8]劝其淡素好善，次则减鱼肉之价，聚为生计。"果置得一两好庄及第宅，免于茫然，此最良图。况宦游何穷期[9]，兼官下不得[10]营私。魏四工部[11]为戒也。然须内外各宜俭约为先，方可议此。殊家间仆吏[12]等，直至今两日内破一顿猪肉，定其两数，或回换买[13]鱼肉，亦只约猪肉钱数[14]。此持久之术，是以常为宗亲及相知交游言之。建节之说，皆虚传也。今边事尚未息，须当重委[15]，建节[16]，必不[17]优闲处用此职，况须因干求经营方受。殊一生不曾干求，况今虽[18]位极人臣，何[19]颜求觅？是以须待出于特命，且不能效人干请结托，势虽恬静[20]，若非久特[21]差，则远近高下，应当[22]推避。必不可求请[23]。凡虚传者，但请勿信。古今贤哲有识见知耻者，量力度德，忧不能任[24]。不佞当负愧[25]，畏重责，是以终无幸求。其更识高者，非亲耕不食,非亲蚕不衣,孺子[26]之类是也。盖功利不能及人,而坐受窃其膏血,纵无祸,须[27]愧赧也。殊[28]来多介僻者,理在此。今因信略及之[29]。

【校记】

[1]"十一县"句 《全宋文》此句后多"殊再拜"三字。

[2]志 《全宋文》作"记"。

[3]奶奶 《全宋文》作"奶子"。

[4]神 《全宋文》作"神用"。

[5]极 《全宋文》作"尽"。

[6]置 《全宋文》"置"前多"知"字。

[7]须 《全宋文》"须"后多"随宜"二字。

[8]以 《全宋文》作"则"。

[9]况宦游何穷期 《全宋文》作"况宦游多何尽期"七字。

[10]得 《全宋文》作"可"。

[11]部 《全宋文》"部"后多"可"字。

[12]吏 《全宋文》作"使"。

[13]买 《全宋文》"买"后多"他"字。

[14]"亦只"句 《全宋文》此句后多"以此可久"四字。

[15]重委 《全宋文》作"他委重任"。

[16]建节 《全宋文》作"乃建节,或兼见命"。

[17]不 《全宋文》"不"后多"于"字。

[18]虽 《全宋文》无。

[19]何 《全宋文》"何"前多"更"字。

[20]势虽恬静 《全宋文》作"以至势须恬静"。胡本"虽"作"须"。

[21]特 胡本作"持"。

[22]当 《全宋文》作"难"。

[23]"必不"句 《全宋文》此句前多"不然则"三字。

[24]忧不能任 《全宋文》作"常忧不能任者"。

[25]负愧 《全宋文》作"负以重愧"。

[26]孺子 《全宋文》作"徐孺子"。

[27]须 《全宋文》"须"前多"亦"字。

[28]殊 《全宋文》"殊"后多"从"字。

[29]"今因"句 《全宋文》此句后多"此外希顺变善居,不备。弟殊再拜十一哥赞善、十一嫂县君坐前,十二日"等二十八字。

答中丞兄家书

殊再拜三哥廷评、三嫂座前:领手书,深喜王事外万福安宁,此中婆婆、新妇等如常。寄物甚多,倍烦神明,骨肉不必如此。四郎思晦下面三孩儿贻、矩、宗愿,知已取在彼,知令读书否?假如性不高,亦令读书,学诗学礼。宜亲老宿有德之人,所冀向后自了得一身,免辱门户也。此最日夕急切事。二十七宁殿直二年,大段听人言语,谨卓不曾出入,兼识好慈善得力,免劳人心力,亦应是从有家累,知惜身事兄弟,且免一件忧煎。因信上闻,希令诸子知之。若能稍学好事,免为人所嗤笑,成立得身,父母一生放心有望矣。门前不要令小后生轻薄不著实者来往,或寻得一有年年[1]甲严谨门客教训诸子甚好。先少师所以常孜孜于此事,重念余白、饶鼎朴实,嫌其馀轻薄。殊日思量,方知是格言也。近日京师官中行公事甚多,细视多是人家子弟轻事玩狎,非类致之者。是知小儿女尤宜亲近有德,远轻薄之徒也。二娘子已商量与应茂才异等秀才富弼为亲,极有行止文艺。三郎一面为问觅新妇,婚姻事逼,日日婴心也。

【校记】

[1]年年 《全宋文》无下一"年"字,仅作"年"。

诗

列子有力命王充[1]有命禄极言必定之致览之有感

大钧播群物,零茂归自然。理[2]定既有初,不为智力迁。御寇导其流,仲任派其源。智愚信自我,通塞当由天[3]。吾道诚一概,彼途有[4]百端。卷之入纤毫,舒之盈八埏。进退得其宜,夸荣非所先。朝闻可夕陨,吾奉先[5]师言。

【校记】

[1]王充　陈本、《全宋诗》"充"字后多"论衡"二字。

[2]理　陈本、《全宋诗》均作"默"。

[3]"通塞"句　陈本、《全宋诗》此句后多"宰世曰皋伊,迷邦有颜原"十字。

[4]有　陈本、《全宋诗》作"锺"。

[5]先　陈本、《全宋诗》作"圣"。

和王校勘中夏东园

东园何所乐,所乐亦多[1]事。野竹乱无行,幽花晚多思。闲看鱼尾漪[2],暗辨蜂腰细。树影密遮林[3],藤梢狂胃袂。潘蔬足登膳,陶秫径取醉。幸获我汝交,可[4]忘今昔世。欢言捧瑶佩,愿以疏麻继。

【校记】

[1]亦多　陈本、《全宋诗》均作"非尘"。

[2]"闲看"句　陈本、《全宋诗》均作"闲窥鱼尾赤"。

[3]林　陈本作"床"。

[4]可　陈本、《全宋诗》均作"都"。

初秋宿[1]直

绛[2]河星斗夜阑干,禁署沉沉闭九关。上帝册书群玉府,仙人宫阙[3]巨鳌山。凉阴影度秋心薄[4],促漏声来夜唱闲。隐几[5]吟多欲愁绝,严钟凄断树乌还[6]。

【校记】

[1]宿　曾本和《宋诗纪事》均作"寓"。
[2]绛　曾本作"洛",《宋诗纪事》作"络"。
[3]阙　曾本和《宋诗纪事》均作"殿"。
[4]"凉阴"句　陈本、曾本、《宋诗纪事》《全宋诗》均作"凉蟾影度秋阴薄"。
[5]隐几　陈本、曾本、《宋诗纪事》《全宋诗》均作"拥鼻"。
[6]还　陈本作"边"。

安昌侯

莲勺移家近七迁[1],鲁儒章句世相传。关中沃壤通泾渭,堂上繁声[2]逐管弦,身服儒衣同蔡义,日将卮酒对彭宣。高坟丈五[3]阳陵外,千古朱云气凛然。

【校记】

[1]迁　曾本作"边"。
[2]声　陈本作"多"。另在"多"字下注云"疑误"。
[3]丈五　曾本作"尚在"。

无　题[1]

油壁香车[2]不再逢,峡云无迹任西东[3]。梨花院落溶溶月,柳絮池塘淡淡风。几日寂寥伤[4]酒后,一番萧瑟[5]禁烟中。鱼书欲寄何[6]由达,水远山长处处同。

【校记】

[1]无题　陈本、曾本、《宋诗纪事》均作"寓意",《全宋诗》作"寄远"。
[2]油壁香车　《全宋诗》作"宝毂香轮"。
[3]峡云无迹任西东　《全宋诗》作"峡云巫雨杳无踪"。
[4]伤　陈本作"中"。
[5]瑟　陈本、曾本、《宋诗纪事》《全宋诗》均作"索"。
[6]何　《全宋诗》作"无"。

忆临川旧游

仲子幽居杳蔼间,回环十亩尽林峦。游鱼倒溯清泉急,乳雉惊飞夕烧干。系马短亭乘草茁,携壶芳榭值梅酸。浮生莫道今如昨,曷月朋簪急此欢。

词

浣溪沙

阆苑瑶台风露秋,整鬟凝思捧觥筹。欲归临别强迟留。月落[1]漫[2]成孤枕梦,酒阑空得两眉愁。此时情绪悔风流。

【校记】

[1]落　毛本、《全宋词》均作"好"。
[2]漫　胡本、《全宋词》作"谩"。

又

三月和风满上林,牡丹妖艳值[1]千金。恼人天气又春阴。为我转回红粉[2]面,向谁分付紫檀[3]心。有情须殢酒杯深。

【校记】

[1]值　毛本、《全宋词》均作"直"。
[2]粉　毛本、《全宋词》均作"脸"。
[3]檀　毛本作"台"。

又[1]

青杏园林煮酒香,佳人初著[2]薄罗裳。柳丝无力燕飞忙。乍雨乍晴花自落,闲愁闲闷日偏长。为谁消瘦减容光。

【校记】

[1]毛本题下有自注:"'青杏园林煮酒香'是永叔作,今删去。"《全宋词》亦按云:"此首词别见欧阳修近体乐府卷三,未知孰是。"又云:"此首别误入吴文英梦窗词集。别又误作秦观词,见类编草堂诗余卷一。"
[2]著　《全宋词》作"试"。

又

一曲新词酒一杯,去年天气旧亭台。夕阳西下几时回。无可奈何花落去,似曾相识燕归来。小园香径独徘徊。

又

宿酒才醒厌玉卮,水沉香冷懒薰衣,早梅先绽日边枝。　　寒雪寂寥初散日[1],春风悠飏欲来时,小屏闲放画帘垂。

【校记】

[1]日　毛本、《全宋词》均作"后"。

又

已是[1]年光有限身,等闲离别更[2]销魂,酒筵歌席莫辞频。满目山河空念远,落花风雨更伤春,不如怜取眼前人。

【校记】

[3]已是　毛本、《全宋词》均作"一向"。
[4]更　毛本、《全宋词》均作"易"。

更漏子

寒雁[1]高,浓[2]露满。秋入银河清浅。逢佳[3]客,且开眉,盛年能几时?　　宝筝调,罗袖软。拍碎画堂檀板。须尽醉,莫推辞。人生足[4]别离。

【校记】

[1]雁　毛本、《全宋词》均作"鸿"。
[2]浓　毛本、《全宋词》均作"仙"。
[3]佳　毛本、《全宋词》均作"好"。
[4]足　毛本、《全宋词》均作"多"。

鹊踏枝[1]

槛菊愁烟兰泣露。罗幕轻寒,燕子双飞去。明月不谙离别[2]苦,斜光到晓穿朱户。　　昨夜西风凋碧树,独上高楼,望尽天涯路。欲寄彩鸾无尺[3]素,山长水阔知何处。

【校记】

[1]鹊踏枝　毛本、沈本均作"蝶恋花",毛本自注云:"向另刻鹊踏枝。"
[2]别　胡本、毛本、沈本、《全宋词》均作"恨"。

[3]鸾无尺　胡本、《全宋词》均作"笺兼书"。毛本"尺"字前有空格,《全宋词》据吴讷本珠玉词补"兼"字。

凤衔杯

留花不住怨花飞。向南园、情绪依依。可惜倒[1]红斜白[2]、一枝枝。经宿雨,又离披。　　凭朱槛,把金卮。对芳丛、惆怅多时。何况旧欢新恨[3]、阻心期。满[4]眼是相思。

【校记】

[1]倒　沈本作"欹"。

[2]白　毛本作"向"。

[3]恨　毛本作"宠"。

[4]满　《全宋词》"满"字前多"空"字。

清平乐

春花秋草,只是催人老。总把千山眉黛扫。未抵别愁多少。劝君绿酒金杯。莫嫌丝管声催。兔走乌飞不住,人生几度楼[1]台。

【校记】

[1]楼　毛本、《全宋词》均作"三"。

又

秋光向晚,小阁初开宴。林叶殷红犹未遍。雨后青苔满院。萧娘劝我金卮。殷勤更唱新词。暮去朝来老尽[1],人生不饮何为。

【校记】

[1]老尽　毛本、《全宋词》均作"即老"。

又

春来秋去,往事知何处。燕子归飞兰泣露。光景千留不住。酒阑人散忡忡[1]。闲阶独倚梧桐。记得去年今日,依前黄叶西风。

【校记】

[1]忡忡　毛本作"草草";沈本作"匆匆"。

红窗听

记得香闺临别语。彼此有、万重心诉。淡云轻霭知多少,隔桃源无处。　　梦觉相思天欲曙。依前是、银屏画烛,宵长岁暮。此时何寄[1],托鸳鸯飞去。

【校记】

[1]寄　胡本、毛本、沈本、《全宋词》均作"计"。

撼庭秋

别来音信千里。恨[1]此情难寄。碧纱秋月,梧桐夜雨,梦[2]回无寐。　　楼高目断,天边[3]云黯,只堪憔悴。念兰堂红烛,心长焰短,向人垂[4]泪。

【校记】

[1]恨　《全宋词》作"怅"。
[2]梦　毛本、沈本、《全宋词》均作"几"。
[3]边　毛本、沈本均作"遥"。
[4]人垂　胡本作"何人"。

少年游

芙蓉花发去年枝,双燕欲归飞。兰堂风软,金炉香暖,新曲动帘帷。　　家[1]人拜上千秋[2]寿,深意满琼卮。绿鬓朱颜,道家妆[3]束,长似少年时。

【校记】

[1]家　沈本作"佳"。
[2]秋　胡本、毛本、沈本、《全宋词》均作"春"。
[3]妆　毛本、沈本、《全宋词》均作"装"。

木兰花[1]

东风昨夜回梁苑,日脚依稀添一线。旋开杨柳绿蛾眉,暗折[2]

海棠红粉面。　　无情一去云中雁。有意归来梁上燕。有情无意[3]且休论,莫向酒杯容易散。

【校记】

[1]木兰花　毛本、沈本此词牌均作"玉楼春"。

[2]折　胡本、沈本、《全宋词》均作"拆"。

[3]有情无意　沈本作"无情有意"。

又

池塘水绿风微暖。记得玉真初见面。重头歌韵响琤琮[1],入破舞腰红乱旋。　　玉钩阑下香阶畔,醉后不知斜日晚。当时共我赏花人,点检如今无一半。

【校记】

[1]琤琮　毛本作"铮深",胡本、《全宋词》"琤"均作"铮"。

又

朱帘半下香销印。二月东风催柳信。琵琶旁畔且寻思,鹦鹉前头休借问。　　惊鸿去后生离恨。红日长时添酒困。未知心在阿谁边,满眼泪珠流[1]不尽。

【校记】

[1]流　胡本作"说",毛本、沈本、《全宋词》均作"言"。

殢人娇

二月春风,正是桃[1]花满路。那堪更、别离情绪。罗巾掩泪,任粉痕沾污。争奈何[2],千留万留不住。　　玉酒频倾,翠[3]眉愁聚。空肠断、宝筝弦柱。人间后会,又不知何处。魂梦里、也须时时飞去。

【校记】

[1]桃　毛本、沈本、《全宋词》均作"杨"。

[2]何　毛本、沈本、《全宋词》均作"向"。

[3]翠　毛本、《全宋词》均作"宿"。

踏莎行

细草愁烟,幽花怯露。凭栏[1]总是销魂处。日高深院静无人,时时海燕双飞去。　带缓[2]罗衣,香残蕙炷。天长不禁思迢递[3]。垂杨只解惹春风,何曾系得行人住。

【校记】

[1]栏　沈本作"阑"。

[2]缓　毛本作"暖"。

[3]思迢递　毛本、沈本、《全宋词》均作"迢迢路"。

又

祖席离歌,长亭别宴。香尘已隔犹回面。居人匹马映林嘶,行人去棹依波转。　画阁魂销[1],高楼目断。斜阳只送平波远。无穷无尽是离愁,天涯地角寻思遍。

【校记】

[1]销　毛本、沈本、《全宋词》均作"消"。

又

碧海无波,瑶台有路。思量便合双飞去。当时轻别意中人,山长水远知何处。　绮[1]席凝尘,香闺掩雾,红笺小字凭谁附[2]。高楼目尽欲黄昏,梧桐叶上萧萧雨。

【校记】

[1]绮　胡本作"倚"。

[2]附　胡本作"负"。

又

小径红稀,芳郊绿遍。高台树色阴阴见。春风不解禁杨花,濛濛乱扑行人面。　翠叶藏莺,朱帘隔燕。炉香静逐游丝转。一场愁梦酒醒时,斜阳却照深深院。

渔家傲

宿蕊攒[1]攒金粉闹。青房暗结蜂儿小。敛却[2]似啼开[3]似笑。天与貌。人间不是铅华少。　华[4]软香清无限好。风头日脚干催老。待得玉京仙子到。凭[5]向道。红颜只合长年少。

【校记】

[1]攒　毛本、沈本、《全宋词》均作"鬭(斗)"。

[2]却　沈本作"面"。

[3]开　毛本、沈本均作"还"。

[4]华　毛本、沈本、《全宋词》均作"叶"。

[5]凭　毛本、沈本均作"刚"。

又

越女采莲江北岸。轻桡短棹随风便。人貌与花相斗间[1]。流水慢。时时照影看妆面。　莲叶层层张绿伞。莲房个个垂金盏。一把藕丝牵不断。红日晚。回头欲去心撩乱。

【校记】

[1]间　毛本、沈本、《全宋词》均作"艳"。

玉楼春[1]

绿杨芳草长亭路,年少抛人容易去。楼头残梦五更钟,花底离情三月雨。　无情不似多情苦,一寸还成千万缕。天涯地角有穷时,只有相思无尽处。

【校记】

[1]玉楼春　《全宋词》补遗在该词牌后另题有"春恨"二字。且按云:"此首别误入吴文英《梦窗词》集。别又误作温庭筠词,见明单宇《菊坡丛话》卷二十六。"

阮郎归[1]

南园春半踏青时。风和闻马嘶。青梅如豆柳如眉。日长蝴蝶飞。　花露重,草烟低。人家帘幕垂。秋千慵困解罗衣。画梁双燕归。

【校记】

[1]《全宋词》作为存目词收录,且附注曰:"冯延巳作,见《阳春集》。"

蝶恋花

帘幕风轻双语燕。午醉醒来,柳絮飞撩乱。心事一春犹未见,馀花落尽青苔院。　百尺朱楼闲倚遍,薄雨浓云,抵死[1]遮人面。消息未知归早晚,斜阳只送平波远。

【校记】
[1]抵死　沈本作"底事"。

又[1]

六曲栏干偎碧树。杨柳风轻,展尽黄金缕。谁抱[2]钿筝移玉柱[3],穿帘海燕双飞去。　满眼游丝兼落絮,红杏开时,一霎清明雨。浓睡觉来人不[4]语,惊残好梦无寻处。

【校记】
[1]《全宋词》补遗之词牌归于"阮郎归",作为存目词收录,认为也是冯延巳词。
[2]抱　毛本、《全宋词》均作"把"。
[3]移玉柱　胡本作"拨琼柱"。
[4]人不　毛本、《全宋词》均作"莺乱"。

临江仙

斗草阶前初见,穿针楼上曾逢。罗裙香露玉钗风,靓[1]妆眉沁绿,羞态粉生红。　流水便随春远行,云终与谁同,酒醒长恨锦屏空。相寻梦里路,飞雨落花中。

【校记】
[1]靓　胡本作"艳"。

又

浅浅馀寒春半,雪消蕙草初长。烟迷柳岸旧池塘,风吹梅蕊闹,雨细杏花香。　月堕窗前有意,从前虚梦高唐,觉来何处放思量。如今不是梦,真个到伊行。

蝶恋花

卷絮风头寒欲尽,坠粉飘红,日日香成阵。新酒又添宿酒困,今春不减前春恨。　蝶去莺飞无处问,隔水高楼,望断双鱼信。恼乱层波横一寸,斜阳只与黄昏近。

又

醉到西楼醒不记,春梦秋云,聚散真容易。斜月半窗还少睡,画屏闲展吴山翠。　　衣上酒痕诗里字,点点行行,总是凄凉意。红烛自怜无好计,夜寒空替人垂泪。

又

欲减罗衣寒未去,不卷珠帘,人在深深处。红杏枝头花几许,啼红正恨清明雨。　　尽日沉香烟一缕,宿酒醒迟,恼破春情绪。寄信还因归燕误,小屏风上西江路。

鹧鸪天[1]

彩袖殷勤捧玉锺,当年拚却醉颜红。舞低杨柳楼头月,歌罢桃花扇底风。　　从别后,忆相逢,几回魂梦与君同。今宵剩把银釭照,犹恐相逢是梦中。

【校记】

[1] 鹧鸪天　此词应为晏几道所作。《四库》本、胡本恐误。

又

斗鸭池南夜不归,酒阑纨扇有新诗。云随碧玉歌声转,雪绕红裙舞袖回。　　今感旧,欲沾衣,可怜人似水东西。回头满眼凄凉事,秋月春风岂得知。

又

陌上濛濛残絮飞,杜鹃花里杜鹃啼。年年底事不归去,怨日愁烟长为谁。　　梅雨细,晓风微,倚楼人听欲沾衣。故园三度群花谢,何事天涯犹未归。

生查子

金鞭美少年,去跃青骢马。牵系玉楼人,绣被春寒夜。　　消息未归来,寒食梨花谢。无处说相思,背面秋千下。

南乡子

绿水带春潮,水上朱栏小度桥。桥上女儿双笑靥,妖娆,倚着栏杆弄柳条。　月夜与花朝,减字偷声按玉箫。柳外行人回首处,飘萧,若比银河路更遥。

清平乐

留人不住,醉解兰舟去。一棹碧涛春水路,过尽晓莺啼处。渡头杨柳青青,枝枝叶叶离情。此后锦书休寄,画楼云雨无凭。

又

西池烟罩,何处寻芳草。满路落花红不扫,春色渐随人老。远山眉黛娇长,清歌细逐霞觞。正好十洲残梦,水心宫殿斜阳。

又

暂来还去,轻似风中絮。纵得相逢留不住,何况相逢无处。去时约略黄昏,月华却到朱门。别后几番明月,素娥应是消魂。

木兰花

秋千院落重帘暮,寂寞春闲扃绣户。墙头红杏雨馀花,门外绿杨风后絮。　朝云信断知何处,应作襄王春梦去。紫骝认得旧游踪,嘶过画桥东畔路。

菩萨蛮

哀筝一弄湘江曲,声声写尽湘波绿。纤指十三弦,细将幽恨传。当筵秋水漫[1]玉柱,斜飞雁。弹到断肠时,春山眉黛低。

【校记】

[1] 漫　胡本作"慢"。

玉楼春

一尊相遇春风里,诗好似君能有几。吴姬十五语如弦,能唱当时楼下水。　　良辰易去如弹指,金盏十分须尽意。明朝三丈日高时,共拚扶头醉不起。

阮郎归

残香剩粉似当初,人情恨不如。一春犹有数行书,秋来书更疏。　　衾下冷枕中孤,愁肠待酒舒。梦魂纵有也成虚,那堪和梦无。

虞美人

飞花自有牵情处,不向枝边舞。随风飘荡已堪愁,更伴东流流水过秦楼。　　楼中翠黛含春怨,闲倚阑干见。远弹双泪惜香红,暗恨玉颜光景与花同。

又

曲阑干外天如水,昨夜还曾倚。初将明月比佳期,长向月圆时候望人归。　　罗衣著[1]破前香在,旧意谁教改。一春离恨懒调弦,犹有两行闲泪宝筝前。

【校记】

[1]著　胡本作"着"。

踏莎行

雪尽寒轻,月斜烟重,清欢犹记前时共。迎风朱户背灯开,拂帘花影侵帘动。　　绣枕双鸳,香苞翠凤,从来往事都如梦。伤心最是醉归时,眼前少个人人送。

御街行

霜风渐紧寒侵被,听孤雁声嘹唳,一声声送一声。悲云淡碧天如水,披衣告雁儿,略住听我些儿事。　　塔儿南畔城儿里,第三个桥儿外,濒河西岸小红楼,门外[1]梧桐雕砌,请教且与低声飞过,那里有人人无寐。

【校记】

［1］外　胡本作"里"。

六幺令

　　日高春睡,唤起懒装束。年年落花时候,惯得娇嗔足。学唱宫梅便好,更暖银笙逐。黛蛾低绿,堪教人恨,却似江南旧时曲。　　常记东楼夜雪,翠幕遮红烛。还是芳酒杯中,一醉光阴促。可惜阳台梦杳,无计怜香玉。此欢难续,乞求歌罢,借取归云画堂宿。

珠玉词

《四库全书总目·珠玉词》提要

珠玉词一卷
（江苏巡抚采进本）

宋晏殊撰。殊有《类要》已著录。陈振孙《书录解题》载殊词有《珠玉集》一卷。此本为毛晋所刻,与陈氏所记合,盖犹旧本。《名臣录》称:"殊词名《珠玉集》,张子野为之序。"子野,张先字也。今卷首无先序,盖传写佚之矣。殊赋性刚峻,而词语特婉丽。故刘攽《中山诗话》谓:"元献喜冯延巳歌词,其所自作,亦不减延巳。"赵与时《宾退录》记殊幼子幾道,尝称殊词不作妇人语。今观其集,绮艳之词不少。盖幾道欲重其父名,故作是言,非确论也。集中《浣溪沙·春恨》词"无可奈何花落去,似曾相识燕归来"二句,乃殊示张寺丞、王校勘七言律中腹联,《复斋漫录》尝述之。今复填入词内,岂自爱其造语之工,故不嫌复用耶?考唐许浑集中"一樽酒尽青山暮,千里书回碧树秋"二句,亦前后两见,知古人原有此例矣。

——《四库全书》研究所整理,《钦定四库全书总目》(整理本),第 2780 页,中华书局,1997 年

珠玉词跋

明毛晋

同叔,抚州临川人也。七岁能属文,张知白以神童荐。真宗召见,与千馀人并试廷中,神气不慑,援笔立成。帝异之,使尽读秘阁书。每取咨访,率用方寸小纸细书问之。继事仁宗,尤加信爱。仕至观文殿大学士。以疾请归,留侍经筵。及卒,帝临奠,犹以不亲视疾为恨。特罢朝二日,赠谥元献。一时贤士大夫如范仲淹、欧阳修等皆出其门。择婿又得富弼、杨察。赋性刚峻,遇人以诚,一生自奉如寒士。为文赡丽,应用不穷,尤工风雅,间作小词。其暮子幾道云:"先公为词,未尝作妇人语也。"古虞毛晋记。

——明毛晋刻《宋六十名家词》,《续修四库全书·集部·词类》,上海古籍出版社,2002年

珠玉词钞跋

清晏端书

　　余家贫,罕藏书。幼时曾觅先元献公暨小山词集,不可得。乃就《钦定历代诗馀》中摘录成帙,藏诸箧衍,几三十年矣。丁未孟秋,典郡吴兴,簿领稍闲,始谋以付梓。继权篆武林,恭阅文渊阁藏书,知《四库》著录词曲类以《珠玉词》为首,其本为毛氏汲古阁所辑。视囊所录,计多词三十七首。愧当时未见原帙。而《历代诗馀》中有词七首,又毛本所未载,则正不必合而一之也。因取手录本一百首为《珠玉词钞》一卷,其馀三十七首为《珠玉词补钞》一卷,共词一百三十七首。惟别集类有《元献遗文》一卷,所录诗馀,视此为少,且羼入小山公词。是原编率略已甚,中间多词三首,亦恐流传未审,不敢轻录。至诗文各止六首,篇页寥寥,尤难成卷。俟他日悉心搜采,再为刊布焉。咸丰二年八月,裔孙端书谨识。

　　——摘自张草纫笺注《二晏词笺注》第 200-201 页,上海古籍出版社,2008 年

点绛唇

露下风高,井梧宫簟生秋意。画堂筵启。一曲呈珠缀。天外行云,欲去凝香袂。炉烟起。断肠声里,敛尽双蛾翠。

浣溪沙

红蓼花香夹岸稠,绿波春水向东流。小船轻舫好追游。渔父酒醒重拨棹,鸳鸯飞去却回头。一杯销[1]尽两眉愁。

【校记】

[1]销　沈本作"消"。

又

淡淡梳妆薄薄衣,天仙模样好容仪。旧欢前事入颦眉。闲役梦魂孤烛暗,恨无消息画帘垂。且留双泪说相思。

又

小阁重帘有燕过,晚花红片落庭莎。曲阑干影入凉波。一霎好风生翠幕,几回疏雨滴圆荷。酒醒人散得愁多。

又

绿叶红花媚晓烟,黄蜂金蕊欲披莲。水风深处懒回船。可惜异香珠箔外,不辞清唱玉樽前。使星归觐九重天。

又

湖上西风急暮蝉,夜来清露湿红莲。少留归骑促歌筵。为别莫辞金盏酒,入朝须近玉炉烟。不知重会是何年。

又

杨柳阴中驻彩旌,芰荷香里劝金觥。小词流入管弦声。只有醉吟宽别恨,不须朝暮促归程。雨[1]条烟叶系人情。

【校记】

[1]雨 沈本作"两"。

又

玉椀冰寒滴露华,粉融香雪透轻纱。晚来妆面胜荷花。鬟䰅欲迎眉际月,酒红初上脸边霞。一场春梦日西斜。

清商怨[1]

关河愁思望处满,渐素秋向晚。雁过南云,行人回泪眼。双鸾衾裯悔展。夜又永,枕孤人远。梦未成归,梅花闻塞管。

【校记】

[1]《全宋词》将此首作为存目词收录,且附注云:"欧阳修作,见近体乐府卷一。"

菩萨蛮

芳莲九蕊开新艳,轻红淡白匀双脸。一朵近华堂,学人宫样妆。著时斟美酒,共祝千年寿。销得曲中夸,世间无此花。

又

秋花最是黄葵好,天然嫩态迎秋早。染得道家衣,淡妆梳洗时。晓来清露滴,一一金杯侧。插向绿云鬟,便随王母仙。

又

人人尽道黄葵淡,侬家解说黄葵艳。可喜万般宜,不劳朱粉施。摘取承金盏,劝我千长算。擎作女真冠,试伊娇面看。

又

高梧叶下秋光晚,珍丛化出黄金盏。还似去年时,傍栏三两枝。人情须耐久,花面长依旧。莫学蜜蜂儿,等闲悠飏飞。

诉衷情

青梅煮酒斗时新,天气欲残春。东城南陌花下,逢著意中人。

回绣袂,展香茵[4],叙情亲。此时拚作,千尺游丝,惹住朝云。
【校记】
[4]茵 沈本作"裀"。

又

东风杨柳欲青青,烟淡雨初晴。恼他香阁浓睡,撩乱有啼莺。眉叶细,舞腰轻,宿妆成。一春芳意,三月和风,牵系人情。

又

芙蓉金菊斗馨香,天气欲重阳。远村秋色如画,红树间疏黄。流水淡,碧天长,路茫茫。凭高目断,鸿雁来时,无限思量。

又

数枝金菊对芙蓉,摇落意重重。不知多少幽怨,和露泣西风。人散后,月明中,夜寒浓。谢娘愁卧,潘令闲眠,心事无穷。

又

露莲双脸远山眉,偏与淡妆宜。小庭帘幕春晚,闲共柳丝垂。人别后,月圆时,信迟迟。心心念念,说尽无凭,只是相思。

又

秋风吹绽北池莲,曙云楼阁鲜。画堂今日嘉会,齐拜玉炉烟。斟美酒,祝芳筵,奉觥船。宜春耐夏,多福庄严,富贵长年。

又

世间荣贵月中人,嘉庆在今辰。兰堂帘幕高卷,清唱遏行云。持玉盏,敛红巾,祝千春。榴花寿酒,金鸭炉香,岁岁长新。

采桑子

春风不负东君信,遍拆群芳。燕子双双。依旧衔泥入杏梁。

须知一盏花前酒,占得韶光。莫话匆忙。梦里浮生足断肠。

又

红英一树春来早,独占芳时。我有心期。把酒攀条惜绛蕤。
无端一夜狂风雨,暗落繁枝。蝶怨莺悲。满眼春愁说向谁。

又

阳和二月芳菲遍,暖景溶溶。戏蝶游蜂。深入千花粉艳中。
何人解系天边日,占取春风。免使繁红。一片西飞一片东。

又

樱桃谢了梨花发,红白相催。燕子归来。几处风帘绣户开。
人生乐事知多少,且酌金杯。管咽弦哀。慢引萧娘舞袖回。

又 石竹

古罗衣上金针样,绣出芳妍。玉砌朱栏。紫艳红英照日鲜。
佳人画阁新妆了,对立丛边。试摘婵娟。贴向眉心学翠钿。

又

时光只解催人老,不信多情。长恨离亭。滴泪春衫酒易醒。
梧桐昨夜西风急,淡月胧明。好梦频惊。何处高楼雁一声。

又

林间摘遍双双叶,寄与相思。朱槿开时。尚有山榴一两枝。
荷花欲绽金莲子,半落红衣。晚雨微微。待得空梁宿燕归。

酒泉子

三月暖风,开却好花无限了,当年丛下落纷纷。最愁人。　　长安多少利名身。若有一杯香桂酒,莫辞花下醉芳茵。且留春。

又

春色初来,遍被红芳千万树,流莺粉蝶斗翻飞。恋香枝。　　劝君莫惜缕金衣。把酒看花须强饮,明朝后日渐离披。惜芳时。

望仙门

紫薇枝上露华浓。起秋风。管弦声细出帘栊[1]。象筵中。仙酒斟云液,仙歌转绕梁虹。此时佳会庆相逢。庆相逢,欢醉且从容。

【校记】

[1]栊　沈本作"笼"。

又

玉壶清漏起微凉。好秋光。金杯重叠满琼浆。会仙郎。　　新曲调丝管,新声更飐霓裳。博山炉暖泛浓香。泛浓香,为寿百千长。

又

玉池波浪碧如鳞。露莲新。清歌一曲翠眉颦。舞华茵。　　满酌兰英酒,须知献寿千春。太平无事荷君恩。荷君恩,齐唱望仙门。

谒金门

秋露坠。滴尽楚兰红泪。往事旧欢何限意。思量如梦寐。　　人貌老于前岁,风月宛然无异。座有嘉宾樽有桂。莫辞终夕醉。

清平乐

金风细细。叶叶梧桐坠。绿酒初尝人易醉,一枕小窗浓睡。　　紫薇朱槿花残。斜阳却照阑干。双燕欲归时节,银屏昨夜微寒。

又

红笺小字。说尽平生意。鸿雁在云鱼在水,惆怅此情难寄。　　斜阳独倚西楼。遥山恰对帘钩。人面不知何处,绿波依旧东流。

更漏子

蘚华浓,山翠浅。一寸秋波如剪[1]。红日永,绮筵开。暗随仙驭来。　　遏云声,回雪袖。占断晓莺春柳。才送目,又颦眉。此情谁得知。

【校记】
[1]剪　沈本作"翦"。

又

雪藏梅,烟著柳。依约上春时候。初送雁,欲闻莺。绿池波浪生。　　探花开,留客醉。忆得去年情味。金盏酒,玉炉香。任他红日长。

又

菊花残,梨叶堕。可惜良辰虚过。新酒熟,绮筵开。不辞红玉杯。　　蜀弦高,羌管脆。慢飐舞娥香袂。君莫笑,醉乡人。熙熙长似春。

相思儿令

昨日探春消息,湖上绿波平。无奈绕堤芳草,还向旧痕生。有酒且醉瑶觥。更何妨、檀板新声。谁教杨柳千丝?就中牵系人情。

又

春色渐芳菲也,迟日满烟波。正好艳阳时节,争奈落花何?醉杀拟恣狂歌。断肠中、赢[1]得愁多。不如归傍纱窗,有人重画双蛾。

【校记】
[1]赢　毛本作"赢"。

喜迁莺

风转蕙,露催莲。莺语尚绵蛮。尧蓂随月欲团圆。真驭降荷兰。

褰油幕,调清乐。四海一家同乐。千官心在玉[1]炉香,圣寿祝天长。

【校记】

[1]玉　沈本作"御"。

又

歌敛黛,舞萦风。迟日象筵中。分行珠翠簇繁红。云髻袅珑璁。金炉暖,龙香远。共祝尧龄万万。曲终休解画罗衣,留伴彩云飞。

又

花不尽,柳无穷。应与我情同。觥[1]船一棹百分空。何处不相逢。　朱弦悄,知音少。天若有情应老。劝君看取利名场,今古梦茫茫。

【校记】

[1]觥　毛本作"舟光"。

又

烛飘花,香掩炉。中夜酒初醒。画楼残笛两三声。窗外月胧明。晓帘垂,惊鹊去。好梦不知何处。南园春色已归来,庭树有寒梅。

又

曙河低,斜月淡。帘外早凉天。玉楼清唱倚朱弦。馀韵入疏烟。脸霞轻,眉翠重。欲舞钗钿摇动。人人如意祝炉香,万寿百千长。

胡捣练

小桃花与早梅花,尽是芳妍品格。未上东风先拆。分付春消息。佳人钗上玉尊前,朵朵秋香堪惜。谁把彩毫描得? 免恁轻抛掷。

秋蕊香

梅蕊雪残香瘦。罗幕轻寒微透。多情只似春杨柳,占断可怜时候。　　萧娘劝我杯中酒。翻红袖。金乌玉兔长飞走。争得朱颜依旧。

又

向晓雪花呈瑞。飞遍玉城瑶砌。何人剪碎天边桂,散作瑶田琼蕊。　　萧娘敛尽双蛾翠。回香袂。今朝有酒今朝醉。遮莫更长无睡。

滴滴金

梅花漏泄春消息。柳丝长,草芽碧。不觉星霜鬓边白。念时光堪惜。　　兰堂把酒留嘉客。对离筵,驻行色。千里音尘便疏隔。合有人相忆。

燕归梁

双燕归飞绕画堂。似留恋虹梁。清风明月好时光。更何况、绮筵张。　　云衫侍女,频倾寿酒,加意动笙簧。人人心在玉炉香。庆佳会,祝筵长。

又

金鸭香炉起瑞烟。呈妙舞开筵。阳春一曲动朱弦。斟美酒、泛觥[1]船。　　中秋五日,风清露爽,犹是早凉天。蟠桃花发一千年。祝长寿,比神仙。

【校记】

[1] 觥　沈本作"觚"。

望汉月

千缕万条堪结。占断好风良月。谢娘春晚先[1]多愁,更撩乱、絮如雪。　　短亭相送处,长忆得、醉中攀折。年年岁岁好时节。怎奈有人离别。

【校记】

[1]先　沈本作"已"。

少年游

重阳过后,西风渐紧,庭树叶纷纷。朱阑向晓,芙蓉妖艳,特地斗芳新。　　霜前月下,斜红淡蕊,明媚欲回春。莫将琼萼等闲分。留赠意中人。

又

霜华满树,兰凋蕙惨,秋艳入芙蓉。胭脂嫩脸,金黄轻蕊,犹自怨西风。　　前欢往事,当歌对酒,无限到心中。更凭朱槛忆芳容。肠断一枝红。

又

谢家庭槛晓无尘,芳晏[1]祝良辰。风流妙舞,樱桃清唱,依约驻行云。　　榴花一盏浓香满,为寿百千春。岁岁年年,共欢同乐,嘉庆与时新。

【校记】

[1]晏　沈本作"宴"。

雨中花

剪翠妆红欲就。折得清香满袖。一对鸳鸯眠未足,叶下长相守。　　莫傍细条寻嫩藕。怕绿刺、罥衣伤手。可惜许,月明风露好,恰在人归后。

迎春乐

长安紫陌春归早。弹垂杨、染芳草。被啼莺语燕催清晓。正好梦、频惊觉。　　当此际、青楼临大道。幽会处、两情多少。莫惜明珠百琲,占取长年[1]少。

【校记】

[1]长年　沈本二字互倒作"年长"。

红窗听

淡薄梳妆轻结束。天付与、脸红眉绿。断环书素传情久,许双飞同宿。　　一饷[1]无端分比目。谁知道、风前月底,相看未足。此心终拟,觅鸾弦重续。

【校记】

[1]饷　沈本作"晌"。

睿恩新

芙容一朵霜秋色。迎晓露、依依先拆。似佳人、独立倾城,傍朱槛、暗传消息。　　静对西风脉脉。金蕊绽,粉红如滴。向兰堂、莫厌重新,免清夜、微寒渐逼。

又

红丝一曲傍阶砌。珠露下、独呈纤丽。剪[1]鲛绡,碎作香英,分彩线、簇成娇蕊。　　向晚群花新悴[2]。放朵朵,似延秋意。待佳人,插向钗头,更袅袅、低临凤髻。

【校记】

[1]剪　沈本作"翦"。

[2]悴　沈本作"醉"。

玉楼春[1]

帘旌浪卷金泥凤。宿醉醒来长懵忪。海棠开后晓寒轻,柳絮飞时春睡重。　　美酒一杯谁与共?往事旧欢时节动。不如怜取眼前人,免使劳魂兼役梦。

【校记】

[1]玉楼春　《全宋词》此词牌作"木兰花"。

又

燕鸿过后莺归去。细算浮生千万绪。长于春梦几多时？散似秋云无觅处。　闻琴解佩神仙侣。挽断罗衣留不住。劝君莫作独醒人,烂醉花间应有数。

又

池塘水绿风微暖。记得玉真初见面。重头歌韵响铮深[1],入破舞腰红乱旋。　玉钩阑下香阶畔。醉后不知斜日晚。当时共我赏花人,点检如今无一半。

【校记】
[1]深　沈本作"鏦"。

又

玉楼朱阁横金锁。寒食清明春欲破。窗间斜月两眉愁,帘外落花双泪堕。　朝云聚散真无那。百岁相看能几个？别来将为[1]不牵情,万转千回思想过。

【校记】
[1]为　沈本作"谓"。

又

朱帘半下香销印。二月东风催柳信。琵琶旁畔且寻思,鹦鹉前头休借问。　惊鸿去后生离恨。红日长时添酒困。未知心在阿谁边？满眼泪珠言不尽。

又

杏梁归燕双回首。黄蜀葵花开应候。画堂元是降生辰,玉盏更斟长命酒。　炉中百和添香兽。帘外青蛾回舞袖。此时红粉感恩人,拜向月宫千岁寿。

又

紫薇朱槿繁开后。枕簟微凉生玉漏。珉筵初启日穿帘,檀板欲开香满袖。　　红衫侍女频倾酒。龟鹤仙人来献寿。欢声喜气逐时新,青鬓玉颜长似旧。

又

春葱指甲轻拢撚。五彩条[1]垂双袖卷。雪香浓透紫檀槽,胡[2]语急随红玉腕。　　当头一曲情无限。入破铮深[3]金凤战。百分芳酒祝长春,再拜敛容抬粉面。

【校记】
[1]条　沈本作"绦"。
[2]胡　沈本作"梵"。
[3]深　沈本作"钑"。

又

红条[1]约束琼肌稳。拍碎香檀催急衮[2]。垅[3]头呜咽水声繁,夜下间关莺语近。　　美人才子传芳信。明月清风伤别恨。未知何处有知音?长为此情言不尽。

【校记】
[1]条　沈本作"绦"。
[2]衮　沈本作"滚"。
[3]垅　沈本作"陇"。

凤衔杯

青苹昨夜秋风起,无限个、露莲相倚。独凭朱阑,愁放晴天际。空目断,遥山翠。　　彩笺长,锦书细。谁信道,两情难寄?可惜良辰好景,欢娱地,只恁空憔悴。

又

柳条花颣[1]恼青春。更那堪、飞绿纷纷。一曲细丝,清[2]脆倚朱唇。斟绿酒、掩红巾。　　追往事,惜芳辰。暂时间,留住行云。端的自家心下,眼中人,到处觉尖新。

【校记】

［1］缃　毛本、沈本均作"颗"。
［2］清　沈本作"青"。

踏莎行

绿树归莺,雕梁别燕。春光一去如流电。当歌对酒莫沉吟,人生有限情无限。　　弱袂荣[1]春,修蛾写怨。秦筝宝柱频移雁。樽中绿醑意中人,花朝月下长相见。

【校记】

［1］荣　毛本、沈本均作"萦"。

临江仙

资善堂中三十载,旧人多是凋零。与君相见最伤情。一尊如旧,聊且话平生。　　此别要知须强饮,雪残风细长亭。待君归觐九重城。帝宸思旧,朝夕奉皇明。

蝶恋花

一霎秋风惊画扇。艳粉娇红,尚折[1]荷花面。草际露垂虫响遍。珠帘不下留归燕。　　扫掠亭台开小院。四坐清欢,莫放金杯浅。龟鹤命长松寿远。阳春一曲情千万。

【校记】

［1］折　沈本作"拆"。

又

紫菊初生朱槿坠。月好风清,渐有中秋意。更漏乍长天似水。银屏展尽遥山翠。　　绣幕卷波香引穗。急管[1]繁弦,共爱人间瑞。满酌玉杯萦舞袂。南真[2]祝寿千千岁。

【校记】

［1］管　毛本作"筦"。
［2］南真　毛本作"南春",沈本作"长春"。

又

南雁依稀回侧阵。雪霁墙阴,偏觉兰芽嫩。中夜梦馀消酒困。

炉香卷穗灯生晕。　　急景流年都一瞬。往事前欢,未免萦方寸。腊后花期知渐近。寒梅已作东风信。

又

紫府群仙名籍秘。五色斑龙,暂降人间媚。海变桑田都不记。蟠桃一熟三千岁。　　露滴彩旌云绕袂。谁信壶中,别有笙歌地。门外落花随水逝。相看莫惜尊前醉。

玉堂春

帝城春暖,御柳暗遮空苑。海燕双双,拂飏帘栊。女伴相携,共绕林间路,折得樱桃插鬓红。　　昨夜临明微雨,新英遍旧丛。宝马香车,欲傍西池看,触处杨花满袖风。

又

后园春早,残雪尚濛烟草。数树寒梅,欲绽香英。小妹无端,折尽钗头朵,满把金尊细细倾。　　忆得往年同伴,沉吟无限情。恼乱东风,莫便吹零落,惜取芳菲眼下明。

又

斗城池馆,二月风和烟暖。绣户珠帘,日影初长。玉辔金鞍,缭绕沙堤路,几处行人映绿杨。　　小槛朱阑[1]回倚,千花浓露香。脆管清弦,欲奏新翻曲,依约林间坐夕阳。

【校记】

[1]阑　沈本作"栏"。

渔家傲

画鼓[1]声中昏又晓。时光只解催人老。求得浅欢风日好。齐喝[2]调。神仙一曲渔家傲。　　绿水悠悠天杳杳。浮生岂得长年少。莫惜醉来开口笑。须信道。人间万事何时了。

【校记】

[1]鼓　沈本作"角"。
[2]喝　沈本作"揭"。

又

荷叶荷花相间斗。红骄[1]绿掩新妆就。昨日小池疏雨后。铺锦绣。行人过去频回首。　　倚遍朱阑凝望久。鸳鸯浴处波文皱。谁唤谢娘斟美酒。萦舞袖。当筵劝我千长寿。

【校记】
[1]骄　沈本作"娇"。

又

荷叶初开犹半卷。荷花欲折须微绽。此叶此花真可羡。秋水畔。清凉绿映红妆面。　　美酒一杯留客宴。拈花摘叶情无限。争奈世人多聚散。频祝愿。如花似叶长相见。

又

杨柳风前香百步。盘心碎点真珠露。疑是水仙开洞府。妆景趣。红幢绿盖朝天路。　　小鸭飞来稠闹处。三三两两能言语。饮散短亭人欲去。留不住。黄昏更下潇潇[1]雨。

【校记】
[1]潇潇　毛本、沈本均作"萧萧"。

又

叶下鹓鸰眠未稳。风翻露飐香成阵。仙女出游知远近。羞借问。饶将绿扇遮红粉。　　一掬蕊黄沾雨润。天人乞与金英嫩。试折乱条醒酒困。应有恨。芳心易尽情无尽。

又

罨画溪边停彩舫。仙娥绣被呈新样。飒飒风声来一饷[1]。愁四望。残红片片随波浪。　　琼脸丽人青步障。风牵一袖低相向。应有锦鳞闲倚傍。秋水上。时时绿柄轻摇飏。

【校记】

[1]饷　沈本作"晌"。

又

　　脸傅朝霞衣剪[1]翠。重重占断秋江水。一曲采莲风细细。人未醉。鸳鸯不合惊飞起。　　欲摘嫩条嫌绿刺。闲敲画扇偷金蕊。半夜月明珠露坠。多少意。红腮点点相思泪。

【校记】

[1]剪　沈本作"蒻"。

又

　　粉面啼红腰束素。当年拾翠曾相过[1]。密意深情谁与诉？空怨慕。西池夜夜风兼露。　　池上夕阳笼碧树。池中短棹惊微雨。水泛落英何处去？人不悟。东流到了无停住。

【校记】

[1]过　沈本作"遇"。

又

　　幽鹭慢来窥品格。双鱼岂解传消息。绿柄嫩香频采摘。心似织。条条不断谁牵役？　　粉泪暗和清露滴。罗衣染就秋江色。对面不言情脉脉。烟水隔。无人说似长相忆。

又

　　楚国细腰元自瘦。文君腻脸谁描就？日夜鼓声催箭漏。昏复昼。红颜岂得长依旧。　　醉拆嫩房和蕊嗅。天丝不断清香透。却傍小阑凝望久。风满袖。西池月上人归后。

又

　　嫩绿堪裁红欲绽。蜻蜓点水鱼游畔。一霎雨声香四散。风飐乱。高低掩映千千万。　　总是凋零终有恨[1]。能无眼下生留恋。

何似折来妆粉面。勤看玩。胜如落尽秋江岸。

【校记】

[1]恨　沈本作"限"。

破阵子

海上蟠桃易熟,人间好月长圆。惟有擘钗分钿侣,离别常[1]多会面难。此情须问天。　　蜡烛到明垂泪,薰炉尽日生烟。一点凄凉愁绝意,漫道秦筝有剩弦。何曾为细传?

【校记】

[1]常　沈本作"长"。

又

燕子欲归时节,高楼昨夜西风。求得人间成小会,试把金尊傍菊丛。歌长粉面红。　　斜日更穿帘幕,微凉渐入梧桐。多少襟怀言不尽,写向蛮笺曲调中。此情千万重。

又

忆得去年今日,黄花已满东篱。曾与玉人临小槛,共折香英泛酒卮。长条插鬓垂。　　人貌不应迁换,珍丛又睹芳菲。重把一尊寻旧径,所惜光阴去似飞。风飘露冷时。

又

湖上西风斜日,荷花落尽红英。金菊满丛珠颗细,海燕辞巢翅羽轻。年年岁岁情。　　美酒一杯新熟,高歌数阕堪听。不向尊前同一醉,可奈光阴似水声。迢迢去未停。

瑞鹧鸪 咏红梅[1]

越娥红泪泣朝云。越梅从此学妖颦。腊月初头,庾岭繁开后,特染妍华赠世人。　　前溪昨夜深深雪,朱颜不掩天真。何时驿使西归?寄与相思客,一枝新。报道江南别样春。

【校记】
[1]咏红梅　沈本无"咏"字。

又

江南残腊欲归时。有梅红亚雪中枝。一夜前村,间被[1]瑶英拆,端的千花冷未知。　丹青改样匀朱粉,雕梁欲画犹疑。何妨与向冬深,密种秦人路,夹仙溪。不待夭桃客自迷。

【校记】
[1]被　毛本、沈本均作"破"。

殢人娇

玉树微凉,渐觉银河影转。林叶静,疏红欲遍。朱帘细雨,尚迟留归燕。嘉庆日,多少世人良愿。　楚竹惊鸾,秦筝起雁。紫舞袖,急翻罗荐。云回一曲,更轻拢檀板。香炷远,同祝寿期无限。

又

一叶秋高,向夕红兰露坠。风月好,乍凉天气。长生此日,见人中喜瑞。斟寿酒,重唱妙声珠缀。　凤箫移宫,钿衫回袂。帘影动,鹊炉香细。南真宝箓,赐玉京千岁。良会永,莫惜流霞同醉。

连理枝

玉宇秋风至。帘幕生凉气。朱槿犹开,红莲尚拆,芙蓉含蕊。送旧巢归燕拂高帘,见梧桐叶坠。　嘉宴临[1]晨启。金鸭飘香细。凤竹鸾丝,清歌妙舞,尽呈[2]游艺。愿百千遐寿比神仙,有年年岁岁。

【校记】
[1]临　毛本、沈本均作"凌"。
[2]尽呈　沈本作"画堂"。

又

绿树莺声老。金井生秋早。不寒不暖,裁衣按曲,天时正好。况兰堂逢著寿筵开,见炉香缥缈。　　组绣呈纤巧。歌舞夸妍妙。玉酒频倾,朱弦翠管,移宫易调。献金杯重叠祝长生,永逍遥奉道。

长生乐

玉露金风月正圆。台榭早凉天。画堂嘉会,组绣列芳筵。洞府星辰龟鹤,福寿来添[1]。欢声喜色,同入金炉泛浓烟。　　清歌妙舞,急管繁弦。榴花满酌觥船。人尽祝、富贵又长年。莫教红日西晚,留著醉神仙。

【校记】
[1]福寿来添　毛本、沈本均文字互倒作"来添福寿"。

又

阆苑神仙平地见,碧海架蓬瀛。洞门相向,倚金铺微明。处处天花撩乱,飘散歌声。装真筵寿,赐与流霞满瑶觥。　　红鸾翠节,紫凤银笙。玉女双来近彩云。随步朝夕拜三清。为传王母金箓,祝千岁长生。

山亭柳 赠歌者

家住西秦。赌博艺随身。花柳上,斗尖新。偶学念奴声调,有时高遏行云。蜀锦缠头无数,不负辛勤。　　数年来往咸京道,残杯冷炙谩消魂。衷肠事,托何人？若有知音见采,不辞遍唱阳春。一曲当筵落泪,重掩罗巾。

拂霓裳

庆生辰。庆生辰是百千春。开雅宴,画堂高会有诸亲。钿函封大国,玉色受丝纶。感皇恩。望九重天上,拜尧云。　　今朝祝寿。祝寿数,比松椿。斟美酒,至心如对月中人。一声檀板动,一炷蕙香焚。祷仙真,愿年年今日、喜长新。

又

喜秋成。见千门万户乐升平。金风细,玉池波浪縠文生。宿露沾罗幕,微凉入画屏。张绮宴,傍薰炉蕙炷,和新声。　　神仙雅会。会此日,象蓬瀛。管弦清,旋翻红袖学飞琼。光阴无暂住,欢醉有闲情。祝辰星,愿百千[1]为寿、献瑶觥。

【校记】

[1]千　沈本作"年"。

又

笑秋天。晚荷花缀露珠圆。风日好,数行新雁贴寒烟。银簧调脆管,琼柱拨清弦。捧觥[1]船,一声声,齐唱太平年。　　人生百岁,离别易,会逢难。无事日,剩呼宾友启芳筵。星霜催绿鬓,风露损朱颜。惜清欢,又何妨、沉醉玉樽前。

【校记】

[1]觥　毛本、沈本均作"觥"。

补　遗

文

中园赋

在昔公仪，身居鼎轴。念家食之凭厚，斥芳蔬之荐薮。粤有仲子，坚辞廪禄。率齐体于中野，灌百畦而是足。惟二哲之高矩，蔼千龄之信牍。虽显晦之非偶，谅谟猷而可复。岂不以崇高宅乎富贵，声教移乎风俗？四民谨旧德之业，百乘鄙盗臣之畜。义利愧于交战，矛盾蛊兮并鬻。代工而治兮戒在贪竞，付物以能兮使其茂育。斯有位之良训，乃群伦之所属。天地闭兮贤隐，置网张兮兽伏。怖炎火之焚石，恧东龟之毁椟。甘田亩以昏作，晦膏兰而择福。我负子戴兮终年靡劳，夏葛冬裘兮匪躬是辱。斯遁世之攸处，讵纷华之可渎？眷予生兮曷为？幸亲逢乎盛时。进宽大治之责，退有尚农之赀。求中道于先民，乐鸿钧于圣期。寓垣屋于穷僻，敞林峦于蔽亏。朝青阁以凤退，伤两骖兮独归。窈蔼郊园，扶疏町畦。解巾组以遨游，饬壶觞而宴嬉。幼子蓬鬌，孺人布衣。啸傲蘅畹，留连渚湄。或捕雀以承蜩，或摘芳而玩蕤。食周粟以勿践，咏尧年而不知。琴风飒以解愠，田雨滂兮及私。尔乃坛杏蒙金，蹊桃衔碧。李杂红缥，柰分丹白。梨夸大谷之种，梅骋含章之饰。乌勃旁挺，来禽外植。樱胡品糅而形别，棠棣名同而实析。大棹朱柿兮骈发，樽枣安榴兮间拆。楳楂以馨烈蒙采，枳椇以甘芳见识。援蘡薁于林际，架葡萄于沼侧。况夫霜薤含润，露葵荐泽。芹自南楚，蒜来西域。苏荏抽颖，蓼荾凝液。堇荁更茂，菲莳代殖。苜蓿丽箷，蘘荷幂历。锺山之菘韭早晚，吴郡之苋茄紫白。织女耀而瓜荐，大昂中而芋食。匏瓠在格以增衎，藜藿缘阴而可摘。若其愈疾栽菊，忘忧树萱。香珍绿蕙，媚服崇兰。玉蕊金錞，相思杜鹃。辛夷袭紫，芍药含丹。游龙出隰，芳苡生原。篱槿凋暮，宫槐合昏。四衢绮错，五出星联。蓑蓑落蕊，纂纂初妍。护台香而蝶乱，聚崖密以蜂喧。与夫猪苓马勃，泽荠溪荪。荔芸御冻，椒桂含温。

萸房入佩，菰首登飨。薜荔成帷，昔邪在垣。独楗除渴，酸浆治烦。
菖蒲感于百阴，葶苈萌于大寒。卷施心拔而不死，虎櫐蔓生而自悬。
龛首牛唇之夥，鸡肠乌喙之繁。红鬓缃肤，丹房碧延。或《山经》之
号著，或《药录》之名传。至夫松桧被径，梧楸荫轩。江蕉凝绿，海柏
浑圆。石安荟蔚，扶老萦缠。蟲巁筠之东美，垂溪柳之三眠。或后凋
而秀出，或总翠以相先。丛灌骈滋，翾飞所据。验九扈以农正，察五
鸠而民聚。戴鵀兴蚕织之候，布谷起耕耘之务。当陆成而鹍鸠云止，
蘪麦秀而仓庚始裊。伯劳惊于早寒，盍旦戒乎将曙。晨风不系而逐
雀，斫木无声而食蠹。鸦介立以擅泽，乌群嗷而反哺。鹪匪陋于荆
棘，鹖无营于钟鼓。顺时律以弄吭，乐天和而命侣。燕溢溢以交贺，
鹊翛翛而吉语。既罝罻之不设，在橧巢而可俯。谈王道于樵子，接欢
歌于壤父。凿坎井之凝洌，决清渠而灌注。愚抱瓮以殚力，智设槔而
尽虑。咸不病于夏畦，各无忧于捽茹。懿夫！观品汇之零茂，识元精
之所存。睹百嘉之穰俭，明四序之无愆。动植飞潜兮，得宜乃悦；雨旸
寒燠兮，叶度而蕃。且复谕名花于君子，兴瑶草于王孙。采家臣之秋
实，歌上瑞之丰年。资旨蓄而御冬，撷众芳而炼颜。至若严客幸临，良
辰是遭。载扫危榭，爰张宴豆。蒙山骑火之茗，豫北酿花之酤。或秋
弈以当局，或唐弓而在彀。哨壶枉矢之设，博簺樗蒲之侑。诚一笑兮
相乐，亦千金而为寿。洒毫牍以摛思，极朋情而卜昼。送归鸿兮海壖，
揳鸣琴兮宾右。舞长袖兮相属，命欢谣兮递奏。无取次公之狂，不遗
椒举之旧。春晼晚兮气佳，临高台兮淑华。夏怢台兮日永，荫茂林兮
修迥。凉月皎兮钟漏寂，朔霰飞兮天宇复。廓丹府以惩忿，悦灵龟而
缮性。兹所谓祛鲁相之介节，略於陵之独行。却园夫之利兮取彼闲
适，荷王国之宠兮遂夫游泳。禽托薮以思鸷，兽安林而获骋。徜徉乎
大小之隐，放旷乎遭随之命。庶乐育于嘉运，契哲人之养正。

飞白书赋

　　昔在轩后，旁罗俊英。乃有苍颉，思周神明。下侔羽族之迹，上
法奎躔之精。始造古文，播于寰瀛。爰及东汉，纪年熹平。其臣蔡
邕，誉闻帝庭。瞩鸿都之葳役，扫垩帚而字成。寓物增华，穷幽洞灵。

肇此一体,用飞白而为名。饰宫阙之题署,助圣贤之艺能。厥后累朝之臣,习此奇迹。代有名系,存乎简籍。然犹献之白而不飞,子雲飞而不白。伊唐二叶,迨及高宗。咸所留意,亦云尽工。分赐宰弼,涣扬古风。若乃宫砚沉碧,山炉泛清,恣冲襟之悦穆,拂神翰以纵横。空濛蝉翼之状,宛转虹蝾之形。烂皎月而霞薄,飚珍林而雾轻。曳彩绡兮泉客之府,列纤缟兮夏王之庭。仙风助其缥渺,辰象供其粹凝。信一人之妙用,非末学之能称。而况取象八分,资妍小篆。玉洁冰润,龙骧虎变。合心手以冥运,体乾坤之壮观。(《玉海》卷三四)

御飞白书扇赋

鹜思三云,洒回春之藻翰,成变楷之奇文。婉结无方,轻浓有制。该笔苑之遒润,集书林之妍媚。标王字于日中,湛金波于月际。六艺之逸品,在昔贞观之隆:文皇念功,时则有无忌、师道沐鸾虬之班诏;咸亨以还,高宗礼贤,时则有至德、处俊荷楫翼之垂训。亦有攀车受贶,登床被恩,一言蒙鲁衮之厚,八体著羲图之则。五明在手,于以见虞帝达聪之勤;四座生风,于以武师救暍之德。(《玉海》卷三四)

雪　赋

元圣善谋,时寒顺之,若六出之嘉贶,乃玉精之所滋。生积润于重坎,发萌生于后祇。克肇阴阳之序,用成天地之宜。观夫玄律行周,愁云亟积。北陆司纪,青女葳职。驱屏翳兮涓洒,仗飞廉兮扫涤。初晻暧以蓬勃,倏森严而悄寂。随蠛蠓以泛泛,径扶摇而弈弈。乍拂庑兮荣树,忽穿窗兮逗隙。压丛竹之虚籁,点乔松之秀色。委岩穴以含垢,赴波澜而灭迹。兽族处兮休影,鸟归栖兮接翼。原野漫其一平,羲舒为之双匿。昼黮翳以迷昏,夕精荧兮误晨。导和气于葭穀,苗幽芳于荔芸。晦金炉之郁郁,混缥瓦之鳞鳞。疑月桂之飘荡,惑星榆之纠纷。酌冻醑兮杯蚁滟,缓清歌兮眉粟颦。拂纨袖兮多思,照琼颜兮有神。尔乃邃馆曾台,彤墀紫闼。垂壶之漏方耿,程石之书未彻。惊钿砌之葱郁,讶绮疏之骚屑。龙衔烛兮昆峤,鲛泣珠兮贝阙。冕藻井之窈茐,夺琁题之皎月。絮非柳以摇飏,木先梅而罅发。旋冯豹之奏事,纳晏婴之进说。覆衾被兮臣款忠,出衣裘兮民感悦。息黄竹之哀思,略嶛州之奇绝。至如藻扃绣户,金屋兰堂,或端居而悃默,或惨别以悽伤。讽班姬之比物,吟谢媪之联章。炳明烛兮萧寂,俪幽兰兮抑扬。杂风流之雅舞,映拂额之残妆。缄锦字兮途远,数琼签兮夜长。玉为田兮蓝水□,银作宫兮鲸海光。叹川路兮难越,念音尘兮不忘。又如葱极西遐,龙城北距。班晋钺以命将,约齐瓜而遣戍。伏瓯脱兮穷徼,望兜零兮薄暮。始粲粲于林莽,渐瀰瀰于陇路。浮塞草以横绝,卷碛沙而径度。骇属幕之无色,眩龙堆之失素。杖汉节兮毛尽,击燕歌兮泪注。生赎罪兮窦宪,没思归兮温序。禅姑衍兮何日,焚谷蠡兮未遇。天山极目兮同缟,昆岫亘空兮连璐。咏雅什之来思,怆他乡而永慕。则有地分上下,亩号南东。竞寸阴而昏作,祀先啬以勤农。利铫镈于平日,饬畎畮于凛冬。既浙沥兮蠲渴,复连翩兮降衷。愿体足兮霑洽,庆存瘗兮不逢。睹盈尺之储瑞,识载途之兆丰。验郭履于阡陌,辨蕉庐于灌丛。初见睍以消解,遂膏腴而液融。茵弱土兮疆畔,渍原野兮稑穜。振袯襫以增气,沐藁簦而动容。喷其馌兮胥悦,耦而耕兮必躬。巾屦惰民,圭符假守。临浍水之封域,访梁台之苑囿。玩珪屑之华楚,感密荣之纷糅。赧尸素兮重席,寄欢康兮旨酒。轸潜恩于天末,续长谣于客右。歌曰:北风凉兮霙霰飞,露同甘兮阳共晞。沼有苹兮山有薇,道攸长兮谁与归?(《国朝二百家名贤文粹》卷一七六)

亲贤进封赋 天禧二年二月

燕禖启兆,熊梦开祥;分晖日域,禀秀星潢。陪汉幄以遵礼,奉尧闱而中式。寝门屡至,足见于纯诚;吏牍遥观,盖彰乎敏识。接申、白以谈经,越应、刘而振藻。(《玉海》卷一二九)

皇子冠礼赋 大中祥符八年十二月

辟崇贤而毓德,御宣猷而待宾。东明之银牓弥高,西海之瑶山特峻。(《玉海》卷一二九)

西掖植紫微赋

得自羊墅,来从召园。有昔日之绛老,无当时之仲文。观茂悦以怀旧,指蔽芾以思人。(《宋朝事实类苑》卷二九;又见《韵语阳秋》卷一六)

傀儡赋

外眩刻琱,内牵缠索。朱紫坌并,银黄煜爚。生杀自口,荣枯在握。(《韵语阳秋》卷一七)

蜩蛙赋

匿蕞质以潜进,跳轻躯而猛噬。虽多口而连获,终扼腕而弗制。(《避暑录话》卷四)

祖士衡起居舍人告词天禧四年四月

敕:故左仆射兼门下侍郎、平章事向敏中孙女婿,朝散大夫、行右司谏、直集贤院、同修起居注、同提举在京诸司库务司、上轻车都尉祖士衡,早以隽名,擢于上第。工文合雅,缮学宗经。登册府以紬书,佐地官而治赋。亟升华贯,绰著时才。眷吾辅臣,惟尔外族,奄兹沦谢,增用悯伤。爰降宠荣,及其姻属,特迁史秩,无忘钦承。可特授行起居舍人。(《元献遗文补编》卷一;又见《洛阳九老祖龙学文集》卷一四)

丁谓复相制天禧四年十一月己巳

苍震承基,充隆乎丕业;黄扉敷政,实总于群司。属跻德之有闻,思任贤而为助。授受之际,询谋允谐。具官丁谓:抱器挺生,含章秀发。学洞圣门之奥,辞锵天律之和。自佐大钧,罄宣忠力。翊励精之治,责实攸先;参同德之伦,专徽斯称。外临藩翰,益树风声。因秉瑞之来廷,复登枢而赞治。荐掌机要,乃升公台。斟酌于一气之和,缉熙于百度之政。良肱斯赖,崇栋在兹。俾其首辅储闱,兼登揆路。峻鸾台之茂级,冠鼎席之至荣。翊宣令猷,庶协佥议。(《宋宰辅编年录》卷三)

举范仲淹状

臣伏以先圣御朝,群才效用,惟小大之毕力,协天人之统和。凡有位于中朝,愿荐能于丹扆。不虞进越,用广询求。臣伏见大理寺丞范仲淹:为学精勤,属文典雅,略分吏局,亦著清声。前曾任泰州兴化县,兴海堰之利。昨因服制,退处睢阳,日于府学之中观书肆业,敦劝徒众,讲习艺文,不出户庭,独守贫素。儒者之行,实有可称。云云。欲望试其词学,奖以职名,庶参多士之林,允洽崇丘之咏。(《元献遗文补编》卷一;又见《范文正公年谱》)

请赐舍人院书籍增给财物奏 天禧三年十二月

本院书籍残缺,帷帐什物多弊,公用钱亦少。望赐国子印本群书,令仪鸾司供帐,冬季三司给炭,仍增赐公用钱。(《宋会要辑稿》职官六之六八,又见同书职官三之一四)

刘筠序班奏 乾兴元年十月

先朝杨亿再为学士,班钱惟演上。今新除学士刘筠,天禧中已入翰林,请如故事序班臣等之上。(《续资治通鉴长编》卷九九;又见《翰苑逸事》和《宋会要辑稿》仪制三之一二)

京百司吏授官归司事奏 天圣元年五月

定夺殿中侍御史李孝若奏请,百司年满授官人得替之后,乞依格却勒归司祗应。其正名为公事勒停后遇赦叙理,却送诸司降充承阙,须候再试中,方得理选;如限满日,只注判司。(《宋会要辑稿·选举二十五》之二〇)

乞选人更不隔年预使季阙奏 天圣元年闰九月

按大中祥符三年东封赦文,放选时三千馀人赴集,铨司拟注不足,始擘画隔年预使季阙。后遂为例,常隔年奏明季阙。选人有不愿注拟之处,因循积留不补,复更预使向前远季阙次。今来待阙人非多,欲今后且用见阙及昨奏季阙,更不隔季预划。如或全无本资,不愿折资者,即许指射季阙,上簿归乡。其告身签符等,铨司至时入递给付,候大有选人,旋即具奏前季阙发遣。(《续资治通鉴长编》卷一〇一)

看验进状举人文卷事奏 天圣元年十一月

窃闻差中使勾书吏写进状举人文卷施行。其中小辈素无士行,递相鼓扇,侥求覆考。欲望令中书只差官取进状人卷子看验,特与戒励。(《宋会要辑稿·选举十五》之四)

张耆不可为枢密使奏 天圣五年正月

枢密与中书两府,同任天下大事,就令乏贤,亦宜使中材处之。耆无他勋劳,徒以恩幸,遂极宠荣,天下已有私徇非材之议,奈何复用为枢密使也?(《续资治通鉴长编》卷一〇五)

乞令场务不得妄增课利奏 天圣六年九月

遇天府县镇村坊买扑酒务,本路转运司准例勒添长课利,方许勾当。深虑久远增添不已,难为趁辨,失陷官钱。乞令小可场务今后不得增长课利,所冀公私便济。(《宋会要辑稿·食货二十》之七)

荐王洙为应天府书院说书奏 天圣六年九月

应天府旧有敕赐书院,诸生阙于师资。伏见部授贺州富川县主簿王洙素有文行,其明经术,欲就举留,令带所授官充应天府书院说书。(《宋会要辑稿·崇儒二》之三)

差剩员兵士代百姓充驿子奏 天圣六年九月

诸处州县例差乡户百姓充驿子,甚有劳扰。臣前知南京日,就差剩员兵士逐季替换,甚以便民。望行下诸州军并依此例。(《宋会要辑稿·方域十》之十四)

诸州都监等尝为公人仆隶者勿与旧所事官接坐奏 天圣六年十二月

诸州都监、都巡检、阁门祗候及内殿崇班以上尝为公人、仆隶者,

自今毋得与旧所事官接坐。若职事相关,即移徙他州。其三班使臣以下监临物务者,并听公参。(《续资治通鉴长编》卷一〇六)

乞罢职田状 天圣七年七月

伏以朝廷所置职田,盖欲稍资俸给。其如官吏不务至公,或差遣之间,徇于侥竞;或横敛之际,害及人民。屡致讼言,上烦听览,既有亏于廉节,复多犯于宪章。所宜寝停,用绝奸弊。所有职田并乞纳官,依省庄例,入帐拘管。(《宋会要辑稿·职官五十八》之五;又见《湘山野录》卷上,《群书考索》后集卷一七)

乞举人增试策问奏 天圣八年八月

唐有明经举人并试策问,盖欲验其所业本经大义,以参度性识,然后入官政。今诸科举人,既无策问,但能记诵,不经师授,非所以求人任官之意。乞自今经终场试后,量问策一道,以合旧规。(《宋会要辑稿·选举十二》之三〇)

四夷朝贡请遣官记异域风俗奏 天圣九年正月

伏见占城、龟兹、沙州、邛部川蛮入贡,或挈家而至,瞻望舆驾,纵游宫观。臣闻先朝曾有诏书,凡四夷朝贡至京,委馆伴官询其风俗,别为图录。兹诏废格,因循未举,望下有司按先朝故事施行。(《宋会要辑稿·职官二十五》之一)

代辞升储表一

臣某言:伏睹内降制书,以臣为皇太子者。初闻中旨,但集于悚兢;退省孱资,不遑于宁处。敢陈丹赤,上渎威颜。臣某中谢。臣闻《易》象垂文,戒立身之非据;圣人敷化,贵冒物之得宜。小言而大禄者,犹谓冒居;德薄而位尊者,孰允公议?而况元良之建,盛典素隆。《震》豫《离》明,载前闻于八象;星晖海润,昭茂实于两仪。必英誉之有闻,则具瞻而斯协。伏念臣性惟庸昧,识谢周通。毓质天庭,幸依于累善;蒙荣霄极,岂著于盛猷?恭惟尊号皇帝陛下:受命紫清,集符温若。协三灵之丕佑,臻万国之同和。乃眷本支,荐加宠秩。而自启封淮甸,胙土江吴,列尹正之崇资,陟盘维之峻级。两宫视膳,日奉慈严;六学传经,时亲典诰。喜因心而尽礼,乐覃思以知新。渐冀组修,用符训导。敢谓宸襟过听,纶诏忽颁,将辟储闱,俾膺睿渥。侧聆布告,增惕神魂。腼眉目以何施,蹈冰渊而靡措。盖念邦家名器,讵可以忝尘;君父生成,谅垂于保庇。倪徽恩之骤及,谅顽鄙以曷胜?矧在幼冲,方期最厉,将何以雍容鹤禁,表贰桂宫?翊赞嘉谟,遥下寿街之牍;详求多士,旁延望苑之宾。虔仰昊穹,载陈悃愊。伏望陛下轸弥高之圣念,推善贷之深仁。察以妙龄,盖非饰让;寝兹茂式,协乃慎徽。则赫赫昌朝,咸契大中之化;区区积质,俯安若厉之诚。冒昧自陈,期于得请。(《元献遗文补编》卷一;又见《五百家播芳大全文粹》卷三上)

代辞升储表 二

臣某言:臣自沐徽章,再陈封奏,至诚虽竭,宸听未回。仰批谕之猥临,积兢惭而匪据。臣某中谢。伏以量力度德,立身之格言;授才任能,有国之通制。而况明《离》著象,苍《震》垂文。聿崇守器之规,仰协重轮之咏。必资盛德,用赞大猷。伏念臣植性迂疏,秉心蒙滞。万期嘉会,托层汉之灵源;千载昌辰,荷庆云之洪荫。伏惟尊号皇帝陛下:纂承真系,茂阐丕图。泥金荐礼于苍旻,锡壤推仁于宗绪。上公进秩,半楚疏封。俾陟上庠,钦闻雅诰。眷言吴会,荐启藩维。汉节诞颁,夏璜昭锡。奉日严于温清,慕时习于缣缃。居业寡闻,冒荣为愧。遽荷紫清之命,越升储两之崇。风旨乍聆,神魂增骇。叠陈丹款,愿寝洪私。天鉴弥高,纶言益厚。冰渊自处,弥剧于九回;肺腑虔祈,难逃于三渎。伏望陛下广至仁之茂育,推妙道之善成。俯降尧曦,旁回禹律。特收涣汗,爱示于推临;冀息逾涯,庶安于庸陋。由衷所极,得请为期。(《元献遗文补编》卷一;又见《五百家播芳大全文粹》卷三上)

侍读学士等请宫中视学表

伏奉圣旨,以时暑暂住讲书,至秋凉仍旧者。运当文治,日侍讲筵。以炎暑之盛隆,遂紫宸之游息。载颁明旨,允合旧章。伏惟皇帝陛下应运挺生,代天化育。御承光之法座,临照九围;奉长乐之慈颜,缉熙万务。缅怀三圣,抚爱兆民。知王业之艰难,识帝模之宏远。于是顺稽古道,崇尚素风。命册府之儒臣,敞金华之经席。包周众说,既析于篇题;齐鲁善言,弥勤于听览。属南薰之届候,悯会弁之增劳。暂锡假宁,聿昭恩遇。臣等退惟鄙质,幸此亲逢,敢忘矇瞽之言,仰效涓毫之助。窃以四方无事,百度允釐。宫禁之间,穆清多豫。伏愿重汉皇之六学,惜夏禹之寸阴。时习所闻,愈精大義;闲挥仙翰,式就神功。彰睿德之日新,广鸿猷之天赋。如此则宗祊景福,赞明主之保邦;夷夏仰瞻,识大朝之垂教。(《元献遗文补编》卷一;又见:《皇朝文鉴》卷六三,《古今事文类聚》遗集卷三,《文翰类选大成》卷一四二)

谢赐会灵观铭石本表 天禧四年十一月

汉章鸾藻,述真字之有严;龙篆龟趺,播天声于不朽。(《玉海》卷三一)

谢赐飞白书表 天圣九年闰十月

乾文绮粲,睿笔鸾回。文皇凤字,近愧于流芳;炎帝穗书,远惭于逸品。宜登册府,求冠书林。(《玉海》卷三四)

谢昇王记室表

衣存缺衽,式赞于谦冲;馔去邪蒿,不忘于规谏。(《困学纪闻》卷一九)

答枢密范给事书

殊闻之于师曰:经者,世之典常也,无典常则制不立;学者,人之砥砺也,无砥砺则器不备。以周公之才,朝读书百篇,夕见七十二士,犹恐不足。以仲尼之圣,自谓非生而知之,好古敏以求之。《易》象,天地之准矣,乃曰:"君子学以聚之,问以辨之。"《商书》,帝王之范矣,亦曰:"王人求多闻,时惟建事,学于古训,乃有获。"然则生民以来,巨圣大贤未有舍夫学者。西汉中叶,儒教尤盛,公孙弘、董仲舒用经义决朝廷大政,绰有风采。夏阳男子犊卓诣阙,自号庚园,万目皇皇,未知所措,隽不疑侃然正色,引《春秋》而戮之。孝宣、霍光击节惊叹,且曰:"公卿大臣,当用经术,明于大谊。"降及东汉,兹道弥笃。唐柳冕有言:"西汉尚儒,明于理乱,是以其人智;东汉尚章句,师其传习,是以其人守名节。"此其效也。前代为学,迭相师授,是以圣人之旨无不坦明。近世业儒怠于讲肆,是以先王格训有所滞濛。唐李善精于《文选》,为之注解,因用教授,谓之《文选》学。皇朝太平兴国中,诏馆阁雠校《汉书》,安德裕取《西域传》山川名号字之古者,改附《近古集语》。钱熙谓人曰:"予于此书特经师授,皆有训说,岂可胸臆涂窜,以合词章?"则知《文选》《汉书》尚行教授,经坟大典可废讲乎?殊尝窃志兹说,以悟朋从。至于倡导儒风,恢崇教本,虽有素蕴,不能及也。今者明公过听,爰忘其陋,惠贶与侍讲孙公书,述岷山人武陵昌期博贯诸经,召寘门下,枢铉之隙,与之论议。且欲出其撰述,质于大儒,辨正臧否,以明公共。斋盥披读,载欣以忭。首见执事经国佐王之志,中见执事乐道尚贤之素,末见执事选众成人之美。非夫操尚敦懿,规模宏廓,元元本本,焯见天人,明自乎诚,觉先于后,恤横目之流放,勤洗心而拯接,则安能屈彦辅之重,昴硕生之业,不远百舍,命蒿莱之隐沦,愒见分阴,绅绅素之潭奥,恂恂伋伋若是之深厚哉!夫然,则穆微风,养万物,致隆平,颂清庙,跻大猷于羲、昊,绍丕绩乎衡、旦,斯有日矣。眷惟孱虚,无足称算,猥沐甄采,参于季孟。私用澡概灵府,温循宿艺,贺吾道之有宗主,跋斯人之蒙润泽。奚独五典琴筑,三年呻吟,腐唇以守黄卷,焦心而窥断简者哉!机轴严密,虑难省谒,敢布肝膈,复干闱侍。(《元献遗文补编》卷一;又见《皇朝文鉴》卷一一二)

与富监丞书

去岁连得邮中书,并刘梦得、崔巨、樊宗师诸石记,尤慰。倾想所论韩、柳、独孤、权、刘之文,甚善。仆为郡以来,簿书刑讼之外益得暇阅古人集,自谓粗得其要。今试言之。古人云:"名者,天下之公器也。"某少时闻群进士盛称韩柳,茫然未测其端。洎入馆阁,则当时隽贤方习声律、饰歌颂,诮韩柳之迂滞,靡然向风,独立不暇。自历二府,罢辞职,乃得探究经诰,称量百家,然后知韩柳之获高名为不诬矣。迩来研诵未尝释手。若乃扶道垂教,划除异端,以经常为己任,死而无悔,则韩子一人而已,非独以属词比事为工也。如其祖述坟典,宪章骚雅,上轹三古,下笼百氏,极万变而不哗,会众流而有归,适然沛然,横行阔视于缀述之场者,子厚其人也。彼韩子者,特以纯正高雅,懔然无杂,乃得与之齐名耳。必也兼该氾博,驰骛奔放,则非柳之敌,况他人哉!独孤、权、刘或及其门,或升其堂,未可以造室也。然后之学者,但常揭厉钻仰,就其所安,不必索强模写,失其天质。譬之工书,锺、王、卫、索、欧、虞、褚、柳,虽迭相师慕,及其成功,未尝酷似,岂不然乎!近获梦得文数篇,以所寄《驿路记》校之,即已有者。崔巨之《郇公遗爱碑》,比《禹庙记》,真所不迨。然往闻耆宿言,孙汉公尝云:"有唐中叶之人,虽名不著者,比之五代、国初之文,亦颇为优。"此诚知言。宗师之作,乃好古之过矣。安有是哉?安有是哉!其他俟异日而尽。某述。(《国朝二百家名贤文粹》卷一〇二)

徐公文集后序

徐公既没,门人等论次其文为三十卷,曩秘阁吴正仪、今翰林颍川公并为之序,论之详矣。都官员外郎胡君克顺通才博雅,乐善好贤,早游骑省之门,深蒙乡里之眷,宝兹遗集,积有岁时,镂板流行,庶传悠永。因以丞相赵郡文贞公、邓帅陇西公所作墓志、挽咏等列于左次,用垂茂实。俾题于后,以记厥由。大中祥符九年八月,太常丞、集贤校理晏殊序。(《元献遗文补编》卷一;又见《骑省集》附录)

东封圣制颂序

皇帝御极之十二载,受灵贶,对休命。龙鸾丽藻,封勒于宝文;黻辂作绘,彰施于翠琰。日中丽乎王字,天下布乎尧言,真圣明之述作也。有司稽铭岳之典,讲勒成之旧,寅威宝命,丕显祖烈,于是有《登泰山》《谢天书》《述二圣功德》之铭。神灵之府,肇建福庭,发生之宇,增闳严祀,于是有《九天司命》《青帝广生》之赞。鲁瞻为群岳之长,禹迹播千里之润,加隆徽号,彰明视秩,于是有《天齐王》《灵源》

之赞。旌霸王之辅,畴制作之功,于是有《昭烈》《武成》《文宪王》之赞。怀柔百神,登秩群望,于是有《玉女泉石像》之记。几深极乎《系》《象》,训诰示乎轨范。垂之日月,以宣景耀;刻于金石,以为表经。矧复仙毫炳蔚,鸿笔辉润,风云动色,造化为工。温珉华玉,镂若飞之翰;石壁金纪,垂不朽之制。所谓躬列辟之能事矣。古者縢书秘语,纪号专美,而陛下顺命昭孝;古者金縢玉策,迎年探寿,而陛下祈福庇民。彼西崖纪名,之罘刻颂,风声邈听,不其恶欤!(《元献遗文增辑》;又见《玉海》卷二八)

惟德动天宋颂序　　天禧元年十月

云汉兴咏,周宣厉兢业之怀;雩场改祈,汉明述哀戚之诏。雨螽坠地,祲孽坐销,原菽稺生,良苗自熟。(《玉海》卷六〇)

天和殿御览序

上稽雅诰,下采信书;削糟粕之繁,撮丹青之要。(《玉海》卷五四)

两朝祥瑞赞序

二圣膺运,天人协赞,符命沓臻。三象腾晖,五灵狎至。露饴云蔚,泉涌河清。纷纶乎华芝,茂衍乎嘉谷。羽毛之族,万变呈姿;卉木之伦,千名著异。爰稽众瑞,列绩殊庭,乃诏群臣,并为赞述。凡二百四十四篇,勒为五卷,藏之册府。(《玉海》卷二〇〇)

跋宋景文诗

"空"优于"闲",且见虽有船不御之意,又字好语健。(《西清诗话》;又见宛委山堂本《说郛》卷八一)

萧望之论

弘恭、石显之谮萧望之也,其夫人独以为非天子意。望之以问朱雲,而雲劝其自裁。至使人君拊手而惊,却食而泣,哀恸左右,极乎愤惋。既而不绝其封国,岁祠其冢墓。由此观之,苟望之不死,则倚以为相必矣。傥因而斥退奸党,荐延忠直,廓大明之晻曀,恢盛业于悠远;力之不逮,则以死继焉,鸿毛泰山,唯义所归,不其壮欤!不其伟欤!舍是而不图,自经于沟渎,为匹夫匹妇之谅,决凶竖之奸计,陷人君于过恶,其不智而无名也甚矣!彼朱雲者,真所谓不得中行而狂狷者也,探赜机心,不迨乎妇人之明。又以见圣贤择言不以人废,于斯验矣。(《国朝二百家名贤文粹》卷八)

论秦穆公用由余

夫臣节,有死无贰。戎使由余观秦,终竭谋虑,灭其旧疆,岂锺仪操南音,乐毅不谋燕国之意哉?秦穆之致由余而辟戎土也,失君君臣臣之训矣。(《困学纪闻》卷一一)

演连珠

时平德合,秉均者续隐于几先;运极道消,享位者誉隆于事外。是以房、杜之恩勤莫二,无迹可寻;郭、裴之退黜居多,其名益大。(《元献遗文补编》卷一;又见:《皇朝文鉴》卷一二八,《文翰类选大成》卷一四八)

御飞白书记

日新盛德,天纵多艺。师心独运,冠世研精。万象奔驰于笔端,三辰奋涌于毫末。翩然而鸾皇飞矞,蜿然而虬龙蟠跃。圣域之雄观,书林之具美。一字可以逾华衮,群臣莫能望清光,摛染所及,洪纤毕该。宇宙入其胸怀,风云出乎掌握。造化协其隐显,阴阳顺其卷舒。发虚无之蕴,而森为众形;收雷霆之动,而归于精象。非元圣之独智,孰能与于此乎!(《元献遗文》;又见《玉海》卷三四)

五云观记

丞相冀文穆公即世之明年,某小君许国夫人闻于内朝,请建道馆于茅山之南麓,以为公栖神之所。圣上追念大臣,哀怜时思,特命郡守、旧相李公迪主其营缮。又敕公门下吏右侍禁张得一董其力役。后十四年,夫人以制度之未备,申命公之犹子右班殿直士颙,往增葺焉，始赐名曰"五云观"。僝工于天圣之丙寅，已事于康定之庚辰。其广袤因崖嶩之回抱，其奥阵视科文之品第。崇堂以宅肖像，秘殿以严真供。层阁崛起，广除环构，修廊蔓衍，高闳澹开，庖厨有方，厩库有次。其外则坛场著前朝之迹，洞穴表灵峰之蕴。乔松夹植，荫行旅之劳；良田外营，资粮膳之给。妙择勤士，恭修秘式。其所以尊奉遗貌、妥安净众者，罔不周具。惟道家者流，有清净冲虚之说，归真返朴之教，后代悦其风者，触类而长。于是乎幽经秘诀之敷演，清都洞台之照临，三云八景之炼修，童初广寒之游集，上自后辟，迄于臣民，用资化源，著在彝典。初，真宗皇帝既偃武节，聿修文事。封泰山，款后土，谒仙里，建灵宫，务辑一王之仪，邈追前代之盛。公于是时都将相之重，极风云之遇。与一二元老洎鸿儒硕生，内则翊赞宸猷，外则讨论经礼。用削稿之密，荷沃心之赏。借前箸而谋定，申巽风而令行。至如检玉介邱，瘗缯睢壤，近甸巡豫，嘉坛袞对，咸遵秘箓，聿彰勤任。用三洞之科式，先八銮而启行，公则参仪卫之职焉。寅受天瑞，钦崇祖烈，五狱升号，灵泉效祉，并敞真宇，茂昭元贶，公又历置使之任焉。总集髦隽，纷披载籍，撷百世之龟鉴，述方来之矩矱，复诏公之典领焉。公又以混元之法，有助亨会，亟笈所蕴，源流实繁，欣逢盛明，得用论次。乃复选通达其学者，校雠而辨正焉。名山洞室之藏，金简玉文之萃，多所刊定，讫无抗谬。本至性之冲漠，益圣明之参会。倘佯乎丛霄大霞之境，讽咏乎广韶曲素之篇。痛寐赤松之游，沉酣金匕之药。间接真士，高谈妙枢。由是翛然有乘云骖飙、离人拔俗之想。出沐休暇，或元辰令吉，特屏世事，虔修净醮。坛宇严邃，旌幡飒缅。杳尘寰之不接，疑景象之有闻。绵袆寖久，积精忘倦。乾兴壬戌岁，分符秣陵，眷言兹山，实迩郊次。俄奉中诏，即伸嘉荐。注慕灵壤，徘徊净城，迨尔自得，澹乎忘归。隐士朱自英者，肥遁中严，载更年所，公乐其素尚，宛若石交。还朝秉钧之再岁，以其名闻，召至都下，宴语绅绎，异于常伦。及其还山，又约他日卜邻洞府。音旨隆密，朱生异之。后数月而公捐馆舍，且有遗语，卜兹缔构。前后所费私帑凡百五十万，官给不豫焉。续诏自英往还临莅之，皆从公之素志也。按《真诰》言："句曲地肺，土良水清，谓之华阳洞天。可以度世，种民是处，三灾不干。"又言："至忠至孝之人，皆先受灵职，次为列仙，岁登降其幽明，如人间之考绩。"则公之结思崇岫，归诚妙象，岂徒然哉！矧夫出应贤运，越登极位，佐时勋大，用物精多，非特受灵气，复逾群品，曷以协昌辰之伟任？非默契仙箓，往阶真格，曷以显太和之挺生？质于前闻，其有冥合。呜嘻！乘时奋庸，文武之柄，尊生芘物，罄其蕴怀，执方持衡，不疚风议。烜赫焯耀，以功名自终。然后脱遗世氛，与羡门、偓佺之徒，相期于烟霭之际，不其盛与！其不伟与！夫人恪奉治命，无忘通道。其嗣子殿中丞寅亮，瞿瞿协心，克终胜概，足播徽范，永光图史。谓殊夙以文翰游公馆宇，见托撰述，著之金石。是谓拜礼命之辱，而忘其为陋芜。公姓王氏，讳钦若，字定国。夫人姓李氏。公之邑里世系，历官差次，上载史牒，下刊碑志，此得略而不书。庆历二年岁次壬午十月乙卯晏殊记。(《元献遗文补编》卷一；又见《茅山志》卷二五)

因果禅院佛殿记

南纪名区，临川古郡。接豫章之都会，界麻源之福乡。精舍仙坛，华姑从兹飙驾；铜陵碧涧，康乐之所胜游。三灾不兴，既王化之攸洽；一变至道，在民风而甚醇。由是崇饰善因缘，归依大法像。犀渠鹤滕，靡习吴都之强；宝刹莲宫，益盛耆山之教。因果禅院者，控临阛阓，左右邑居。碧瓦虬檐，上邻霄汉。清轩潜阒，迥隔游氛。验图籍之所传，历年序而滋久。苾蒭净众，游方者其至如归；象马都人，集福者有来斯应。矧乃运锺上圣，道阐能仁；温诏诞颁，嘉名是锡。重门有伉，载揭于华题；下土式瞻，增隆于净信。郡人陈廷昭者，声尘不染，结念四禅；戒施具修，留心二梵。瞻言绀殿，镇此名邦。独创宏规，不假众力。策于詹尹，岁月其良。陟彼景山，梗楠毕集。节杼有睢阳之曲，执材无泽门之讴。于垣而百堵皆兴，不日而千栌竞立。雕楹烂其照地，云屋森其造天。莹冰级于丹墀，烁霞光于洞户。文楣走兽，凭刿劂以生姿；藻井圆荷，映银黄而绚色。榆檀未改，轮奂聿成。然后灼楚焞以揆吉辰，节兰盆而修净会。中严黼帐，金资宝相以间安；四敞华台，众圣威神而列侍。鸿钟九吼，旦发清音；列炬千轮，宵凝紫焰。天龙之所摄护，缁素之所瞻祈。昭大事之庄严，导一方之善利。戒香智果，渐广闻薰；惠日光云，遍苏蒙瞖。亦必毗耶之室，方丈增严，祇树之园，黄金侧布而已。主院僧善修夙承佛记，久住禅丛，摄伽黎之衣，等狮子之座。护我正法，成兹妙因。聊用直言，以祇勤请云尔。（光绪二年《抚州府志》卷二〇）

奥室铭

碧鲜堂东庑有奥室焉，介甍宇回介之间，氛埃不及，人迹罕至。隆暑无燠，严冬甚温。且又前直厅事，仅才十步。明宵出处，听览用燕，无不适也，无不宜也。予安而乐之，为作铭曰：

道之行乎，此室也吾之蓬庐；道之息乎，此室也吾之田里。于嗟乎，蓬庐可以阅典宪，可以敦诗书。于嗟乎，田里可以育妻子。勒铭在阴，悠悠我心。（《国朝二百家名贤文粹》卷一八三）

连理木赞

直干旁合，繁枝内附；四夷宾将，耀我王度。（《玉海》卷一九七）

章懿太后神道碑

五岳峥嵘，昆山出玉；四溟浩渺，丽水生金。（《湘山野录》卷上；又见《邵氏闻见录》卷二）

马忠肃公亮墓志铭 天圣九年十一月

钜宋有天下，重三后光，九围淑清。慎柬豪隽，宣扬治迹，海岳冥助，英贤辈出。惟仆射扶风忠肃公讳亮，字叔明。委质三朝，勤身四方，践履华显，保绥吉禄。尽瘁克终，褒甄有加。进退哀荣，为儒臣表式。公之先本居彭城，中徙庐江，因而占籍。曾祖复，王父韬，潜颖弗耀，里仁多裕。烈考泽，仕至西头供奉官，累赠太师、中书令、尚书令、舒国公。五代遘屯，隶名戎幕。皇朝拓统，献策帝阍。引籍三阶之途，警寇两河之浃。远图未艾，衍庆方隆，公即第三子也。生有淑灵，长而偲杰。锺庭闱之意爱，乐文史之芳润。太平兴国中，神宗振策，万寓来王,亲御英毂,博延材等。公甫逾弱冠,绰有神锋,一上中进士第,得大理评事、知太平州芜湖县。丁外艰,朝制抑夺,充穷苴事。自吴会之平也,士人族属不许渡江。公高堂暮年,愒日荣养,恳乞迎侍,优恩赐许。改丞大匠,入佐著作,监群舒榷酤,授殿中丞。上言诗赋小才,不足观士,愿先策论,以擢优长。顷之,同判毗陵郡。编户数百,积亏箄缗,家赀已空,刑绁未解。公面释羁絷,论之借偿,如期悉来,宿责皆复。版籍既阜,錞筲实繁,精心不疲,圜囹无禁。采访使罗处约撫其实状,飞表以闻。受代还朝,面赐五品服,命知濮州。期月政闻,部民留借。驲骑传召,宪台论荐,遂充福建路转运使、提点刑狱。闽蜑荒外,部居辽复,公星言凤驾,恻隐穷微。六姓□□衔冤引伏,由察视而全活。数族田讼积年,迁蒙自辨,明而决遣。外台路奏,稔达朝闻,就迁太常博士、知福州。翰林学士承旨苏公易简举才任治赋,促召提点三司。未几以联职匪彝,力求外补,出知鄱阳。扁舟径行,仅及都外,而伊人受戮,识者许其先见。邑有豪族,怙强专杀,依违十载,未伏其辜,公发摘按问,即时论决。又表十二户民积负七百馀万。鼓铸钱币,亡佣至大,经常所费,物力罕充。公奏于池阳分置炉冶,供亿既羡,课程增倍,著在令甲,迄今便之。寻改殿中侍御史。真宗践祚,迁刑部员外郎。公以圣绪重熙,嘉猷罔伏,谠言四事,奏记槐庭。大略以征税所通,杼轴斯窘,恩诏屡下,官曹废格,诛敛弥急,疮痍未复。愿出宸断,大滂和令。惟新肆赏,施及戍兵,贵不逾时,式符涣汗。邦朝近制,屡以宗藩尹京,地处猜嫌,谓宜革罢。引弓裔俗,鸣镝犯边,冀讲和戎,用康居业。囊封上达,时论然之。咸平初代还,以京西、河东二路租欠钜万,诏往蠲除。又以陇州计籍失言公钱千馀万,受命按劾,至则考文簿、详耗登,辨朱墨之出入,见四三之名实,得其舛误罔益毫分。疑论冰释,吏胥岳抃。复命主判三司都磨勘司。先是,浙右行商许其泛海,有自姑苏抵海陵以鬻枯鱼者,盐铁使陈恕按籍责其枉道,倍诛箄金。连岁督理,家人上诉,诏下计庭会议。案僚云集,靡敢异辞。公独与刘综条附前令,请从释放。皇明奖纳,嗣降曰俞。三年春,益部挺灾,寅车致讨,授西川转运副使。法坐临遣,圣颜弥渥,事有利病,悉从便宜,遄正使名,以隆朝任。矢石之际,输将不前,编贸滞蹉,力资饷饟。迨乎讫役,民不告勤。逆党既歼,虎臣擅命,恣行威戮,姑快佚心。公义感其诚,辩回其虐,霜锋之下,所活千人。捷羽既闻,玺书垂奖,改兵部员外郎,赉钱五十万。大兵之役,斗米直千,公出廪轻价,遂苏民命。明年,承诏入奏,加直史馆,赐白金三百两。会送贼中伪署八十馀人至者,枢臣将尽戮之。公入对近墀,愿从宽宥,亟诏议于上前。当轴抗声,其辞甚确,公曰:"胁从罔理,是亦何诛?且污染之中,此为百一,馀或鸟惊雉窜,倾听德音,一闻大刑,孰不危惧?今兹议者虞其退不悛心,臣敢以百口保其无叛。且又先朝贼顺之党皆获全生,一昨寇攘,不闻助乱。"昌言感悟,圣主从之。亦既复职,励精为治,尽削租负,力痊疲瘵。咸泉之井,构白兴利,日久味薄,课缗独存。监司之人笞逮求办。公则察其区处,第其耗穰,损减堙除,皆有条教。岁运赟布,达于渚宫,头会俚民,董其舟漕,风波悍险,士卒侵渔,破产毁宗,是为常法。公则罢其赋役,责其兵师,闾里获安,农穑无扰。凡十八州军经馈师者,是秋输赋悉奏蠲之。诸禁部吏之官榷钱倍息,以杜贪猥。灌口丛庙,一方岁祠,啸聚憸人,并将戎械,跨逾境邑,僭乱仪章,申令革绝,用惩非法。董齐噢咻,无不至焉。五月报政,延见便坐,雍容启奏。上曰:"自兹已往,朕无西眷之忧矣。"面赐金紫,俄命知潭州。都会要冲,事机丛悉,牢犴空阒,丝言贲奖。邑有亡卒,潜游聚落,敢行凶慝,黩乱人伦,胁制群氓,为日滋久。爰有四辈,合谋杀之,司败论辜,将置于法。公以为亢宗除患,理有可矜;观过知仁,刑之所赦。傥循常而冒请,必见沮于有司,措心得宜,获戾无悔,命笔专断,悉从矜贷,削封引咎,朝论韪之。景德初,移知昇州。途次浔阳,岁逢骄旱,谷价腾涌,道殣相望。公曰:"圣上爱民,甚于赤子,拯溺者不循矩步,救火者不问大人,有利国家,专之可也。"于是取荆、湘、永米数十舰,移牒郡守,促行赈给。因附驿言:"江界郡国,阻饥为甚,牧长巽懦,不时以闻。愿择材臣,抚循察视,仍罢官籴,许行贩粮。"朝廷尽可其奏,立命近臣张知白等五人乘传分路,缓刑均贷。公既即治所,益求人瘼。轻扬之俗,忿鸷成风,失意相雠,乘昏纵火。申命伺察,动无隐漏,大奸恶少,乃绝震惊。僭国遗区,藩仪未缉,幕庭之会,器服不充。牙城东北,自伪朝德昌宫地，后庭铅粉，往往在焉。公撰日庀徒，依神致祷，掘次衺丈，得汞二百馀斤，鬻之获缗百万，以备供帐，绰然有馀。岁满入，加工部郎中；三日，擢授右谏议大夫、知广州，盖宜寇初平，思宁远俗也。受元符之岁二月，公至番禺。澄海役兵有出戍而从乱者，宗属二百馀人，法当配隶，皆奏释之。濒海盐夫有负课而乏资者，妻孥质于豪族，岁久未贳，悉遣还之。招携裔蛮，杜绝侵扰，期年蕃舶四倍而来，琛赆骈凑，耆髦骇叹，较于旧课，百万其赢。天子异之，命中贵人就颁燕劳，远夷百众，陪预下筵。是岁昇中乔岱，公命大食商酋陁婆离、蒲含沙等共执方物，贡于岳趾，中邦耸观，大礼增华。交州使人道出都府，常时贸易多所稽留，怠忽条章，喧烦里闬。公榜揭科禁，犯而必行，畏威敛迹，罔复干扞。封祀均庆，进左谏议大夫。二年，有诏方国各营天庆观，以昭瑞命。公进思替否，旁念裕民，但葺开元，用宽劳费。又以秩当讽谕，内激忠纯，引用邦封，远裨宸听，所辞悃愊，时论嘉焉。遄以久处瘴处，恳求移莅，遂改知虔州。五年之民，阖境遗爱，绘公之像，共致生祠。南康奥区，生齿繁夥，公命录孝行图于府门，灵鹊缟姿，族生庭树，幼艾惊异，讴谣变风。四年，汾祀礼成，加给事中，逾岁徙知洪州。在途询利病，奏放庐陵、临江洎本郡馀税，诏悉允之。溪蛮扰边，朝右咨帅，遣三班殿侍赵吉驰驿赍诏，命知荆南府兼荆湖北路兵马都钤辖，赐中金五百两。嗣降宸旨，彰明委注。尝闻具狱，独疑枉滥，榜笞既久，不复自明。公引造黄堂，屏去斋侍，苦言感动，幽悃乃伸，为召左证，即时纵去。曾未数日，罪人斯得。又有父子同诉失其冢妇，公潜讽胥吏，就询所居，知其前后皆有津涉，密选干吏网于水中，翌日而获沉尸，即辰而辨谋杀。荆吴之闵雨也，请停市籴，轻价以济流庸；宫邸之遗烬也，首纳圭田，率众而资完葺。八年春，政成入觐，面奉宸谕，遍朝宫观。七月，以尚书工部侍郎再守金陵。期年就知杭州，加领集贤院学士。前此大萃戎旅，筑修坊堰，出没泥潦，多为足疹。有诏曰："江岸兴功，盖非获已，役人婴疾，良用轸怀。宜具筹画，飞邮来上。"公至部，例谒伍员之庙，躬袖诏检，示于睟像，且曰："帝念若此，神其鉴之。苟无冥应，安用严祀？"诘旦，主吏称潮势远却，汇于他境。又累夕，堤沙横出，绵亘数里，罢役夫七千有馀。廛井耆艾用竺乾法会僧,以《感圣图》入贡。遣中贵人诣水滨,为道家醮席,投龙壁而报贶。钱氏之有国也,近邑茶园二十六所,历年滋久,枯桥仅存,每岁役兵三千,责办常课,因缘采撷,恣挠田间。公悉命芟燔,变收庸调,地征无失,民患不生。湖秀荐饥,流亡猥集,既出京廪赒于困穷,复谕豪宗共为敛施,四封之内,全度居多。飞蝗为灾,蔽日而至,轸忧南亩,躬祷吴山。群乌荐食,灵雨纷洒,苗螟尽毙,原稼无伤。地本司吴,俗营祀鬼,椎牛击鼓,颇紊彝章,送往之仪,过为奢纵,炫饰华采,喧嚣路衢。公明列教条,一遵礼法,巫风顿革,品类知方。天禧三年,入拜御史中丞,占对左墄,牢让数四。上曰:"卿所至有异政,宜当此授。"因目辅臣,称其介直。公以纲宪之地,表模所属,遭时振擢,锐意修明。且言:"近世公私不敦礼教,二亲藁殡,即议星居,利析货财,缓营窀穸,伤风坏俗,莫大于斯。请自今未讫迁祔,无得分异。又桑门之众十万,其徒狡狯,惰游倚为渊薮。岁格之外,宜罢削缁。较试之辰,愿责攸司保任,稍婴杂滥,勿许甄收。山海之滨,茗盐为业,食周是乐,舍鲁是从,时有搜获,罪同裨贩。愿许兹类,减其半坐。"宸聪采纳,咸署令焉。逾岁拜疏避荣,愿守乡郡,以兵郎侍郎领集贤院学士、知庐州。维梓协恭,于藩播咏,辍我股肱之寄,荣兹父母之邦。五年春,换印江陵;秋八月,剖符建邺。或两然巴烛,或三舍召棠,不烦更张,可以清啸。今上纂服,进尚书右丞;季冬再领肥川之任。间一岁,卜习长至,肇禋紫坛,公以为六御飞天,大明继照,忝备亚卿之列,未瞻八采之光,夫岂寅恭,不遑宁处,愿奉计籍,入朝王会。制曰可。天圣二年冬,执玉来觐,二宫加礼。从祠吉土,叶赞鸿休。历判尚书都省、知审刑院。讲法宫之议矩,慎丹笔之详平,顾然宿望,冠映朝列。近制,郊祀有日,先庚申令闻知,而犯戒以不原。忉忕之民,尚干法禁,至期论谳,多获从宽。公以为上无戏言,政在必罚,况更诞告,不可稽诛,请饬攸司,必正其罪。三年,加工部尚书、知亳州。封境积卑,潢污败稼,请均羡廪,假贰疲甿,挤壑之备,按堵如旧。后二载,移知江宁军府。鹿轓屡及,隼斾如归,鲞耄多存,邑居相庆。逾岁,礼年云及,拜疏乞身,优答未许。明年再表诚请,乃授太子少保致仕,仍给全俸。寻奉诏,每有章奏,附驿以闻。公轻舸南还,阖门宴处,子孙密侍,邑里明欢。丞相东平吕公孺筮仕之初,词藻宏茂,公识其远至,眷以嘉姻,果膺国栋之隆,吻合凤鸣之兆。至是东平公首赋章什,赞扬高躅,三司两掖,咸有咏歌,投赠德门,璆刊金石,中朝南纪,均著美琰。八年肆类,加金紫光禄大夫。燕申之中,谈诵为乐,历探竺典,尤邃《华严》。久之,谓所亲曰:"吾梦想有异,大期非远。"因绝荤茹,殆更弦晦。一日奄遘微疹,退安丈室,凌晨澡颒,衣居士服,遍召近族,晁之治行。口占遗疏,以别宗姻。夜分命易新衣,尽祛左右,合手诵佛,凝然化往。乃九年孟秋之辛酉也,享年七十有三。上闻讣嗟恻,为辍视朝一日,褒赠右揆。录其孙玘为将作监主簿,曾孙永锡试秘书省正字,弟之子仲良试秘书省校书郎。太常考行,举易治之典,以仲冬乙卯返真宅于合肥县之先茔,从吉卜也。公首娶刘氏,摄尚书省校书郎诲之女,追封彭城郡夫人。继室朱氏,工部侍郎昂之女,封沛国郡君。皆以盛族,绍恢中馈,先公而没,咸附隧挺。男曰:仲宣,大理寺丞;仲容,太常寺奉礼郎;仲谋,大理寺丞;仲甫,大理评事。钦率忠教,足光系绪。仲宣以肯构之长,用裕承家,延世推恩,当践闺籍,能报冲退,让于族人,多士清论,嘉其令范。曰朝哥洎大理评事仲卿、三藏奴,或殇或夭。元女英国夫人,以左相小君之贵,冠内朝命妇之班,象服斯煌,二宗有耀。退见长乐,延恩外门,先妣彭城之封,乃褒优之异等也。次曰堂途,数龄而殒。次适太平州军事判官戴宏,太常博士永之子。次适殿中丞吕居简,旧相许文穆公之子。次适前进士张士惑,司封员外郎希颜之子。次适将作监主簿锺离景裕,龙图阁待制瑾之子。幼适太庙室长张去奢,亦希颜之子。公之兄曰邕彬,不仕;弟用终,宣州泾原令;测终,殿中丞;俨,今为虞部员外郎。皆有吏道,外分朝寄。自颜近属,荐绅曳组者二十馀人,率由公之保荫。公策勋疏爵,皆极等威。赋室三千四百室,真食八百户。儒臣清列,无不扬践。再牧庐、荆,四临秩陵,质于近古,罕有其比。角犀丰盈,神采秀澈,髭须美甚,盼视烨如。愤疾奸回,探汤而扼腕;盡伤穷困,据蒉而疚心。谈忠义也,或流涕而缘缨;誉美善也,必盱衡而击节。其御下也,始若严峻,而要存仁恕;其听讼也,初如疑误,而意在平反。手著符教,训齐官属,务敦公共,蔑去依阿。能断大事,不婴小节。理有槃错,谋成跬步,輷然而电霆振,騞然而髋髀解,兹实过人者已。凤重交契,不轻然诺,急难是拯,荣瘁罔逾。戴永者,公之同年生也,出刺邕管,道经长沙,齿鲞家贫,忧形于色。公许以姻援,宽其郁陶。曾未数月,果闻殂谢。公遣迎榇椟,旋葬里间,存恤其家,致于有立。中人李怀谅本家南海,充使而还,常命郡僚会其茔域,众情瓦合,咸议枉车,公独介然,拒其越礼。公之在蜀也,军须日急,乘驲宵征,导骑失途,误登废栈,径之斗绝,马不能旋。公自述忠勤,祷于上下,倒行数百,始得平衢。既而列砦攻城,中宵露坐,适与戎校询谋事机,俄顷如厕,命其李处,仅逾数步,飞石毙之。满秩言旋,乘舟下峡,长嬴仲月,水潦方臻,俗传兹时不利沿涉,公又祈于山川曰:"傥吾不欺于物,有惠于民,半月不雨,俾予善达。"洎夫经滟滪,历瞿唐,安若枕席。俄而大澍,回盼川路,无相继者。又虔川赣石亘三百里,非遇泛涨,不能寸进。公赴南昌也,久属晴霁,稽于戒行,既登舳舻,潜祝冥祐。中夕水势暗长,川航尽浮,篙工验之,深已逾丈,未晓而霁,送车无及。是皆众所传信,谓之诚感。重慎徽缰,训严吏胥,晨兴视事,首阅缧籍,得其曲要,然后长居。社稷大祠,风雨常祭,牲牷器服,省视必躬,陟降献羞,耸兢如在,精纯所达,丰栐随焉。至性纯孝,加常一等,生辰讳日,时飨间祠,悲涕感慕,讫于终夕。赴潮沟日,以公田米千斛,命赐白金数百两,获锱百万,视之泫然曰:"禄不及养,此将安用!"持对亲像,誓追冥福,即致清凉佛寺,以助缮修。理馀杭日,有梵僧妙德以舍利遗公,实有灵应,且曰"必兴佛事"。公复典肥上,遇越僧怀谨,谋建塔于邦之永昌寺,适契前诺。为鸠众力,仍辍廪俸,资其崇构。九层之峻,数载而成,遂瘗灵骨,敕以"普慈"为额,赐相轮而宠之。

某羁贯之年,获拜隅坐,国士之待,颇逾侪伦。今也则亡,吾将安仰!曩接馀论,备聆懿实,思效刊述,形于愿言,用移挂剑之诚,布在披文之作。寺丞泣撰风迹,邮传上都,得竭陋庸,冀垂悠永。老竜游矣,安用法于狂言;宣父呜呼,犹足志于君子。辞则非腆,而善其不诬。后之人如有传名臣良吏之为者,其取证于此也。姑系之以铭曰:

猗夫!仆射之德,备温恭正直,沉毅威克。处烦不惑,文武该具,周行景式。猗夫！仆射之功，佐二朝两宫，极虑纳忠。班常有融，岳镇渊渟，妥绥四封。二十三政，骞翊内外。刃解綮结，风生要会。人之所难，我则为最。五十二禩，更尝险艰。兵疠不侵，寿康以还。帝奖有劳，时瞻汝贤。鹑首标杨，黄钟旅月。宰木摧阴，飞霜急节。辂褰旅葬，精衤参成列。辕马悲跼，虞歌惨咽。陟彼邛阜，南瞻陇阙。厥写敛翼，抑车回辙。泉帐宵耿，松烟暮结。刻镂龟础，宣扬懿烈。
（《琬琰集删存》卷二；又见《名臣碑传琬琰集》中集卷一）

光禄寺丞胡仲容公墓志

　　公讳仲容，字咸和，豫章奉新人也。昆仲济美，晨昏著称。肆习先王之风，蔚成仁者之富。又且购求坟史，开辟黉宫，集矩步之方成，劝青衿之日就。翕然芳润，施及遐迩。于时乇洛艰难，金陵割据。君始就列鼎之养，用慰高堂之欢。蹑屣上书，叩阍获见，释褐卿士，峨冠儒流。既而中国归乎圣人，戈矛殄乎多垒。黄旗夕卷，青盖西还。君眷恋庭闱，退居里闬。雍熙中，诏下本郡，旌其门闾，而君之元兄，特受恩秩。岩岩之阙，迥照于高闶；蚩蚩之民，咸识于忠孝。重熙在运，哲后继明。君星渚之辰入献，封人之祝得诏。文陛从容对赐，授试秘书省校书郎。面赐袍笏犀带，仍颁御书，俾辉乡曲。芝篇美帙，出天子之龙光；玉匣宝文，同上帝之编册。其为宠渥，绝异等伦。咸平三叶承祧，八纮知化，君复以方物上都，入拜端闱，载蒙优敕。猗欤盛哉！夫宇宙淳庞之气，蒸为太和；国家雍睦之风，酿为至顺。惟公仁不遗亲，真可绝俗，振衣入觐，抗疏献规。折券绝饮羊之欺，望庐销得鹿之讼，不可谓逸民之懿范、学士之鸿钧也哉？卒之年五十有九。娶陈氏，封宜丰县君。厥后克昌，俱登科第。义方有自，大孝无亏。友人晏殊志其墓。（江西奉新《甘竹胡氏十修族谱》，宣统本）

诗

留题越州石氏山斋

书仙十阁壮儒宫,灵越山川宝势雄。岫柏亚香侵几席,岩花回影入帘栊。千秋碧锁东南竹,一水清含旦暮风。文酒雅宜频宴集,谢家兰玉有新丛。(宋孔延之《会稽掇英总集》卷一二)

赠会稽道士

藐姑容化三阴馆,句漏砂封六乙泥。五练夜穷青玉枕,七月晨采碧云梯。冠霞高把浮丘袂,握体深藏鬼谷奚。知有山西驻龄药,何妨相赠一刀圭。(同上)

忆越州二首

鉴湖清澈秦望高,涵虚逗碧供吟毫。当日醉眼倚空阔,三江七泽才容舠。

湖山杳渺不可状,登览幽求无所遗。高僧伴吟足清览,见尽白莲开落时。

(同上书,卷一五)

吊苏哥

苏哥风味逼天真,恐是文君向上人。何日九原芳草绿,大家携酒器青春。(宋赵令畤《侯鲭录》卷七)

正月十八夜

槿户茅斋雅自便,京华风味入新年。楼台冷落收灯夜,门巷萧条扫雪天。病酒不闻花外漏,放朝仍得日高眠。何妨静习闲中趣,欲问林僧结净缘。(宋何汶《竹庄诗话》卷一八引《诗事》)

咏上竿伎
百尺竿头袅袅身,足腾跟挂骇傍人。汉阴有叟君知否,抱瓮区区亦未贫。(宋叶梦得《石林诗话》)

煮　茶
稽山新茗绿如烟,静挈都蓝煮惠泉。未向人间杀风景,更持醪醑醉花前。(宋胡仔《苕溪渔隐丛话》前集卷二二引《西清诗话》)

题太祖庙
炎宋肇英主,初九方潜鳞。尝因蓍蔡占,来决天地屯。庚庚大横兆,謦咳如有闻。(同上书,后集卷一九引《蔡宽夫诗话》)

中书即事
惨惨高槐落,凄凄馀菊寒。粉墙多记墨,聊为拂尘看。(同上书,后集卷二〇引《复斋漫录》)

和宋子京召还学士院
网索轩窗邃,銮坡羽卫重。鹔舟还下濑,星使出飞龙。赋待三英集,词须五吏供。会看边燧息,横缧紫泥封。
暮召三山峻,晨趋一节回。乍维青雀舫,还直右银台。陟降丹途密,论思武帐开。欲谈当世务,元藉铁群才。(同上)

竹醉日
苒苒渭滨族,萧萧尘外姿。如能乐封殖,何必醉中移。(同上书,卷三一引《艺苑雌黄》)

假中示判官张寺丞王校勘
元巳清明假未开,小园幽径独徘徊。春寒不定斑斑雨,宿醉难禁滟滟杯。无可奈何花落去,似曾相识燕归来。游梁赋客多风味,莫惜青钱万选才。(宋吕祖谦《宋文鉴》卷二四)

雪 中

平台千里渴商霖,内吏忧民望最深。衣上六花非所好,亩间盈尺是吾心。(同上书,卷二七)

盂兰盆

红白薇英落,朱黄槿艳残。家人愁溽暑,计日望盂兰。(宋陆游《老学庵笔记》卷七)

古瓦砚诗 张殿院惠

邺城宫殿久荒凉,缥瓦随波出禁墙。谁约薛文成古砚,等闲裁破碧鸳鸯。

已恣玉锋磨藓骨,更持蟾泪湿云根。欲知千载凄凉意,尚有昭阳夜雨痕。

(宋高似孙《砚笺》卷三)

送董信州

凤阙承丹诏,麟符得旧乡。雨中吴岫碧,林罅楚梅黄。使节江湖外,城楼翼轸旁。吾知召南树,从此接维桑。(宋王象之《舆地纪胜》卷二一《江南东路·信州》)

建 茶

北苑中春岫幌开,里民清晓驾肩来。丰隆已助新芽出,更作欢声动地催。(同上书,卷一二九《福建路·建宁府》)

禁 苑

风回玉宇箫声远,日下琼林佩影闲。待得年光遍天下,始教春色到人间。(宋《锦绣万花谷》前集卷八)

题巩县西门周襄王庙

人来人去市朝变,山后山前烟雾凝。紫带二川河洛水,寂寥千古

帝王陵。(宋李壁《王荆公诗笺注》卷九)

鹿葱花

宫后扇开青雉尾,羽人衣剪赤霜文。农皇药录真无谓,不向萱业辩纠纷。(宋赵彦卫《云麓漫钞》卷四)

送僧归护国寺

海峤黄金刹,安禅不记秋。来膺臣宰召,归泛越人舟。达性融三界,随缘极四流。还持双股锡,拂藓坐岩幽。(宋李庚《天台续集》卷上)

麻姑山

昔年权暂领军城,静爱仙山咏过春。天下云车曾祖驾,城中鳌海几生尘。明知绿发升真籍,堪笑苍颜预宪臣。我若粗成忠国事,赤松曾羡汉廷人。(同上)

牡　丹

水晶宫殿接龙津,碧树阳春晓色新。朱户曲房能驻日,酥盘金胜自生春。(宋陈景沂《全芳备祖》前集卷六)

迎春花

浅艳侔莺羽,纤条结兔丝。偏凌早春发,应诮众芳迟。(同上书,卷二〇)

金灯花 二首

煌煌五枝灯,下有玉蟠螭。汉宫已荆棘,此地生何为。既无膏火用,虚名徒自欺。

兰香爇处光犹浅,银烛烧时焰不馨。好向书生窗下种,免交辛苦更囊萤。

(同上书,前集卷二六)

石 榴

开从百花后,占断群芳色。更作琴轸房,轻盈琐窗侧。(宋陈景沂《全芳备祖》后集卷六)

草

春尽江南茂草深,绕池紫树碧岑岑。长安官舍孤根地,一寸幽芳万里心。(同上书,后集卷一〇)

椿

峨峨楚南树,杳杳含风韵。何用八千秋,腾凌诧朝菌。(同上书,后集卷一五)

柳

河柳擅佳名,青条发红穗。因愁百卉娇,强作芳菲意。(同上书,后集卷一七)

金凤花

九苞颜色春霞萃,丹穴威仪秀气殚。题品直须名最上,昂昂骧首倚朱栏。(宋祝穆《事文类聚》后集卷三二)

金柅园

临川楼上柅园中,十五年前此会同。一曲清歌满樽酒,人生何处不相逢。(宋祝穆《方舆胜览》卷二一)

上 元

金翠光中宝焰繁,山楼高下鼓声喧。两军伎女轻如鹘,百尺竿头电线翻。(宋陈元靓《岁时广记》卷一〇)

七 夕

云幕无多斗柄移,鹊慵乌慢得桥迟。若教精卫填河汉,一水还应有尽时。(宋陈元靓《岁时广记》卷二六;《事文类聚》前集卷一〇作晏叔原诗)

奉和真宗御制后苑杂花海棠

太液波才绿,灵和絮未飘。霞文光启旦,珠琲密封条。积润涵仙露,浓英夺海绡。九阳资造化,天意属乔繇。（宋陈思《海棠谱》卷中）

海棠四首

轻盈千结乱樱丛,占得年芳近碧栊。逐处间匀高下萼,几番分破浅深红。烟晴始觉香缨绽,日极犹疑蜡蒂融。数夕朱栏未飘落,再三珍重石尤风。

杳霭何惊目,鲜妍欲荡魂。向人无限思,当昼不胜繁。浩露晴方浥,游蜂暖更喧。只应春有意,留赠子山园。

昔闻游客话芳菲,濯锦江头几万枝。纵使许昌诗笔健,可能终古绝妍辞。

濯锦江头树,移根药砌中。只应春有意,偏与半妆红。（同上）

和枢密侍郎因看海棠忆禁苑此花最盛

青琐曾留眄,珍丛宛未移。幸分霖雨润,犹见艳阳姿。岸帻来朱槛,攀条忆绛蕤。能令人爱树,不独召南诗。（同上）

奉和圣制元日二首

夏正标吉朔,尧历载初辰。柏叶清樽举,椒花绮颂陈。年芳随律盛,皇泽与时均。共有华封意,升平亿兆民。

人正肇届时多祜,凤历惟新景载阳。双阙布和云气郁,千门献寿玉声长。东风入律三边静,北斗回春万物芳。朝暇肃诚颁睿藻,搢绅交抃捧尧章。（宋蒲积中《古今岁时杂咏》卷二）

元日词

御阁四首

莺谷春风柳上归,禁闱芳树渐依依。尧年亿万如天远,万国欢心拱太微。

屠苏醴酒盈金斝,郁垒神符卫紫关。三境上真垂介福,绵绵洪算等南山。

南国雕胡奉紫庭,九重楼阁瑞云生。丹毫玉策延洪算,八表欢娱四海清。

习习条风拂曙来,清香犹绽雪中梅。屠苏酒绿炉烟动,共献宜城万寿杯。

内廷四首

玉殿初晨淑气和,璧池冰解水生波。龟台圣母增年历,万寿无疆积庆多。

献寿椒花泛渌醅,迎祥朱户怙仙桃。彤庭玉殿炉烟起,霭霭卿云瑞日高。

池冰初解雪初消,十二重城晓日高。飒飒和风绕珠树,千年春色在蟠桃。

三百六旬初一日,四时嘉序太平年。霓衣绛节修真篆,步武祥云奉九天。

东宫阁二首

铜龙楼下早春归,三朔元辰在此时。椒柏暖风浮玉斝,两宫称庆奉皇慈。

条风发动协初辰,玄圃瑶山景象新。千载百灵资介福,沧溟重润月重轮。

(宋蒲积中《古今岁时杂咏》卷二)

癸酉岁元日中书致斋感事

一叶春王拆瑞筭,八斋西省夕香浓。多年不宿金闺署,(自注:自天圣三年乙丑岁十月十四日由翰林授枢密副使,罢宿禁中凡八年矣。)半夜再闻长乐钟。却展旧编探史汉,更惭高步接夔龙。十思三省无荒豫,千载亨辰岂易逢。(同上)

壬午岁元日雪

千门初曙彻星河,飒洒貂裘润玉珂。向兽樽前飞絮早,景阳钟后落梅多。无声暗重琼林彩,有意微藏璧沼波。三殿端辰得嘉瑞,不须庭燎夜如何。(同上)

奉和圣制立春日二首

紫宙星回后,青郊斗建时。上林莺啭早,南亩雪消迟。云裔千祥集,风条万类滋。皇情同率土,黔首颂昌期。

阴阳自协璇玑运,和煦潜随缇管升。十二紫关鱼籥启,九重晓阙绛烟凝。芳华稍变青门柳,寒冻微消北陆冰。宸藻下颁羲日丽,八纮民庶保年登。(宋蒲积中《古今岁时杂咏》卷四)

奉和圣制新春

斗柄东回六合春,尧天历象与时新。铜壶瑞气延疏漏,青辂祥风绕画轮。云里楼台高郁郁,雨中原隰碧鳞鳞。千枝彩萼梅英吐,百尺金丝柳带匀。秉箓调元功有序,在璿观妙政惟醇。仰瞻魏阙宣和会,共识皇恩子万民。(同上)

立春祀太乙二首

紫毛双节引青童,一片空歌韵晓风。太昊兹辰授春令,莺旗应在裔云中。

华灯明灭羽衣攒,翠柳萧森矮桧寒。千步回廊绕金殿,水苍瑶佩响珊珊。

(同上)

立春日词

御阁四首

令月归馀届早春,羲舒相望协元辰。初阳乍逐青旗动,圣寿长随凤历新。

三素云中晓望时,上真骈盖保参差。丹台自有长生籍,睿算方延亿万期。

青辂迎春习习来,天泉池上晓冰开。珠幡已报三阳候,柏叶将陈万寿杯。

彩幡双燕祝春宜,献寿迎祥重此时。腊雪未消宫树碧,早莺声在万年枝。

内廷四首

朱户未闻迎彩燕,东郊先报舞云翘。姜任盛德符青史,金屋千春奉圣朝。

柳燧青青淑气和,冰纹初解縠文波。淑风殿里黄金屋,应候称觞万寿多。

才闻太昊行新令,更祝元君望景舆。白玉龟台资寿历,千春鸿福此春初。

双金缕胜延嘉节,五彩为幡奉紫廷。春色渐浓人未觉,玉阶杨柳半青青。

东宫阁三首

青幡乍帖宜春字,翠旆初迎入律风。一有元良昭大庆,问安长在紫宸中。

碧燕幡长彩树新,寝门瑶佩庆初春。邦家累善锺储贰,皎皎重晖在璧轮。

鲛冰千片解华池,神水香醪满爵卮。旭日九门凝瑞露,东厢朝拜奉宸慈。

（宋蒲积中《古今岁时杂咏》卷四）

奉和圣制上元夜

兰灯照夕开南阙,星弁飞楼拱北辰。在镐正逢全盛日,祝尧皆是太平人。流风舞妙翻成字,积雪歌长迥绕尘。鸾鹊宝函颁睿什,明良赓载想同伦。（同上书,卷八）

扈从观灯

诘旦雕舆下桂宫,盛时为乐与民同。三千世界笙歌里,十二都城锦绣中。行漏不能分昼夜,游人无复辨西东。归来更坐樵峣阙,万乐铮钹密炬红。（同上）

奉和圣制上元夜

勾芒司节令,鹑火中星规。广陌消尘雾,重城集宴嬉。仙韶闻玉琯,宝焰列琼枝。万国同嘉会,胥庭即此时。(宋蒲积中《古今岁时杂咏》卷八)

奉和圣制上元 三首

协风阳律应,满砌荚蓂新。绛阙罗千卫,华灯曜百轮。悠悠未央夜,粲粲彼都人。万宇今无外,登台共乐春。

风掖千门迥,金釭四照然。市阛通夜阙,歌肆与云连。叠鼓迷清漏,游车际晓天。泛膏仍洁祀,蚕麦伫登年。

鹑火告中时,皇州盛若兹。九阳同化洽,万汇得春熙。楼月将收晚,歌云度欲迟。布和周海域,翾蠕遂收宜。(同上)

上元夕次韵答张谏议

歌吹欢娱夕,衡门可属垣。九城寒漏彻,三市宝灯繁。酒想嵇山醉,诗惭谢乐翻。如容陪后乘,那避八驺喧。(同上)

次韵和天章范待制上元从幸会灵观

春莺欲满枝,荷橐从游时。旭日生华盖,灵风入羽旗。酒含雕玉浅,香度博山迟。共识天颜近,都忘昼漏移。(同上)

丁卯上元灯夕 二首

九衢风静烛无烟,宝马香车往复还。三十二天应降瑞,尽移星斗照人间。

百万人家户不扃,管弦灯烛沸重城。游车正满章台陌,为报天鸡莫浪鸣。

(同上)

正月十九日京邑上元收灯之日

星逐绮罗沉曙色,月随丝管下层台。千蹄万毂无寻处,只似华胥一梦回。(同上)

元　夕

星粲宝灯连九市,水流香毂渡千门。姮娥似有随人意,柳絮花前月半昏。(宋蒲积中《古今岁时杂咏》卷八)

上元日诣昭应宫分献凝命殿以宪职不预班独归书事

别殿香三炷,斜廊酒一杯。官间非侍从,骑马却归来。(同上)

奉和御制中和节

正元崇吉序,宝历记良辰。营室彤曦转,勾芒令祀新。尧蓂方告朔,汉酎更宜春。菖叶农耕候,如膏洒泽频。(同上书,卷一〇)

奉和圣制社日

天官考历占元日,浃宇祈农协盛时。芝柞尚传周室颂,枌榆仍秩汉家祠。三农普遂耕耘乐,万象均承雨露滋。推策授人敷景化,穰穰喜觊亿年期。(同上)

社　日

山郡多暇日,社时放吏归。坐阁独成闷,行塘阅清辉。春风动高柳,芳园掩夕扉。遥思里中会,心绪怅微微。(同上)

寒食东城作

王城五百车马繁,重帷默幕纷郊原。游人得意惜光景,恣寻复树登高轩。平芜远水知何许,眼入迢迢空处所。梨花澹艳柳丝长,百计撩春作烟雨。歌哭声中半落晖,雕鞍绣毂尚迟归。荒田野草人间事,谁向伶玄泪满衣。(同上书,卷一三)

寒食游王氏城东园林因寄王虞部

谢墅林亭汴水滨,偶携佳客共寻春。看花纵拟思君子,对竹何曾问主人。促席正逢羲日缓,酡颜仍有郢醪醇。朝中九列无闲暇,愿作新诗赠季伦。(同上)

次韵和参政陈给事寒食杜门感怀二首

班班疏雨欲晴天,回避春风入醉眠。新火未来丝阁静,砌苔窗树两依然。

谢堂新句入清歌,雨箔风帘有燕过。未免芳辰叹心赏,始知犹患陆才多。

(宋蒲积中《古今岁时杂咏》卷一三)

奉和圣制上巳日

青阳三巳日,佳气九城中。洛饮传周俗,溱诗载郑风。停轮浮桂醑,解袂泛兰丛。选胜开慈宴,多欢组绶同。(同上书,卷一八)

上巳赐宴琼林与二府诸公游水心憩于西轩二首

三月杨花飞似雪,内园桂树绿成阴。何妨写尽凭高意,十步虹桥彻水心。

咽云箫鼓传声沸,临水楼台倒影多。吟绕曲栏无限思,绪风迟日满烟波。

(同上)

上巳琼林苑宴二府同游池上即事口占三首

殿后花枝白间红,楼前当道绿杨风。横飞彩槛波光外,倒写朱阑水影中。

曲榭回廊手伎喧,彩楼朱舫鼓声繁。游人已著浓春去,不待歌长舞袖翻。

春留融冶日添长,万品无涯入醉乡。谁道人间泛仙境,水心楼殿半斜阳。(同上)

端午词

御阁四首奉圣旨进

沐浴兰汤在此辰,内园仙境物华新。轻丝五彩缠金缕,共祝尧年寿万春。

初垂彩艾迎新节,复结香茅致百祥。就日望云皆善祝,圣人洪算与天长。

献寿竞为长命缕,迎祥还佩赤灵符。端门漏永晨曦上,飒飒薰风绕帝梧。

雕盘角黍竞时宜,组绣风华奉紫闱。海日乍升丹禁晓,艾人晴影照金扉。(宋蒲积中《古今岁时杂咏》卷二一)

内廷四首

百草斗馀欣令月,五丝萦后祝遐年。洞房风暖垂灵艾,神沼波深竞彩船。

披风别殿地无尘,辟恶灵符自有神。九子粽香仙醴熟,共瞻宸极祝千春。

由来佳节载南荆,一浴兰汤万虑清。仙苑此时收百药,炼丹飞石保长生。

一一雕盘分楚粽,重重团扇画秦娥。宫闱百福逢嘉序,万户千门喜气多。(同上)

昇王阁二首

朱邸沐兰逢令节,丹廷祝寿喜嘉辰。两宫荣养多延庆,百福潜随命缕新。

织组文缯载旧仪,晨朝丹宸奉天慈。六斋清素来多福,岁岁今辰侍宴私。(同上)

御阁四首

五彩丝长系臂初,万年芳树影扶疏。岂劳方士标神篆,自有真灵卫帝居。

九子粽新传楚俗,赤灵符验出仙方。汉宫尽祝如天寿,鹊尾炉烟起瑞香。

乍结香茅祈福寿,更缠金缕贡芳新。丹台素有延生箓,岁岁迎祥在此辰。

仙家既有灵符术,越俗兼为竞渡游。三十六宫迟日永,绮窗朱户彩云浮。(同上)

东宫阁二首

扬子江心铸鉴成,俗传兹日最标灵。宣猷视学通文史,问膳多欢奉帝廷。

百药初收味最良,玉函仍启太清方。扇裁葵叶风频度,漏转金胥日更长。(宋蒲积中《古今岁时杂咏》卷二一)

端午作

汨渚沉沉不可追,楚人犹自吊湘累。灵均未免争琼糈,却道蛟龙畏色丝。(同上)

七 夕

百子池深涨绿苔,九光灯迥绿浮埃。天孙宝驾何年驻,阿母飙轮此夜来。空外粉筵和露湿,静中珠幌彻明开。秋河不断长相望,岂独人间事可哀。自注:帝武夷山歌唱人间可哀之曲。(同上书,卷二七)

社日戏题呈任副枢

开樽幸有治聋酝,把叶能无送燕章。所惜近停司饮会,自注:近年二府以秋宴近不赐社宴。不如村叟醉秋光。(同上书,卷二八)

丙寅中秋咏月

玉籥秋初半,冰轮岁有期。苦吟含翰久,清宴下楼迟。雁怯波光动,蛩愁叶影危。烘帘频卷押,温酎旋凝澌。皎外蟾生滴,寒中桂有枝。星文藏熠耀,露彩见华滋。苑静疏萤湿,巢空惊鹤移。渐穿鸣瑟幌,偏鉴读书帷。濛谷徒催晓,纤阿莫放亏。陈王收妙舞,疑待仲宣辞。(同上书,卷三一)

次韵和王校勘中秋月

广寒仙署惬心期,秋半梧台木叶稀。有客正吟星北共,何人重赋鹊南飞。光含绮席传三雅,影逗兰房撤九微。趋府逸才过鲍掾,不辞终夕赏清晖。(同上)

中秋月与通判徐仲谋、谯县李宗易、将作监主簿张彭同赋

三十六旬内,此时心赏并。中分九秋夜,占断百宵明。冷照兰闱澈,光含绮席清。谁知沧海曲,珠蚌最盈盈。(宋蒲积中《古今岁时杂咏》卷三一)

中秋月二首

一轮霜影转庭梧,此夕羁人独向隅。未必素娥无怅恨,玉蟾清冷桂华孤。

天时与人意,龃龉旧无疑。坐久翻遗恨,光来已后期。行云凝黛色,见跋费金枝。况复轮来夜,笙歌继夕曦。

(同上)

次韵和司空相公闰秋重九中书对菊

两掖仪台峻,珍丛应序黄。积分回令节,伏槛赏幽芳。昧谷重延律,仙州剩借霜。冒寒知薏苦,逾分得荃香。汉幄群生遂,虞廷万事康。与人同所乐,留玩属澄觞。(同上书,卷三七)

九日北郡登高见寄

前日登高泛玉卮,击铜廘唱有新辞。如何偶作销魂别,又复重吟把菊诗。上苑盍簪延景刻,北都投辖盛官仪。烦君见想欢言者,可奈衡门绝贡綦。自注:近日谏臣请二府罢接宾客以专论。执政奏许休务日见客,常日则门无车马矣。(同上)

九日宴集和徐通判韵

散插黄花两佩萸,粉馔蓬饵醁觞初。清歌咽后云生袂,妙舞翻时雪满裾。上客采香逢木密,佳人投钓得王馀。秋光屈指犹三七,莫向宾朋绮宴疏。(同上)

次韵和史馆吕相公九日偶成时史馆充大内修葺使,罢重阳苑宴

凤阙千门制不奢,上公精意在朝家。重阳蜜饵承班诏,西苑璚樽

辍泛花。萧相未央功已半,汉皇宣室宴非赊。由来位极妨行乐,目断黄垆酒旆斜。(宋蒲积中《古今岁时杂咏》卷三七)

八日菊

是日与集贤彭秘书乘、集贤王寺丞琪、良水富监丞弼、王进士许西园会饮,同赋此题洎《酒胡》一章。薄暮,王殿中轸见访,因亦与会

瑞蕚才半折,金蕊已争妍。幸得重阳近,贪为一日先。登高谋宿约,泛酒试芳筵。诘旦寻馀馥,明知赏爱偏。(同上)

重阳夕内宿

把菊醒陶酒,扬鞭入汉闱。聚蚊秋未息,独鸟暮先归。世有凉暄隔,人无今昨非。悠然倒冠佩,频梦北山薇。(同上)

九月八日游涡 徐通判、李谯县、杨察监丞、朱从道县尉同之

黄花夹径疑无路,红叶临流巧胜春。前去重阳犹一日,不辞倾尽蚁醪醇。(同上)

闰九月九日

闰秋重九再佳辰,犹见黄花浥露新。更作登高亦何害,恨无彭泽苦吟人。(同上)

和至日北园宴集

清晓融风肃桂堂,郡僚多暇舞筵张。自注:是日太傅命宾。台高已验云容媚,日暖悬知刻漏长。溪子弩寒千命中,兰英酒熟百传觞。官曹事集神都近,预拜需函庆一阳。(同上书,卷四〇)

奉和圣制冬至

吉序冠三正,民时顺盛成。岁穰千亩实,气爽六符平。肆乐遵年律,迎长蔼颂声。云浓燕雁度,雪霁楚兰荣。异域梯航集,诸侯篚贡盈。尧仁敷万有,同此一阳生。(同上)

奉和圣制除夜二首

秘掖楯轩严万户,庆宵躔次会三辰。丹闱肃穆犹凝夕,佳气葱珑渐报春。调历自将穹厚永,圣辞常与岁时新。送寒旁磔迎和令,率土群生仰昊旻。

珠躔回碧落,绛燎烛青规。琐闼琼签度,层台玉漏移。纳新皇泽普,顺节圣情怡。万宇长安陌,乡傩集此时。

(宋蒲积中《古今岁时杂咏》卷四二)

和三兄除夜

星汉回曾宇,埙篪集上都。夜寒凝爆燎,春气入屠苏。九陌传珂乘,千门促漏壶。此时开棣宴,仍在碧城隅。(同上)

次韵和致仕陈相公除夜

从来岁除咏,托讽情非一。公在维师年,久谐归政逸。辛盘具芳郁,柏酒澄嘉栗。犹厌贺车烦,晨门效圭荜。(同上)

春　阴

十二重环闷洞房,憎憎危树俯回塘。风迷戏蝶闲无绪,露浥幽花冷自香。绮席醉吟销桂酌,玉台愁作涩银簧。梅青麦绿江城路,更与登高望楚乡。(元方回《瀛奎律髓》卷一〇)

赋得秋雨

点滴行云覆苑墙,飘萧微影度回塘。秦声未觉朱弦润,楚梦先知薤叶凉。野水有波增澹碧,霜林无韵湿疏黄。萤稀燕寂高窗暮,正是西风玉漏长。(同上书,卷一七)

送凌侍郎归乡

江南藩郡古宣城,碧落神仙拥使旌。津吏戒船东下稳,悬僚负弩昼归荣。江山谢守高吟地,风月朱公故里情。曾预汉庭三独坐,府中谁敢伴飞觥。(元富大用《事文类聚》外集卷一〇)

张太傅生日诗

三陟槐庭二将坛,册书文武载勋贤。辞荣尚峻经邦秩,养素方临钓渭年。清会别开金谷墅,新吟多杂蕊珠篇。惊姜今日增华耀,海内簪绅共祝延。(元富大用《事文类聚》新集卷二)

巢父井

禀生值尧年,率性在庞厚。安巢一枝上,岂曰鹩居陋。颍波人洗耳,曾不污牛口。谅兹耕未暇,凿饮隈林薮。含饴鼓其腹,帝力予何有。遂令千载外,此地存遗甃。泓然逼乔木,宛若栖崿旧。乡人揭题榜,行旅谐瞻觏。我来观古迹,愕立徘徊久。凄其望清风,不获见师友。愿言掬一勺,拭面洗心垢。翘勤慕高躅,感慨陈卮酒。思齐胡可望,庶以宽容督。凤驾恨长途,凭高重回首。(明王雄《正德汝州志》卷七)

转运度支得青州资政黄素书韩吏部伯夷颂许昌相公以诗跋尾遂为七言因而寄及谨用拙篇纪咏

首阳垂范远,吏部属辞深。染翰著嘉尚,系言光德音。褒崇亘千祀,精妙极双金。题咏益珍秘,用昭贤彦心。(明朱存理《赵氏铁网珊瑚》卷二)

次韵谢借观五老图

道明回诏乐清闲,便向中朝脱冕冠。百日秉枢登相府,千年青史表旌桓。泰运正隆嫌气热,乾纲初整畏冰寒。逍遥唱和多高致,仪象霜风俾后看。(同上书,卷一三)

赠李阳孙

不忍与君别,怜君仁义人。三年官满后,依旧一家贫。(明凌迪知《万姓统谱》卷七二)

棋盘石 《诗渊》作石棋盘

洞仙遗下石棋盘,人到壶天静处看。十九路谁弹黑界,几千年自

带云寒。面平可步流星势,尘净元无旧藓瘢。干霄声中闻子响,不知还许采樵观。(明徐表然《武夷山志略》)

崇因寺

卷帘山色眼前见,入夜涛声枕上闻。苔径雨馀堆落叶,石楼风静锁寒云。(清陈焯《宋元诗会》卷六引宋王象之《舆地纪胜》。《全宋诗》编者按:《舆地纪胜》卷二六仅存前二句)

题东湖涵虚阁

水有支流树有孙,重重门巷挂朱轩。三君雅望标人杰,千里澄波隔世喧。西对户庭徐孺宅,北传钟梵给孤园。欲知嗣续无穷胜,两两荣归汉使轓。(劳格《元献遗文补编》引《江西诗话》)

西垣榴花

山木有甘实,托根清禁中。岁芳摇落尽,独自向炎风。(同上书引《后村千家诗》。《全宋诗》编者按:见宋刘克庄《后村千家诗》卷九)

送铅山周尉

风烟古上饶,属邑寄山椒。仇览同栖棘,陶潜共折腰。安舆方就养,黄绶岂辞遥。善绩青箱业,兴廉有汉条。(明笪继良万历《铅书》卷五)

过华夫书屋

西齐辉赫亘山隅,嘉致清风世莫如。乡党名流依绛帐,烟萝幽境似仙居。趋庭子弟皆攀桂,弹铗宾朋总食鱼。汗简传经亚邹鲁,粉牌留咏尽严徐。杯盘互进先生馔,门巷应停长者车。坟籍岂惟精四部,弦歌常见习三馀。玳簪珠履延豪士,缥帙牙签刊赐书。碧沼暮凉浮菡萏,纱窗秋静漏蟾蜍。间庭潇洒移泉石,华表峥嵘冠里闾。我恨羁游在芸阁,不陪诸彦曳长裾。(清曾燠《江西诗征》卷五)

紫竹花

长夏幽居景不穷,花开芳砌翠成丛。窗南高卧追凉际,时有微香

逗晚风。(清俞琰《咏物诗选》卷七)

送瞿生还拜亲

门标杨氏阙,家有汉皇书。射策淹前志,鸣榔省旧居。仙山人罕到,幽境画难如。云窦开宾馆,芝田足岁储。修词穷五际,为学慕三馀。努力文明代,翘翘托乘车。(清邵子彝《同治建昌府志》卷七)

白云庵

草庵何似清风楼,更在空中最上头。眼界豁开无畛域,枯藤古木暮烟浮。(清吕愁先《同治奉新县志》卷四)

(以上见《全宋诗》卷一七一至一七三)

咏黄葵

脉脉倚雕阑,北方比象难。铸金承露巧,剉檗染丝干。丽服朝裁绮,芳心夜点檀。不须轻采折,留映羽人冠。(宋长白《柳亭诗话》卷一三)

春野观农事

土膏经宿雨,农来服春畴。旧陇才惊翟,初阳未喘牛。桑烟熏野聚,菖叶蔽原沟。俋俋耕者盛,尧年少故侯。(《永乐大典》卷六二四)

(以上见陈新等补正《全宋诗订补》,大象出版社,2005年,第61页)

残　句

何用粉墙高百尺,任教墙外俗人看。　　栽竹
东阳诗骨瘦,南浦别魂销。
篱边菊秀先生醉,桑下雏娇稚子仁。　　与张临川
骚客登山知有助,秦源鸡犬更相闻。　　送章明州
干斗气沉龙已化,置刍人去榻犹悬。　　送人知洪州
若更迟开三二月,北人应作杏花看。　　红梅
一年为客未归去,笑杀城东桃李花。
润毫均厚薄。

一纸短书无寄处,数行征雁入南云。	寄远
江城嘉号木芙蓉,金蕊琼萼绽蓼风。	拒霜花
巧缀雕琼绽色丝,三千宫面宿胭脂。	红梅花
绛英琼粒傲霜前,冷落池台亦自妍。	红蓼
素花皎霜雪,红艳比瑶琼。	泛濠至祁氏园
震邸陪经席,辰阶总化钧。	挽王禹玉
三州鼓浪维淮浦,千社分封接帝畿。潜岭岩峣副祝融。	
漫取忠臣比芳草,不知谗口起椒兰。	兰花
山留盘瓠迹,洞有秦人书。	
闲思北海银宫畔,谁驾丹山白凤凰。	雪
茧馆蚕初起,瑶箱燕未归。	春
争持白玉萼,共插翠云鬟。	
素柰发时俱北房,白榆开处欲争妍。	
嘉名旧出新丰谷,美实今邻御宿园。	梨
紫结茱萸实,浓熏菡萏香。	柏
玉女雕琼萼,仙禽借菊衣。	酴醾
祭毕崇坛冷玉球,月斜星澹思悠悠。	又
若更花解语,却解使人愁。	萱花
不闻幽艳接江蓠。	又
买得梧宫数亩秋,便追黄绮作朋俦。	寓诗徐都官
狻猊对立香烟度,鹭鹥交飞组绣明。	冬节
并怀涡旧玩。	
莫凭高楼伸远目。	
更作丹花满烟叶,欲令佳客剩迟留。	
楼台侧畔杨花过,帘幕中间燕子飞。	
静寻啄木藏身处,间看游丝到地时。	
已定复摇春水色,似红如白野棠花。	
春风任花落,流水放杯行。	
甘泉柳苑秋风急,却为流萤下诏书。	

万年枝上凝烟动,百子池边瑞日长。
君王特轸推沟念,诏截危竿横赐钱。
私书一纸离怀苦,望断波中六六鳞。
频瞻太一青藜见,欲赋甘泉自凤来。
绿树新蝉第一声。
冷艳风中凝,浓香雪后多。
腊雪半含梅粉白,春风先著柳梢黄。
白草沙场多雁户,黄榆关迥绝狼烟。
未暇南浮海,何妨夜把螯。
蟹螯今在左,欲拍酒船浮。
春寒欲尽复未尽,二十四番花信风。
青帝回风初习习,黄人捧日故迟迟。
竹醉人还醉,蚕眠我亦眠。
主父仲舒容不得,未知宾阁是何人。
澹澹梳妆薄薄文。
遥想江南此时节,小梅黄熟子规啼。
衣上六花非所好,亩间盈尺是吾心。
二龙骖夏服,双鹤记尧年。
琼字金扉迥倚天,南齐七志罕遗逸,西汉九流咸粲然。　和阅书歌
秦声未觉朱弦润,楚梦先知菈叶凉。
(以上见《全宋诗》卷一七三)
忆绕竹栏喜自栽　金凤花
小白长红又满枝　晚春
流光过眼如车毂　题琵琶亭
(以上见《全宋诗》卷一七三存目)
庚庚大横兆,馨咳如有闻。　题南京高辛庙
(宋 叶梦得《石林燕语》卷一)
(以上见《全宋诗订补》)
冰从太液池边动,柳向灵和殿里看。

唤得梅蕊要同韵,羞杀梨花不敢香。
醉轻浮世事,老重故乡人。
若教花有语,却解使人愁。
谬道忠心比芳草,不知谗舌起椒兰。
(以上见《两宋名贤小集·萝轩外集》,《四库全书·集部八·总集类》)

词

诉衷情

海棠珠缀一重重。清晓近帘栊。胭脂谁与匀淡,偏向脸边浓。看叶嫩,惜红花,意无穷。如花似叶,岁岁年年,共占春风。

又

幕天席地斗豪奢。歌妓捧红牙。从他醉醒醒醉,斜插满头花。车载酒,解貂贝,尽繁华。儿孙贤俊,家道荣昌,祝寿无涯。

又

喧天丝竹韵融融。歌唱画堂中。玲女世间希有,烛影夜摇红。一同笑,饮千锺,兴何穷。功成名遂,富足年康,祝寿如松。(《全宋词补释》)

渔家傲

粉笔丹青描未得。金针彩线功难敌。谁傍暗香轻采摘。风淅淅。船头触散双䴗鹈。　　夜雨染成天水碧。朝阳借出胭脂色。欲落又开人共惜。秋气逼。盘中已见新莲菂。

蝶恋花

玉椀冰寒消暑气。碧簟纱厨,向午朦胧睡。莺舌惺松如会意。无端画扇惊飞起。　　雨后初凉生水际。人面荷花,的的遥相似。眼看红芳犹抱蕊。丛中已结新莲子。

又

梨叶疏红蝉韵歇。银汉风高,玉管声凄切。枕簟乍凉铜漏咽。谁教社燕轻离别。　　草际蛩吟珠露结。宿酒醒来,不记归时节。多少衷肠犹未说。朱帘一夜朦胧月。

破阵子 春景

燕子来时新社,梨花落后清明。池上碧苔三四点,叶底黄鹂一两声。日长飞絮轻。　　巧笑东邻女伴,采桑径里逢迎。疑怪昨宵春梦好,元是今朝斗草赢。笑从双脸生。

醉桃源[1]

东风吹水日衔山。春来长是闲。林花狼藉酒阑珊。笙歌醉梦间。　　春睡觉,晚妆残。无人整翠鬟。流连光景惜朱颜。黄昏独倚阑。

【校记】

[1]《全宋词》作为存目词收录,且附注云:"冯延巳作,见《阳春集》。"

望江梅[1]

闲梦远,南国正清秋。千里江山寒色远,芦花深处泊孤舟。笛在月明楼。

【校记】

[1]《全宋词》作为存目词收录,且附注云:"李煜作,见《南唐二主词》。"

残　句

芳草连天碧。

(以上除注明者之外,均录自《全宋词》第一册)

附录一

生平及言行

宋史·晏殊传
元脱脱等

晏殊,字同叔,抚州临川人。七岁能属文,景德初,张知白安抚江南,以神童荐之。帝召殊与进士千馀人并试廷中,殊神气不慑,援笔立成。帝嘉赏,赐同进士出身。宰相寇准曰:"殊,江外人。"帝顾曰:"张九龄非江外人邪?"后二日,复试诗、赋、论。殊奏:"臣尝私习此赋,请试他题。"帝爱其不欺;既成,数称善。擢秘书省正字,秘阁读书。命直史馆陈彭年察其所与游处者,每称许之。

明年,召试中书,迁太常寺奉礼郎。东封,恩迁光禄寺丞,为集贤校理。丧父,归临川,夺服起之,从祀太清宫。诏修宝训,同判太常礼院。丧母,求终服,不许。再迁太常寺丞,擢左正言、直史馆,为昇王府记室参军。岁中,迁尚书户部员外郎,为太子舍人,寻知制诰,判集贤院。久之,为翰林学士,迁左庶子。帝每访殊以事,率用方寸小纸细书,已答奏,辄并稿封上,帝重其慎密。

仁宗即位,章献明肃太后奉遗诏权听政。宰相丁谓、枢密使曹利用,各欲独见奏事,无敢决其议者。殊建言:"群臣奏事太后者,垂帘听之;皆毋得见。"议遂定。迁右谏议大夫兼侍读学士,太后谓东宫旧臣,恩不称,加给事中。预修《真宗实录》。进礼部侍郎,拜枢密副使。上疏论张耆不可为枢密使,忤太后旨。坐从幸玉清昭应宫从者持笏后至,殊怒,以笏撞之折齿。御史弹奏,罢知宣州。数月,改应天府,延范仲淹以教生徒。自五代以来,天下学校废,兴学自殊始。召拜御史中丞,改资政殿学士兼翰林侍读学士,兵部侍郎兼秘书监,为三司使,复为枢密副使,未拜,改参知政事,加尚书左丞。太后谒太庙,有请服衮冕者,太后以问,殊以《周官》后服对。太后崩,以礼部尚书罢知亳州，徙陈州，迁刑部尚书，以本官兼御史中丞，复为三司使。

陕西方用兵，殊请罢内臣监兵，不以阵图授诸将，使得应敌为攻守；及募弓箭手教之，以备战斗。又请出宫中长物助边费，凡他司之领财利者，悉罢还度支。悉为施行。康定初，知枢密院事，遂为枢密使。进同中书门下平章事。庆历中，拜集贤殿学士、同平章事兼枢密使。

殊平居好贤，当世知名之士如范仲淹、孔道辅，皆出其门。及为相，益务进贤材，而仲淹与韩琦、富弼皆进用，至于台阁，多一时之贤。帝亦奋然有意，欲因群材以更治，而小人权幸皆不便。殊出欧阳修为河北都转运，谏官奏留，不许。孙甫、蔡襄上言："宸妃生圣躬为天下主，而殊尝被诏志宸妃墓，没而不言。"又奏论殊役官兵治僦舍以规利。坐是，降工部尚书、知颍州。然殊以章献太后方临朝，故志不敢斥言；而所役兵，乃辅臣例宣借者。时以谓非殊罪。

徙陈州，又徙许州，稍复礼部、刑部尚书。祀明堂，迁户部，以观文殿大学士知永兴军，徙河南府，迁兵部。以疾，请归京师访医药。既平，复求出守，特留侍经筵，诏五日一与起居，仪从如宰相。逾年，病寖剧，乘舆将往视之。殊即驰奏曰："臣老疾，行愈矣，不足为陛下忧也。"已而薨。帝虽临奠，以不视疾为恨，特罢朝二日，赠司空兼侍中，谥元献，篆其碑首曰"旧学之碑"。

殊性刚简，奉养清俭。累典州，吏民颇畏其悁急。善知人，富弼、杨察，皆其婿也。殊为宰相兼枢密使，而弼为副使，辞所兼，诏不许：其信遇如此。文章赡丽，应用不穷，尤工诗，闲雅有情思，晚岁笃学不倦。文集二百四十卷，及删次梁、陈以后名臣述作，为《集选》一百卷。

子知止，为朝请大夫。

（元脱脱等著《宋史》卷三一一，列传七〇之《晏殊传》）

晏元献公神道碑
宋欧阳修

至和元年六月，观文殿大学士、行兵部尚书、西京留守、临淄公以疾归于京师。八月，疾少间，入见。天子曰："噫！予旧学之臣也。"乃留侍讲迩英阁，诏五日一朝前殿。明年正月，疾作，不能朝。饬太医朝夕往视。有司除道，将幸其家。公叹曰："吾无状，乃以疾病忧吾君。"即驰奏曰："臣疾少间，行愈矣。"乃止。其月丁亥，以公薨闻，天子震悼，亟临其丧，以不即视公为恨。赠公司空兼侍中，谥曰"元献"。有司请辍视朝一日，诏特辍二日。以其年三月癸酉，葬公于许州阳翟县麦秀乡之北原。既葬，赐其墓隧之碑首曰"旧学之碑"。既又敕史臣修考次公事，具书于碑下。

臣修伏读国史，见真宗皇帝时，天下无事，天子方推让功德，祠祀天地山川，讲礼乐以文颂声，而儒学文章俊贤伟异之人出。公世家江西之临川，年始十四，一日起田里，进见天子。时方亲阅天下贡士，会廷中者千馀人，与夫宫臣、卫官，拥列圜视。公不动声气，操笔为文辞，立成以献。天子嘉赏，赐同进士出身，遂登馆阁，掌书命，以文章为天下所宗。逮陛下养德东宫，先帝选用臣属，即以公遗陛下。由王官、宫臣卒登宰相，凡所以辅道圣德，忧勤国家，有旧有劳，自始至卒五十馀年。公既薨，而先帝之名臣与陛下东宫之旧人，皆无在者，宜其褒宠优异，比公甘盘。臣修幸得执笔史官，奉明诏，谨昧死上临淄公事，曰：

公讳殊，字同叔，姓晏氏。其世次晦显，徙迁不常。自其高祖讳墉，唐咸通中举进士，卒官江西，始著籍于高安；其后三世不显。曾祖讳延昌，又徙其籍于临川。祖讳郜，追封英国公。考讳固，追封秦国公。自曾祖已下，皆用公贵，累赠开府仪同三司、太师、中书令兼尚书令。曾祖妣张氏，陈国太夫人。祖妣傅氏，许国太夫人。妣吴氏，越国太夫人。

公生七岁，知学问，为文章，乡里号为神童。故丞相张文节公安抚江西，得公以闻。真宗召见，既赐出身。后二日，又召试诗赋论。公徐启曰："臣尝私习此赋，不敢隐。"真宗益嗟异之，因试以他题。

以为秘书省正字,置之秘阁,使之悉读秘书,命故仆射陈文僖公视其学。明年,献其所为文,召试中书,迁太常寺奉礼郎。封祀泰山,推恩,迁光禄寺丞。数月,充集贤校理。明年,迁著作佐郎。丁父忧,去官。已而真宗思之,即其家起复,命淮南发运使具舟送之京师,从祀太清宫,赐绯衣银鱼,同判太常礼院。又丁母忧,求去官服丧,不许。今天子始封昇王,公以选为府记室参军,再迁左正言、直史馆。今天子为皇太子,以户部员外郎充太子舍人,赐金紫,知制诰,判集贤院,迁翰林学士,充景灵宫判官、太子左庶子,兼判太常寺、知礼仪院。公既以道德文章佐佑东宫,真宗每所谘访,多以方寸小纸细书问之,由是参与机密,凡所对,必以其稿进,示不泄。其后悉阅真宗阁中遗书,得公所进稿,类为八十卷,藏之禁中,人莫之见也。

初,真宗遗诏:章献明肃太后权听军国事。宰相丁谓、枢密使曹利用各欲独见奏事,无敢决其议者。公建言:群臣奏事太后者,垂帘听之;皆毋得见。议遂定。乾兴元年,拜右谏议大夫兼侍读学士,迁给事中、景灵宫副使,判吏部流内铨,以《易》侍讲崇政殿。迁礼部侍郎、知审官院,为枢密副使,迁刑部侍郎。上疏论张耆不可为枢密使,由是忤太后旨;坐以笏击其仆,误折其齿,罢。留守南京,大兴学校,以教诸生。自五代以来,天下学废,兴自公始。召拜御史中丞,改兵部侍郎,兼秘书监、资政殿学士、翰林侍读学士,知天圣八年礼部贡举。明年,为三司使,复为枢密副使,未拜,改参知政事,迁尚书左丞。太后谒太庙,有请服衮冕者,太后以问公,公以《周官》后服对。

太后崩,大臣执政者皆罢,公为礼部尚书知亳州,徙知陈州,迁刑部尚书,复召为御史中丞,又为三司使,知枢密院事,拜枢密使,再加检校太尉、同中书门下平章事。庆历三年三月,遂以刑部尚书居相位,充集贤殿大学士,兼枢密使。自公复召用,而赵元昊反,师出陕西,天下弊于兵。公数建利害,请罢监军,无以阵图授诸将,使得应敌为攻守,及制财用为出入之要,皆有法。天子悉为施行,自宫禁先,以率天下,而财赋之职悉归有司。卒能以谋臣元昊,使听约束,乃还其王号。

公为人刚简,遇人必以诚。虽处富贵如寒士,樽酒相对,欢如也;

得一善，称之如己出。当世知名之士如范仲淹、孔道辅等，皆出其门。及为相，益务进贤材。当公居相府时，范仲淹、韩琦、富弼皆进用，至于台阁多一时之贤。天子既厌西兵，闵天下困敝，奋然有意，遂欲因群材以更治，数诏大臣条天下事。方施行，而小人权幸皆不便。明年秋，会公以事罢，而仲淹等相次亦皆去，事遂已。

公既罢，以工部尚书知颍州，徙知陈州，又徙许州，三迁户部尚书，拜观文殿大学士、永兴军，充一路都部署、安抚使，徙知河南府兼西京留守，累进阶至开府仪同三司，勋上柱国，爵临淄公，食邑万二千户，实封三千七百户。

公享年六十有五。自少笃学，至其病亟，犹手不释卷。有文集二百四十卷。尝奉敕修《上训》及《真宗实录》，又集类古今文章，为《集选》二百卷。其为政敏，而务以简便其民。其于家严，子弟之见有时，事寡姊孝谨，未尝为子弟求恩泽。其在陈州，上问宰相曰："晏某居外，未尝有所请，其亦有所欲邪？"宰相以告公。公自为表，问起居而已。故其薨也，天子尤哀悼之：赐予加等；以其子承裕为崇文院检讨；孙及甥之未官者九人，皆命以官。

公初娶李氏，工部侍郎虚己之女；次孟氏，屯田员外郎虚舟之女，封钜鹿郡夫人；次王氏，太师、尚书令超之女，封荣国夫人。子八人：长曰居厚，大理评事，早卒；次承裕，尚书屯田员外郎；宣礼，赞善大夫；崇让，著作佐郎；明远、祗德，皆大理评事；几道、传正，皆太常寺太祝。女六人：长适户部侍郎、同中书门下平章事富弼；次适礼部侍郎、三司使杨察；其四尚幼。孙十有三人。公既乐善而称为知人，士之显于朝者，多公所荐达，至择其女之所从，又得二人者如此，呜呼！可谓贤也已。铭曰：

有姜之裔，齐为晏氏。齐在《春秋》，晏显诸侯。《传》载桓子，婴称于丘。其后无闻，不亡仅存。有炜自公，厥声以振。公之显声，实相天子。天子曰噫！予考真宗。唯多名臣，以臻盛隆。汝初事我，王官东宫。以暨相予，始卒一躬。辅我以德，有劳于邦。公疾在外，来归自洛。天子曰留，汝予旧学。凡今在庭，莫如汝旧。孰以畀予？惟予圣考。今既亡矣，孰为予老？何以赠之，司空、侍中。礼则有加，予思何穷！有篆其文,在其碑首。天子之褒,史臣有诏。铭以述之,永昭厥后。

(宋陈亮选辑,夏汉宁校勘《欧阳先生文萃》第264-267页,江西教育出版社,2008年)

晏殊传

明嘉靖《抚州府志》

晏殊,字同叔,世居临川之沙河,与弟颖俱七岁能文。宋真宗初,俱以神童荐召,与进士千馀人并试廷中。殊年甫十四,神气不慑,援笔立就,赐同进士出身。宰相寇准曰:"殊,江外人。"真宗顾曰:"张九龄非江外人邪？"后二日,复试以赋。殊对曰:"臣尝私习此,请易题。"真宗爱其不欺。赋成,文采尤美,益嘉赏焉。除秘书正字,与颖同读书秘阁。明年,召试中书,三迁为集贤校理。以父丧去,真宗思之,诏起复,从祀太清宫,判太常礼院。一日,倏除东宫记室,执政进覆。真宗曰:"近闻馆阁臣僚,嬉游弥日；惟殊杜门与弟子讲习,谨厚正可宫僚。"复谕殊所授意。对曰:"臣非不乐燕游,直贫,无可为具。"乃益贤之。颖授奉礼郎,不拜,年十八仙去。殊大中祥符中,累迁太子舍人、知制诰、翰林学士、左庶子。真宗每书方寸纸,有所咨询。由是参预机审,每答奏,并稿封进,不泄。后仁宗阅真宗阁中遗书,得所进稿,类为八十卷,藏之禁中。章献太后垂帘,宰相丁谓、枢密使曹利用欲独见奏事,无敢决其议者；殊正言不可,议遂定。迁右谏议大夫兼侍读学士。太后以东宫旧臣恩不称,加给事中,同修《真宗实录》。进礼部侍郎,拜枢密副使。疏论张耆不可为本院使,忤太后旨；御史以他事劾,罢知宣州。数月,改应天府。自五代以来,天下学校大废,殊延范仲淹教授诸生,人才勃兴；四方学校复兴,自殊始。召拜御史中丞、资政殿学士兼翰林侍读学士。天圣中,知贡举,得欧阳修。寻参知政事加尚书左丞。太后谒庙,有议欲服衮冕者,殊以《周官》后服对。后崩,以礼部尚书罢亳州,徙陈州,复召为刑部尚书兼御史中丞、三司使。是时元昊反,陕西敝于兵力。殊力陈利害,请罢内臣监军,专任诸将,使得为应敌攻守计。又请自宫禁省约长物,以先天下。诸司领财利者,俱罢还度支,悉见施行。康定初,以枢密使进同中书门下平章事。庆历中,以集贤殿学士同平章事兼枢密使。殊素善知人,好推毂人才。范仲淹、孔道辅、欧阳修皆出其门;富弼、杨察,其婿也。及为相,益务进贤。韩琦、杜衍、仲淹、富弼皆在政府,台阁多一时名贤。石介作庆历圣德诗颂之。时仁宗亦厌兵,奋然欲因群才更治,数诏大臣条天下利害,欲罢行之。而权幸小人皆不便,谏官孙甫、蔡襄,因奏:宸妃生圣躬,而殊被诏志墓,没不言;又役官兵治僦舍,坐降工部尚书、知颍州。盖殊以太后临朝,不敢斥言;而所役兵乃辅臣例宣借者。时论谓非其罪。寻徙陈州。真宗谓宰相曰:"殊久居外,有所欲乎?"宰相以问,殊但表问起居而已。至和元年,加观文德殿大学士行兵部尚书留守西京,封临淄公。以疾请就医京师,既愈,仍求出。特留侍迩英阁,诏五日一与起居,仪从如宰相。逾年,病寖剧,乘舆将往视之。殊即驰奏曰:"臣老疾行愈矣,不足为陛下忧也。"已而薨,年六十五。仁宗虽临奠,而以不及视疾为恨,特罢朝二日。赠司空兼侍中,谥元献,赐其碑首曰"旧学之碑"。

殊性刚简,自奉清俭,居家严整,事姊甚谨,不为子弟求恩泽。为文赡丽,应用不穷。诗闲雅有情思。晚年笃学不倦。有文集四十卷,又集古今文为选二百卷,又有《类要》及《临川集》《二府集》行于世。子八人:居厚,大理评事;承裕,屯田员外郎;宣礼,赞善大夫;崇让,皇祐元年举进士,改名知止,朝请大夫;明远、祗德,皆大理评事;幾道、传正,皆太常寺太祝。

(明黄显修、陈九川、徐良傅等纂,明嘉靖三十三年(1554)版《抚州府志》卷一一之《人道志·名公世家》)

晏殊传
清雍正《抚州府志》

晏殊,字同叔,世居临川之沙河,七岁能文。宋真宗初,以神童荐召,与进士千餘人并试廷中。殊年甫十四,神气不慑,援笔立就,赐同进士出身。宰相寇准曰:"殊,江外人。"真宗顾曰:"张九龄非江外人耶?"后二日,复试以赋。殊对曰:"臣尝私习此,请易题。"真宗爱其不欺。赋成,文采尤美,益嘉赏焉。除秘书正字。

明年，召试中书，三迁为集贤校理。以父丧归，真宗思之，诏起复，从祀太清宫修宝训，判太常礼院。一日，倏除东宫记室，执政进覆。真宗曰："近闻馆阁臣僚，嬉游弥日，惟殊杜门讲习，正可宫僚。"复谕殊所授意，对曰："臣非不乐燕游，直贫，无可为具。"乃益贤之。大中祥符中，累迁太子舍人、知制诰、翰林学士、左庶子。真宗有所咨访，每方寸小纸细书问之。及答奏，并稿封进，不泄。后仁宗阅真宗阁中遗书，得所进稿，类为八十卷，藏之禁中。

章献太后垂帘，丁谓、曹利用欲独见奏事，无敢决其议者。殊言："群臣奏事者，后垂帘听之；无得见。"议遂定。迁右谏议大夫兼侍读学士。太后以东宫旧臣恩不称，加给事中，同修《真宗实录》。进礼部侍郎、拜枢密副使。疏论张耆不可为本院使，忤太后旨，罢知宣州。数月，改应天府。延范仲淹，教授诸生。自五代以来，天下学校大废，兴学自殊始。召拜御史中丞、资政殿学士兼翰林侍读学士，寻参知政事加尚书左丞。太后谒庙，有议欲服衮冕者，殊以《周官》后服对。后崩，以礼部尚书罢知亳州，徙陈州，复召为刑部尚书兼御史中丞、三司使。

是时元昊反，陕西用兵，殊请罢内臣监军，不以阵图授诸将，使得自为攻守计；又请出宫禁者长物助边费；诸司领财利者，俱罢还度支。悉见施行。康定初，以枢密使进同中书门下平章事。庆历中，以集贤殿学士、同平章事兼枢密使。殊素善知人，好推毂人才。范仲淹、孔道辅、欧阳修皆出其门；富弼、杨察，其婿也。及为相，益务进贤。韩琦、杜衍、仲淹、弼皆在政府，台阁多一时名贤。石介作庆历圣德诗颂之。时仁宗厌兵，奋然欲因群才更治，数诏大臣条天下利害，欲举行之。而权幸小人皆不便，谏官孙甫、蔡襄，因奏：宸妃生圣躬，而殊被诏志墓，没不言；又役官兵治僦舍，坐降工部尚书、知颍州。盖殊当太后临朝，不敢斥言；而所役兵乃辅臣例宣借者。时论谓非其罪。寻徙陈州。仁宗谓宰相曰："殊久居外，有所欲乎？"宰相以问殊，但表问起居而已。至和元年，加观文殿大学士行兵部尚书留守西京，封临淄公。以疾请就医京师，既愈，仍求出，特留侍迩英阁，诏五日一与起居，仪从如宰相。逾年，病寖剧。乘舆将往视之，殊即驰奏曰："臣老疾，行愈矣，不足为陛下忧也。"已而薨，年六十五。仁宗临奠，而以不及视疾为恨，特罢朝二日。赠司空兼侍中，谥元献，赐其碑首曰"旧学之碑"。

殊性刚简，清俭，居家严整，事寡姊甚谨，不为子弟求恩泽。为文赡丽，诗闲雅有情思。晚年笃学不倦。有文集二百四十卷，又删次梁、陈以后名臣述作为《集选》一百卷。子八人：居厚，大理评事；承裕，屯田员外郎；宣礼，赞善大夫；崇让，皇祐元年进士，改名知止，朝请大夫；明远、祇德，皆大理评事；幾道、传正，皆太常寺太祝。

幾道，殊第七子，字叔厚，能文章，善持论，尤工乐府。其《小山词》精壮顿挫，见者击节，以为有临淄公风。侄防，字宗武，幼学于荆公，奏任主崇仁簿，部使者授密计，俾伺庐陵不职事，以荐剡啖之，防不为动；转万载丞，行李萧然，遣家奴致米，乃得归赴调；卒于京，年四十八。防宽厚好学，安于义命，不可荣辱，作堂匾曰"淇澳"。所著有《侯门集》十卷、《俱胝集》一卷。侄中，元丰二年；从侄孙升卿，嘉祐五年；朋，嘉祐四年；曾孙敦复，大观三年；敦临，正和五年；肃，宣和三年；五世孙大止，嘉定元年；曾侄孙绍休，绍圣四年：皆举进士。敦复别有传。

(清罗复晋修，李茹旻等纂，清雍正七年刻，咸丰二年元善补刻《抚州府志》卷一九《名宦》)

晏殊传
明嘉靖《江西通志》

晏殊，字同叔，临川人。与弟颖俱七岁善属文。真宗召见，与进士并试，援笔立成，赐同进士出身。仁宗时为相，进贤用能，故杜衍、韩琦、范仲淹、孔道辅、欧阳修、富弼、杨察，皆得在位。是时君子满朝，石介有庆历圣德之颂。权幸皆不便，寻罢。仲淹等相次而去。累进阶至开府仪同三司、上柱国、临淄公，留侍迩英阁，卒谥元献。公居官务以简便士民，居家一以严饬子弟。有文集、《类要》《二府集》《临川集》行于世。

(明嘉靖《江西通志》卷二一"人物"，见《四库存目丛书·史部·地理类》，齐鲁书社，1996年)

晏殊传
清雍正《江西通志》

晏殊,字同叔,抚州临川人。七岁善属文,号神童。景德初,张知白安抚江西,荐之。召试赋论,殊自言:"尝私习此赋,不敢隐。"真宗异之,因试以他题。留之秘阁,使读书,为集贤校理、皇太子舍人,擢知制诰。真宗每所咨访,多以方寸小纸细书问之,凡所对必以其稿进,示不泄。章献皇后权国事,宰相欲独见奏事。殊建言:"群臣奏事者,太后垂帘听之;皆无得见。"议遂定。天圣三年,以礼部侍郎为枢密副使。罢留守南京,兴学校,延范仲淹,教授诸生。天下兴学,自殊始。未几,参知政事。章献谒太庙,有请服衮冕者,后以问殊,殊以《周官》后服对。仁宗亲政,以殊知江宁府,召拜枢密加同中书门下平章事,遂以刑部尚书居相位。元昊反,师出陕西,殊数建利害,请罢监军,又请出宫中无用之物以佐边费,而财赋之职悉归有司。时范仲淹、韩琦、富弼,皆进用,台阁多一时之贤。殊以事罢,仲淹等亦相次去。历知永兴军,徙河南府,提举万寿观。卒年六十三,赠司空兼侍中,谥元献。殊性刚峻,遇人以诚,当世贤士大夫如范仲淹、孔道辅、欧阳修等皆出其门,择婿又得富弼、杨察。为文赡丽,尤工风雅,有文集二百四十卷,又集古今文章为《集选》二百卷。

按:晏元献所著,尚有《紫薇集》一卷,《珠玉词》一卷,《翰苑制词》二十卷,《类要》八十卷,《方岳志》五十卷。

<small>(清雍正《江西通志》卷八〇"人物",《四库全书·史部十一·地理类三》)</small>

晏殊传
清同治《临川县志》

晏殊,字同叔,抚州临川人。七岁能属文。景德初,张知白安抚江南,以神童荐之。帝召殊与进士千馀人并试廷中。殊神气不慑,援笔立成。帝嘉赏赐同进士出身。宰相寇准曰:"殊,江外人。"帝顾曰:"张九龄非江外人耶?"后二日,复试赋论。殊奏:"臣尝私习此赋,请试他题。"帝爱其不欺。既成,数称善。擢秘书省正字,留秘阁读书,改直史馆。陈彭年察其所与游处者,每称许之。明年,召试中书,迁太常寺奉礼郎。东封,恩迁光禄寺丞,为集贤校理。丧父,归临川,夺服起之,从祀太清宫诏修宝训,同判太常礼院。丧母,求终服,不许。再迁太常寺丞,擢左正言直史馆,为昇王府记室参军。岁中,迁尚书户部员外郎,为太子舍人,寻知制诰、判集贤院。久之,为翰林学士,迁左庶子。帝每访殊以事,率用方寸小纸细书;已答奏,辄并稿封上。帝重其慎密。仁宗即位,章献明肃太后奉遗诏权听政。宰相丁谓、枢密使曹利用,各欲独见奏事,无敢决其议者。殊建言:"群臣奏事,太后垂帘听之;皆毋得见。"议遂定。迁右谏议大夫兼侍读学士。太后谓东宫旧臣恩不称,加给事中,预修《真宗实录》。进礼部侍郎,拜枢密副使。上疏论张耆不可为枢密使,忤太后旨;坐从幸玉清昭应宫从者持笏后至,殊怒,以笏撞之折齿。御史弹奏,罢知宣州。数月,改应天府,延范仲淹,以教生徒。自五代以来,天下学校俱废;其兴学,自殊始。召拜御史中丞,改资政殿学士兼翰林侍读学士、兵部侍郎兼秘书监,为三司使,复为枢密副使,未拜,改参知政事加尚书左丞。太后谒太庙,有请服衮冕者。太后以问,殊以《周官》后服对。太后崩,以礼部尚书罢知亳州,徙陈州。迁刑部尚书,以本官兼御史中丞,复为三司使。陕西方用兵,殊请罢内臣监兵,悉授诸将阵图,使得应敌为攻守计。及募弓箭手教之,以备战斗。又请出宫中长物助边费。凡他司之领财利者,俱罢还度支。奏上,悉为施行。康定初,知枢密院事,遂为枢密使,进同中书门下平章事。庆历中,拜集贤殿学士同平章事兼枢密使。

殊平居好贤,当世知名之士如范仲淹、孔道辅皆出其门。及为相,益务进贤材,而仲淹与韩琦、富弼皆进用,至于台阁多一时之贤。帝亦奋然有意,欲因群材以更治,而小人权幸皆不便。孙甫、蔡襄上言:宸妃生圣躬为天下主,而殊尝被诏志宸妃墓,没而不言;又奏论殊役官兵治僦舍以规利,坐是降工部尚书、知颍州。然殊以章献太后方临朝,故志不敢斥言;而所役兵,乃辅臣例宜借者。时以为非殊罪。徙陈州,又徙许州,稍复礼部、刑部尚书。祀明堂,迁户部。以观文殿大学士知永兴军,徙河南府,迁兵部。以疾请归京师访医药。既平,复求出守。特留侍经筵,诏五日一与起居,仪从如宰相。逾年,病寖剧。乘舆将往视之，殊即驰奏曰："臣老疾，行愈矣，不足为陛下忧也。"已而薨。帝虽临奠，以不视疾为恨，特罢朝二日。赠司空兼侍中，谥元献，篆其碑首曰"旧学之碑"。

殊性刚简，奉养清俭，累典州，吏民颇畏其悁急。善知人，富弼、杨察，皆其婿也。殊为宰相兼枢密使，而弼为副使。辞所兼，诏不许，其信遇如此。文章赡丽，应用不穷。尤工诗，闲雅有情思。晚岁笃学不倦。文章集二百四十卷，及删次梁、陈以后名臣述作为《集选》一百卷。子知止，为朝请大夫。殊祀乡贤祠。

（清童范俨等修，陈庆龄等纂，清同治九年（1870）刻本《临川县志》卷三十八《人物志·名臣》）

临川晏氏家谱序
元 虞集

临川逍遥峰福胜院主僧师吉，以所修晏元献公家谱相示。深叹其以为委身于释氏，而不忍忘先世之疏阔，因其族兄某得其谱系而叙录焉。按其谱，自师吉上距于元献八世，距尚书公六世。盖元献公九子，尚书则第八子之子。尚书六十三而殁，而尚书之子生三岁而孤。是以师吉之系，历三百年而才八世云尔。宋之南渡，秦桧专政误国，胡公邦衡慷慨一疏，当时伟之，至今读者犹愤发有生气。岂知尚书之疏，尤深切著明，忧思治法，无不毕备。世臣之言，固当然乎！而学者鲜得见之，然国史有尚书之传，今又幸于私记叙谱而见之也。君子之言，其不可泯也如此乎？余昔待罪国史，尝以职事求于先宋之故家遗记，得燕山窦公俨、贾公昌朝之后人，皆为贵官于国朝，传系可征而谱牒遗逸矣。最后得阆中陈丞相尧咨兄弟诸孙之留居郑州者，子孙之分居东平曰某为御史，来求先茔碑，而得其谱之略。故宋盛时，若吕申公、韩魏公、富郑公、曾鲁公、司马温公、桐木韩家子孙，南渡后，仕宦功业犹可考见。内附以来，邈乎无所闻于四方。闻曾氏有子孙在泉南，数十年前，北方曾氏有仕于南台者，至泉南，以世嗣求拜其家庙者。庆历从官莆田陈氏之裔孙旅为余云，而今亦不可考之矣。及余归侨临川，郡之大族乐侍郎史后人尚多，而未尝见其谱。王荆公子孙,四十年前,在金陵尝见一二人,今祠下亦有一二人耳。而晏氏之子孙,莫盛于尚书。八世之后乃有去为释氏若师吉者,凛然思其宗家,缉累其家世、行事、岁月如此。贤者之传,固当有见于后世矣。又闻王岐公子孙,有官抚州而留居者,其孙卒于外孙李氏家。又得桐木韩氏之谱于其诸孙之留居临川者,南涧公为之序者也。故家之子孙,数世之后,虽隆替不可知。余于晏氏之谱,有不胜感叹者矣。思古人于既往,望乔木而遐思。故书此而归之。

前史官虞集书。

(元虞集《道园学古录》卷三二,《四库全书·集部五·别集类四》)

长山晏氏族谱序
明吴与弼

昔者,长山晏海氏谒予小陂,从游近地之覆船冈、大同峡,咏归,甚欢也。继学于种湖,率弟漳与其群从渊源,连厥外姻累累而来。海方悉其力于早夜,而得病归矣。予寄诗有"颉颃多少金兰友,日日贤关迟早来"之句,海竟抱伯道之悲,以谢于世,不相闻问者十载。洎、溟绍其家学于小陂之三年,漳复携其子彦相与切磋之,而泾亦继至,岂独慰予之思,抑以快九泉之志焉。既而,漳等奉诸父宗衡、宗敬之命,以所修族谱请序,又悔平生所愿而未遂者,固予所乐道也。

晏氏其世次显晦,迁徙不常。讳墉者,唐咸通中举进士,卒官江西,始著籍高安。墉生延昌,自高安徙临川长乐乡之沙河。延昌生郜。郜生旦、固、谏、清、亮、聪、贞、渐。固生殊,是为元献公。旦以子贵,累赠少保、济南郡公。旦生洵,以兄殊荐主洪州丰城簿,累官至某官,赠光禄大夫;开国侯刘沆雅所推重。洵生奕,荫授大理评事,徙长山。奕生承。承生绍休,知道州江化县。绍休生光、元、免,各以经学显,号称三晏。元常州司法,尝尉淮阴,治剧有声。元生澈,秘书校勘。澈生绂、绩。绩字伯庸,尝续修其世谱,黄义刚善之。绂生执中。执中生慧老。慧老生安民。安民生霆。霆生梦洙。梦洙生天祐。天祐生继殊。继殊生珏、琦、琰、璿、玑。自洵以下,虽粗见历官,而事功多无所稽。通其旁支,可知大归者颖、洵辈凡十馀人。呜呼,晏氏可谓多才矣！任继序之重者，能无高山景行之心哉！

（明吴与弼《康斋集》卷九，《四库全书·集部六·别集类五》）

晏殊传
宋曾巩

晏殊，字同叔，抚州临川人。七岁善为文。景德初，李昉、张知白安抚江南，荐之，召试诗赋。进士出身。后二日，复试诗赋论，自言赋题已常为之。上喜其不欺，为改题。文成，称旨。擢正字，秘阁读书。丁父、母忧，皆特起复。仁宗封昇王，为记室；升储，为太子舍人，累擢知制诰、翰林学士。天圣三年，枢密副使。五年，罢。既而除御史中丞，改资政殿学士兼翰林侍读学士，除三司使，复枢密副使。未拜，改参知政事。章献太后崩，以礼部尚书罢知亳州、陈州，复为御史中丞、三司使。康定初，知枢密院事。未几，除枢密使。庆历二年，加平章事。三年，与章得象同相。四年，谏官孙甫、蔡襄弹奏所撰李宸妃墓铭不言上宸妃所生，及役兵治产事。除工部尚书，知颍州、应天府、许州。复观文殿学士，知永兴军、河南府，以疾请归京访医，留侍经筵，提举万寿观。卒年六十五，赠司空兼侍中，谥元献。真宗尝谓辅臣曰：''殊少年孤立，力学自奋，加以沉谨。京师赐酺京官，不预。会同辈召，出观不答。其弟颖，亦能属文，朕遣取所业，且戒殊勿为改窜。弟请润色，不之省，亦不言其故。周慎如此，信知其禀赋异也。''在三司时，元昊叛，陕西用兵。殊请罢监兵，仍不以阵图授诸将及募教弓箭手，又请出宫中无用之物以佐边费，由是悉罢他日之领财利者，还度支。初为枢密副使，从幸玉清昭应宫，怒从者持笏后至，击折其齿，缘是遂出。性刚峻简率如此。虽少富贵，奉养若寒士。当世贤士大夫，如范仲淹、欧阳修、孔道辅辈，皆出其门。其为文章赡丽，应用无穷。尤工风雅，才有馀思。子居厚、成（承）裕、知止、明远、祗德、幾道、传正。女适富弼、杨察。有文集二百四十卷。又有《临川集》《二州集》《二府集》。又取梁、陈至唐人文章为一集。既葬，御篆其神道碑云。（刘云：王介甫不得专临川矣。）

（旧题宋曾巩《隆平集》卷五"宰臣"，《四库全书·史部四·别史类》）

晏殊传

宋王称

晏殊,字同叔,抚州临川人也。七岁善属文,号神童。景德初,张知白安抚江西,荐之,得召试。又试诗赋论,殊自言:"臣尝私习此赋,不敢隐。"真宗异之,因试以它题。以为秘书省正字,置之秘阁,使得悉读秘阁书。明年,复献所为文。召试中书,为集贤校理。连丁家艰,真宗即其家起复。仁宗封昇王,以殊为记室参军。仁宗为皇太子,为舍人,擢知制诰,除翰林学士,为左庶子。真宗每所咨访,多以方寸小纸细书问之,由是参与机密。凡所对,必以其稿进,示不泄。真宗以谨密称之。章献明肃皇后权听军国事,宰相丁谓、枢密使曹利用,各欲独见奏事,无敢决其议者。殊建言:"群臣奏事太后者,垂帘听之;皆无得见。"议遂定。拜右谏议大夫兼侍读学士。天圣三年,以礼部侍郎为枢密副使,上疏论张耆不可为枢密使,由是忤章献旨;坐以笏击耆,折其齿,罢。留守南京,兴学校,延范仲淹,以教授诸生。天下兴学,自殊始。召拜御史中丞,改资政殿学士兼翰林侍读学士,为三司使。复拜枢密副使。未几,改参知政事。章献谒太庙,有请服衮冕者。章献以问殊。殊以《周官》后服对。初,章懿后上仙,殊撰志文,谓后无子。及仁宗亲政,以殊知江宁府。未行,改亳州,徙陈州。复召为御史中丞,又为三司使知枢密院事,拜枢密使加同中书门下平章事。庆历三年,遂以刑部尚书居相位,充集贤殿大学士,仍兼枢密使。自殊复召用,而赵元昊反,师出陕西,天下弊于兵。殊数建利害,请罢监军,无以阵图授诸将,使得应敌为攻守,及制财用为出入之要,皆有法。仁宗悉施行之。又请出宫中无用之物以佐边费,而财赋之职悉归有司。及居相府,时范仲淹、韩琦、富弼皆进用,至于台阁多一时之贤。仁宗既厌西兵,闵天下困弊,奋然有意,遂欲因群材以更治,数诏大臣条天下事。方施行,而小人权幸皆不便。四年秋,谏官孙甫、蔡襄,弹奏殊撰章懿皇后志文事,因言殊役官兵治邸舍,怀安苟且,无向公之心。遂罢,以工部尚书,知颍州。殊既以事罢,而仲淹等亦相次罢去。徙知陈州,又徙许州。迁户部尚书,拜观文殿大学士、知永兴军,徙河南府。以疾请归京师访医,留侍经筵,提举万寿观。卒,年六十三。赠司空兼侍中,谥曰元献。殊性刚峻,遇人以诚,虽处富贵,奉养如寒士,樽酒相对,欢如也。当世贤士大夫,如范仲淹、孔道辅、欧阳修等皆出其门,其择婿又得富弼、杨察。为文赡丽,应用无穷。尤工风雅,才有馀思。其笃学老而不倦。有文集二百四十卷,又集古今文章为《集选》二百卷。

（宋王称《东都事略》卷五六"列传三十九",《四库全书·史部四·别史类》）

晏殊传
宋黄震

同叔。父抚州手力节级。七岁善文。知滁州李虚己奇而妻之,年十三。真宗除正字,龙图阁读书。试神童,不欺君。答上以贫故,不能燕游。访几密,议章献当垂帘,论张耆不当为枢密。出守南京,兴学,延仲淹教授。天下兴学,自南京始。康定元年,相。而元昊反,请罢监军阵图,制财出入法,出宫中财佐边,财赋悉归右司。台阁多时贤。方共条天下事施行,而权幸不便。谏官孙甫、蔡襄论其役官兵治邸舍,罢。《言行录》载,仁宗怒其志宸妃言无子,赖夷简全之；既而,八大王言殊名在图谶上,又重怒,赖宋祁为学士争之；遂以役兵规利行词罢之。庆历四年,韩、范等相继去。刚峻,待人以诚。仲淹、道辅、欧公皆出其门。为相,益务进贤。婿富弼、杨察。笃学能文。

（宋黄震《古今纪要》卷一八,《四库全书·史部四·别史类》）

晏殊传
宋章定

宋朝晏殊,字同叔,抚州临川人也。七岁善属文,号神童。景德初,张知白安抚江西,荐之,得召试。又试诗赋论,殊自言:"臣尝私习此赋,不敢隐欺。"真宗异之,因试以他题。以为秘书省正字,置之秘阁,使得悉读秘阁书。明年,复献所为文,召试中书,为集贤校理。连丁家艰,归。真宗即其家起复之。仁宗封昇王,以殊为记室参军。至仁宗为皇太子,为舍人,擢知制诰,除翰林学士、左庶子。真宗每有所咨访,多以方寸小纸细书问之,由是参与机密。凡所对必以其稿进，秘不泄外，真宗以谨密称之。章献明肃皇后权听军国事，宰相丁谓、枢密使曹利用各欲独见奏事，无敢决其议者。殊建言："群臣奏事于太后者，垂帘听之；皆无得见。"议遂定。拜右谏议大夫兼侍读学士。天圣三年，以礼部侍郎为枢密副使。仁宗亲政，以殊知江宁府，未行，改亳州，徙陈州。复召为御史中丞，又为三司使，知枢密院事，拜枢密使加同中书门下平章事。庆历三年，遂以刑部尚书居相位，充集贤殿大学士，仍兼枢密使。罢以工部尚书知颍州，徙知陈州，又徙许州。迁户部尚书，拜观文殿大学士，知永兴军，徙河南府。以疾请归京师访医，留侍经筵，提举万寿观，卒谥元献。殊性刚峻，遇人以诚。虽处富贵，奉养如寒士，樽酒相对，欢如也。当世贤士大夫，如范仲淹、孔道辅、欧阳修等皆出其门，其择婿又得富弼、杨察。庆历中为宰相，尝因雪宴客，欧公豫焉。时西方用兵，欧公有诗云："可怜铁甲冷彻骨，四十馀万屯边兵。"次日，谏官蔡襄论其事，元献坐是罢相。公曰："裴度亦曾邀文士饮，韩退之但作诗云：'园林穷胜事，钟鼓乐清时。'几曾合闹如此。"

（宋章定《名贤氏族言行类稿》卷四五"人物"，《四库全书·子部十一·类书类》）

晏殊言行录

宋沈括

晏元献公为童子时，张文节荐之于朝廷，召至阙下。适值御试进士，便令公就试。公一见试题，曰："臣十日前已作此赋，有赋草尚在，乞别命题。"上极爱其不隐。及为馆职时，天下无事，许臣僚择胜燕饮。当时侍从文馆士大夫为燕集，以至市楼酒肆往往皆供为游息之地。公是时贫甚，不能出，独家居与昆弟讲习。一日迁东宫官，忽自中批除晏殊，执政莫谕所因。次日进复，上谕之曰："近闻馆阁臣僚，无不嬉游燕赏，弥日继夕，唯殊杜门与兄弟读书。如此谨厚，正可为东宫官。"公既受命，得对，上面谕除授之意。公语言质野，则曰："臣非不乐燕游者，直以贫，无可为之。臣若有钱，亦须往，但无钱不能出耳。"上益嘉其诚实。知事君体，眷注日深，仁宗朝卒至大用。

（宋沈括《梦溪笔谈》卷九，《四库全书·子部十·杂家类三》）

晏殊言行录
宋朱熹

晏殊,元献公,字同叔,抚州人。以神童召试,相仁宗。公父本抚州手力节级。公幼能文,杨大年以闻,时年十二。真宗面试诗赋,疑其宿搆;明日,再试,文采愈美,上大奇之,即除秘书省正字,令于龙图阁读书。公为童子时,张文节荐之于朝。召至阙下,适值御试进士,便令公就试。公一见试题,曰:"臣十日前已作此赋,有赋草尚在,乞别命题。"上极爱其不隐。及为馆职时,天下无事,许臣僚择胜燕饮。当时侍从文馆士大夫各为宴集,以至市楼酒肆,往往皆供帐为游息之地。公时贫甚,不能出,独家居,与兄弟讲习。一日,选东宫官,忽自中批除晏殊,执政莫谕所因。次日进复,上谕曰:"近闻馆阁臣僚无不嬉游宴赏,弥日继夕;惟殊杜门,与兄弟读书。如此谨厚,正可为东宫官。"公既受命,得对,上面谕除授之意。公语言质野,对曰:"臣非不乐宴游者,直以贫,无可为之具。臣若有钱,亦须往,但无钱不能出耳。"上益嘉其诚实,知事君体。眷注日深,仁宗时卒至大用。(沈括《梦溪笔谈》)

公留守南京,大兴学校,以教诸生。自五代以来,天下学废。兴,自公始。(欧阳修《神道碑》)

章懿之崩,李淑护葬。公撰志文,言生女一人,早卒,无子。仁宗恨之,及亲政,内出志文以示宰相曰:"先后诞育朕躬,殊为臣子,安得不知?乃言生一公主又不育,此何意也?"吕文靖曰:"殊固有罪。然宫省事秘,臣备位宰相,是时虽略知之,而不得其详。殊之不审,理容有之。然方章献临御,若明言先后实生圣躬,事得安否?"上默然良久,命出殊守金陵。明日以为远,改守南都。及殊作相,八大王疾革。上亲往问疾,王曰:"叔久不见官家,不知今谁作相?"上曰:"晏殊。"王曰:"名在图谶,胡为用之?"上归,阅视图谶,得成败之语,并记志文事,欲重黜之。宋祁为学士,当草白麻,争之;乃降二官、知颍州。词曰:"广营产以殖资,多役兵而规利。"以他罪罗织之。殊免深谴,祁之力也。(苏辙《龙川别志》)

自公复召用,而元昊反,师出陕西,天下弊于兵。公数建利害,请罢监军兼以阵图授诸将,使得应敌为攻守,及制财用为出入之要,皆有法。天子悉为施行。(欧阳修《神道碑》)

　　公未尝为子弟求恩泽。在陈州,上问宰相曰:"晏殊居外,未尝有所请,其亦有所欲耶?"宰相以告公。公自为表,问起居而已。故薨,上尤哀之。(欧阳修《神道碑》)

　　　　(宋朱熹《宋名臣言行录·前集》卷六,《四库全书·史部七·传记类》)

晏殊言行录三则
宋王铚

　　晏元献自西京以久病,请归京师,留置讲筵。病既革,上将临问之。甥杨文仲谋谓:凡问疾大臣者,车驾既出,必携纸钱,盖已膏肓或遂不起,即以吊之,免万乘再临也。遂奏:"臣病稍安,不足仰烦临问。"仁宗然之。实久病,忌携奠礼以行,然后数日即薨。故欧公作《神道碑》言:"明年正月,疾作不能朝,饬太医朝夕视。有司除道,将幸其家。公叹曰:'吾无状,乃以疾病忧吾君。'即奏:'臣疾少间,行愈矣。'乃止。丁亥,以公薨闻,以不即视公为恨。"盖此意也。

　　王荆公于杨寘榜下第四人及第。是时晏元献为枢密使,上令十人往谢。晏公俟众人退,独留荆公。再三谓曰:"廷评乃殊乡里,久闻德行乡评之美,况殊备位执政,而乡人之贤者取高科,实预荣焉。"又曰:"休沐日相邀一饭。"荆公唯唯。既出,又使直省官相约饭会,甚殷勤也。比往时,待遇极至。饭罢又延坐,谓荆公曰:"乡人他日名位如殊坐处,为之有馀矣。"且叹慕之,又数十百言。最后曰:"然有二语欲奉闻,不知敢言否?"晏公言至此,语欲出而拟议久之。晏公泛谓荆公曰:"能容于物,物亦容矣。"荆公但微应之,遂散。公归至旅舍,叹曰:"晏公为大臣,而教人以此,何其卑也。"心颇不平。荆公后罢相,其弟和甫知金陵时说此事,且曰:"当时我大不以为然。我在政府,平生交友,人人与之为敌,不保其终。今日思之,不知晏公何以知之?复不知'能容于物,物亦容焉'二句有出处,或公自为之言也。"

晏元献以前两府作御史中丞,知贡举,出《司空掌舆地之图赋》。既而举人上请者,皆不契元献之意。最后一目眊瘦弱少年独至帘前,上请云:"据题出《周礼·司空》。郑康成注云:'如今之司空掌舆地图也。'若周司空,不止掌舆地之图而已。若如郑说'今司空掌舆地之图也',汉司空也;不知做周司空与汉司空也?"元献微应曰:"今一场中,唯贤一人识题,正谓汉司空也。"盖意欲举人自理会得,寓意于此。少年举人乃欧阳公也,是榜为省元。

（宋王铚《默记》。分见卷上、卷中,《四库全书·子部十二·小说家类一》）

晏殊佚闻一则
宋吴曾
元献公杨侍郎梦

晏元献公晚年梦乘白马渡长桥。中渡桥断,白马奔逸,公堕桥上,马独登天。俄而公薨。次年,公婿杨侍郎察,梦与公对饮,七行而罢。杨公起视庭下奏乐人拥从,皆纸人也。寤而告其夫人,因曰:"我必弃世。"未几,果薨。

（宋吴曾《能改斋漫录》卷一八,《四库全书·子部十·杂家类二》）

晏殊佚闻一则
宋魏泰

苗振以第四人及第,既而召试馆职。一日,谒晏丞相。晏语之曰:"君久从吏事,必疏笔砚。今将就试,宜稍温习也。"振率然答曰:"岂有三十年为老娘而倒孩儿者乎?"晏公俯而哂之。既而试《泽宫选士赋》,韵押有王字。振押之曰:"率土之滨,莫非王。"由是不中选。晏公闻而笑曰:"苗君竟倒孩儿矣。"

（宋魏泰《东轩笔录》卷七,《四库全书·子部十二·小说家类一》）

晏殊生平及文集一则
宋晁公武

右皇朝晏殊,字同叔,临川人。景德三年张知白荐,得召,赐同进士出身。再试文,擢秘书正字,为昇王府记室,累擢知制诰、翰林学士。宝元三年,拜平章事,坐撰李宸妃墓铭不言上宸妃所出及役共治产事,四年,罢知颍川,历陈、许、雍、洛,以疾归,侍经席。卒。性刚峻,幼孤,笃学为文,温纯应用。尤长于诗,抒情寓物,辞多旷达。当世贤士,如范文正公、欧阳文忠皆出其门。女适富郑公、杨察。世称召其知人云。集有两本,一本自作序。

(宋晁公武《郡斋读书志》卷四中(袁州本):"晏元献《临川集》三十卷《紫微集》一卷。"《四库全书·史部十四·目录类一》)

晏殊言行一则
宋范仲淹

公以晏元献荐,入馆,终身以门生事之,后虽名位相亚,亦不敢少变。庆历末,晏公守宛丘,文正过南阳,道过,特留欢饮数日,其书题门状犹称门生。将别,投诗云"曾入黄扉陪国论,却来绛帐受师资"之句,闻者皆叹伏。

(宋范仲淹《范文正公集言行拾遗事录》卷一,《四部丛刊初编·集部》)

晏殊言行一则
宋张耒

晏元献镇亳,外祖李公以著作佐郎实为谯令。元献虽以故相守藩位,貌尊贵,而与外祖友,赋诗饮酒,朝夕不舍,忘其位之有尊卑也。方是时,太平积年,内外无事,会卿大臣皆一时文章豪杰之士,优游宴息,往往喜与诗人文士谈笑述作,观其指物摭事,皆慨然自托于不朽之意。而至于今世之君子皆喜道之,可谓盛矣。方是时,外祖以文章有名,而诗尤传于人,一时名臣多致恭愿交。而尝赋诗,称少日知己惟晏、范。故元献及文正往来诗居多焉。

(宋张耒《张右史文集》卷四七"《记外祖李公诗卷后》",《四部丛刊初编·集部》)

晏殊言行一则
宋龚鼎臣

天禧中,真宗已不豫,但患曹利用在西枢跋扈、丁谓在中书弄权。

一日,召知制诰晏殊坐,赐茶,言曹利用与太子太师丁谓与节度使并令出。殊对曰:"是欲令臣作诰词。"上颔之。殊曰:"臣是知制诰,除节度使等,并须学士院操白麻,乞召学士。"真宗点汤既,起即召翰林学士钱惟演。惟演遂救此二人。来日,却除曹利用使相,依旧枢密使;丁谓拜相。仍先露此意与二人,云"自有回天之力"。既而惟演遂除枢密副使。晏相尝说与王哲学士。

(宋龚鼎臣《东原录》,《四库全书·子部十·杂家类三》)

晏殊言行二则
宋无名氏

公言:晏丞相自云,观书遇事有可用者,必准度所宜使处,然后默记。如未获用者,心常恨之,他日临文,速不废忘。

(宋无名氏《王氏谈录》之《晏相观书》,《四库全书·子部十·杂家类三》)

是时,晏丞相为留守,方修后圃,而使诸曹掾赋驯鹤小池。户曹掾玉,初邀同赋。既成,并上临淄公。公喜,遇之甚厚。及临淄公还朝,力荐为应天府学讲书。语在公"家传"中。

(同上书,《相知之厚》)

晏殊言行一则
宋江休复

晏相言:作知制诰,误宣入禁中,真宗已不豫,出一纸文字。视之,乃除拜数大臣。奏:"臣是外制,不敢越职。"颔之。须臾,召到学士钱惟演。晏奏:"臣恐泄漏,乞宿学士院。"翌同麻出,皆非向所见者。深骇之,不敢言。

(宋江休复《嘉祐杂志》,《四库全书·子部十二·小说家类一》)

晏殊言行二则
宋苏象先

祖父言:吾少在洪州,假黄庠《建章集》百馀卷,所谓'千门万户'

者。后曾祖为三司判官，晏元献为使，每剪笺简之馀置案上，得异事、闻奇字即抄之，贴以大册，或以签贴之，每用一事即除去；后积甚多，次第编入抄类，或谓之《类选》云。晏乃邀黄至门下，他客尚数十人。使抄节史书，黄去取之。晏公出于一手编定。

（宋苏象先辑《丞相魏公谭训》卷四，《四部丛刊三编·子部》）

时晏元献为三司使，凌公以蔡赋呈之。元献甚喜，曰："高解不出二十名，又十日前所示赋甚佳，必不出十人。"及榜将出，晏公曰："蔡襄赋必第一人。今岁名名所作，世人皆见之，无逾襄者。"榜出，果第一，遂致通显，凌公力也。

（宋苏象先辑《丞相魏公谭训》卷六，《旧部丛刊三编·子部》）

晏殊言行一则
宋司马光

晏丞相殊留守南京。仲淹遭母忧，寓居城下，晏公请掌府学。……时晏殊亦在京师，荐一人为馆职。（王）曾谓殊曰："公知范仲淹，舍不荐，而荐斯人乎？己为公置不行，宜更荐仲淹也。"殊从之。遂除馆职。顷之，冬至立仗，礼官定议欲媚章献太后，请天子帅百官献寿于庭。仲淹奏以为不可。晏殊大惧，召仲淹怒责之，以为狂。仲淹正色抗言曰："仲淹受明公误知，常惧不称，为知己羞，不意今日更以正论得罪于门下也。"殊惭，无以应。

（宋司马光《涑水记闻》卷一〇，《四库全书·子部十二·小说家类一》）

晏殊言行一则
宋施德操

晏元献为宰相兼枢密使，范文正参知政事，韩魏公、富郑公枢密副使，一时人物之盛如此。而范、韩二公与元献有旧，故荐之。而富公，其婿也。元献以嫌欲避位，而仁宗不许。夫宰相用人，正当如此，顾人才何如耳？安问亲旧乎？

（宋施德操《北窗炙輠录》卷上，《四库全书·子部十二·小说家类一》）

晏殊言行一则
宋许顗

王君玉内翰初登第,调扬州江都县。令题九曲池,诗云:"越调隋家曲,当年亦九成。哀音已亡国,废沼尚留名。仪凤终沉影,鸣蛙祇沸声。凄凉不可问,落日背芜城。"晏元献阅诗,赏叹,荐为馆职。

(宋许顗《彦周诗话》,《四库全书·集部九·诗文评类》)

晏殊言行二则
宋释文莹

晏元献公撰《章懿太后神道碑》,破题云:"五岳峥嵘,昆山出玉;四溟浩渺,丽水生金。"盖言诞育圣躬,实系懿后。奈仁宗夙以母仪事明肃刘太后,膺先帝拥佑之托,难为直致,然才者则爱其善比也。独仁宗不悦,谓晏曰:"何不直言诞育朕躬,使天下知之。"晏公具以前意奏之。上曰:"此等事卿宜置之,区区不足较,当更别改。"晏曰:"已焚草于神寝。"上终不悦。

(宋释文莹《湘山野录》卷上,《四库全书·子部十二·小说家类一》)

晏殊相,年七岁自临川诣都下求举神童。时寇莱公出镇金陵,殊以所业求见。莱公一见器之。既辞,命所乘赐马鞯辔,送还旅邸。复谕之曰:"马即还之,鞯辔奉资桂玉之费。"知人之鉴,今鲜其比。

(宋释文莹《湘山野录·续湘山野录》,《四库全书·子部十二·小说家类一》)

晏殊家事一则
宋张耒

夫人王氏,曾祖沔,事太宗、真宗,为执政号名臣。祖睦,尚书司勋员外郎。父乙,尚书库部员外郎、库部主簿。于咸平时,夫人年十六,丞相晏元献闻其贤,为子虞部君娶之。夫人家中微起嫔相门,能以礼自持接,上下有则堂无姑。夫人宰家事内外,无不允者。元献尝曰:"吾无忧矣。"……元献薨时,仁宗临奠,面赐冠帔。……以某年某月葬颍昌阳翟旧学乡,合于虞部之墓。

（宋张耒《柯山集》卷五〇《王夫人墓志铭》，《四库全书·集部三·别集类二》）

晏殊家事一则
宋刘攽

永安县君张氏者，相国晏元献公之冢妇、祠部郎中成裕之嫡妻也。夫人家世河南人。曾祖谊，为中书舍人赠工部尚书。祖去华，工部侍郎赠司徒。父师皋，驾部员外郎。初，元献公自枢府罢，以某官知陈州事。驾部君才为州节度推官。元献为子择妇，独以张氏为宜。而驾部君亦自以家世华显，思女之才，不以大小敌否为间也。及归，果称良妇，事舅姑以孝闻。元献薨，有三男子、四女子幼稚，夫人养毓调护，皆至成立，娶妇、嫁夫。盖其勤瘁置力，凡三十馀岁云。

（宋刘攽《彭城集》卷三九《永安县君张氏墓志铭》，《四库全书·集部三·别集类二》）

晏殊家事一则
宋侯君素

晏元献家老乳媪燕婆，在晏氏数十年，一家颇加礼。既死，犹以时节祭之。尝见梦曰："冥间甚乐，但衰老，须人扶持，苦乏人耳。"其家为画二妇人，焚之。又梦曰："受赐多矣，奈软弱不中用何？"其家叹异，命匠为厚纸格绘二美婢。他日又梦来谢曰："新婢绝可人意，今不寂寞矣。"明年寒食，家人上冢，妇复梦曰："向所得婢，今又舍我去。"曰："何得尔？"曰："初不欲言，以少年淫荡，皆为燕三诱去。"家人曰："燕三，人也，安有是？"曰："今亦来矣。"曰："然则当为办之，不难也。"明日，相语，皆大笑。燕三，媪侄也，素不检。媪死，不复往来，莫知其存亡。遣人访之，果死矣。遂复画二老者与之。又来致谢。盖前后五梦，得二老婢而去。

（宋侯君素《旌异记》，明陶宗仪《说郛》卷一一八上引，《四库全书·子部十·杂家类五》）

晏殊佚闻 二则
宋 欧阳修

晏元献公清瘦如削,其饮食甚微,每析半饼,以箸卷之,抽去其箸,内捻头一茎而食(一有之字)。此亦异于常(一无此字)人也。

(欧阳修《欧阳文忠公文集·归田录》卷一,《四部丛刊初编·集部》)

晏元献公以文章名誉,少年居富贵,性豪俊,所至延宾客,一时名士多出其门。罢枢密副使,为南京留守,时年三十八。幕下王琪、张亢,最为上客。亢体肥大,琪目为牛;琪瘦骨立,亢目为猴。二人以此自相讥诮。琪尝嘲亢曰:"张亢触墙成八字。"亢应声曰:"王琪望月叫三声。"一坐为之大笑。

(宋欧阳修《欧阳文忠公文集·归田录》卷一,《四部丛刊初编·集部》)

晏殊佚闻 四则
宋 魏泰

曾谏议致尧性刚介,少许可。一日,在李侍郎虚己坐上,见晏元献公。晏,李之婿也,时方为奉礼郎。谏议熟视之,曰:"晏奉礼他日贵甚,但老夫耄矣,不及见子为相也。"

(宋魏泰《东轩笔录》卷三,《四库全书·子部十二·小说家类一》)

曾布以翰林学士权三司使,坐言市易事落职,知饶州。舍人许将当制,颇多斥词。制下,将往见曾而告:"始得词头,深欲缴纳。又思之衅隙如此,不过同贬耳,于公无所益也,遂黾勉为此。然其中语言颇经改易,公他日当自知也。"曾曰:"君不闻宋子京之事乎?昔晏元献当国,子京为翰林学士。晏爱宋之才,雅欲旦夕相见,遂税一第于旁近,延居之,其亲密如此。遇中秋,晏公启宴,召宋,出妓,饮酒赋诗,达旦方罢。翌日罢相,宋当草词,颇极诋斥,至有'广营产以殖私,多役兵而规利'之语。方子京挥毫之际,昨夕余醒尚在,左右观者亦骇叹。盖此事由来久矣,何足校耶!"许亦怃然而去。

(宋魏泰《东轩笔录》卷一〇,《四库全书·子部十二·小说家类一》)

庆历中,西师未解,晏元献公殊为枢密使。会大雪,欧阳文忠公与陆学士经同往候之。遂置酒于西园,欧阳公即席赋《晏太尉西园贺雪歌》,其断章曰:"主人与国共休戚,不惟喜悦将丰登。须怜铁甲冷彻骨,四十馀万屯边兵。"晏深不平之,尝语人曰:"昔者韩愈亦能作言语,每赴裴度会,但云'园林穷胜事,钟鼓乐清时',却不曾如此作闹。"

（宋魏泰《东轩笔录》卷一一,《四库全书·子部十二·小说家类一》）

　　晏元献判西京,范希文以大理寺丞丁忧,权掌西监。一日,晏谓范曰:"吾一女,及笄,仗君为我择婿。"范曰:"监中有举子富皋、张为善,皆有文行,他日皆至卿辅,并可婿也。"晏曰:"然则孰优?"范曰:"富修谨,张疏俊。"晏曰:"唯。"即取富皋为婿。皋后改名,即丞相郑国富公弼。

（宋魏泰《东轩笔录》卷一四,《四库全书·子部十二·小说家类一》）

晏殊佚闻一则
宋邵伯温

　　晏元献公为相,求婚于文正。文正曰:"公之女若嫁官人,某不敢知。必求国士,无如富某者。"元献一见公,大爱重之,遂议婚。公亦继以贤良方正登第。

（宋邵伯温《邵氏闻见录》卷九,《四库全书·子部十二·小说家类一》）

晏殊佚闻二则
宋邵博

　　晏公不喜欧阳公,故欧阳公自分镇叙谢,有曰:"出门馆不为不旧,受恩知不为不深,然足迹不及于宾阶,书问不通于执事。岂非飘流之质,愈远而弥疏;孤拙之心,易危而多畏。动常得咎,举辄累人。故于退藏,非止自便;偶因天幸,得请郡符。问遗老之所思,流风未远;瞻大邦之为殿,接壤相交。"晏公得之,对宾客占十数语,授书史作报。客曰:"欧阳公有文声,似太草草。"晏公曰:"答一知举时门生,已过矣。"

（宋邵博《邵氏闻见后录》卷一五,《四库全书·子部十二·小说家类一》）

张侍中耆遗言厚葬,晏丞相殊遗言薄葬。二公俱葬阳翟。元祐中,同为盗所发。侍中圹中,金玉犀珠充塞,盗不近其棺,所得已不胜负,皆列拜而去。丞相圹中,但瓦器数十。盗怒不酬其劳,斫棺,取金带,亦木也。遂以斧碎其骨。厚葬免祸,薄葬致祸。杨王孙之计,疏矣。

（宋邵博《邵氏闻见后录》卷二二,《四库全书·子部十二·小说家类一》）

晏殊佚闻 三则
宋王明清

晏元献夫人王氏,国初勋臣超之女、枢密使德用之妹也。元献婿,富郑公也。郑公婿,冯文简。文简孙婿,蔡彦清、朱圣予。圣予女适滕子济,俱为执政。元献有古砚一,奇甚,王氏旧物也。诸女相授,号传婿砚,今藏滕氏。朱之孙女适洪景严,近又登二府,亦盛事也。又有古犀带一,亦元献旧物,今亦藏滕氏。明清尝于子济子琪处见之。

（宋王明清《挥麈录·前录》卷二,《四部丛刊续编·子部》）

（太祖）建国号大宋,升府曰应天。晏元献为留守,以诗题庙中,云:"炎宋肇英祖,初九方潜鳞。尝用蓍蔡占,来决天地屯。庚契大横兆,馨咳如有闻。"

（宋王明清《挥麈录·后录》卷一,《四部丛刊续编·子部》）

晏元献父,名固。在相位,有朝士乃固始人,往谒元献。问其乡里,朝士曰:"本贯固县。"元献怒曰:"岂有人而讳'始'字乎?"盖其始本欲避之,生犴误以应也。

（宋王明清《挥麈录·后录》卷六,《四部丛刊续编·子部》）

晏殊佚闻一则
宋朱彧

蔡景蕃与晏元献,俱五六岁以神童侍仁宗于东宫。元献自初耿介,蔡最柔媚。每太子过门阃高者,蔡伏地令太子履其背而登。既践阼,元献被知遇,至宰相。蔡竟不大用,以旧恩常领郡,颇不循法令;或被劾取旨,上识其姓名,必曰:"藩邸旧臣,且令转官。"凡更四朝,元符初致仕,已八十岁矣。监司荐之,乞落致仕与宫祠,其辞略云:"蔡某年八十岁,食禄七十五年。"余谓人生名位固可得,罕得绵长如此者。

(宋朱彧《萍洲可淡》卷一,《四库全书·子部十二·小说家类一》)

晏殊佚闻一则
宋佚名

晏元献为京兆,辟张先为通判,新纳侍儿,公甚属意。先字子野,能为诗词,公雅重之。每张来,即令侍儿出侑觞,往往歌子野所为之词。其后王夫人寖不容,公即出之。一日,子野至,公与之饮。子野作《碧牡丹》词,令营妓歌之,有云"望极蓝桥,但暮云千里。几重山,几重水"之句。公闻之怃然,曰:"人生行乐耳,何自苦如此?"亟命于宅库支钱若干,复取前所出侍儿。既来,夫人亦不复谁何也。

(宋佚名《道山清话》,《四库全书·子部十二·小说家类一》)

晏殊佚闻一则
宋蔡绦

晏元献、李邦颖自为童子,秀巎有声。后真宗闻之,召试翰林院,赋宫沼瑞莲,赐出身,授奉礼郎。颖闻报,闭书室高卧。家人裹饭呼之,久弗应。折关就视,则已蜕去。旁得书一纸云:"江外三千里,人间十八年。此时谁复见,一鹤上辽天。"时年十八。

(宋蔡绦《西清诗话》卷下,张伯伟编校《稀见本宋人诗话四种·明抄本西清诗话》,第227页,江苏古籍出版社,2002年)

晏殊佚闻 一则
宋庞元英

膳部鲁郎中言:昔年陈州有女妖,自云孔大娘,每昏夜于鼓腔中与人语言,尤知未来事。时故相晏元献公守陈,方制小词一阕,修改未定,而孔大娘已能歌矣。又何怪也!

(宋庞元英《文昌杂录》卷一,《四库全书·子部十·杂家类三》)

晏殊佚闻 一则
旧题宋孔平仲

晏丞相知南京,王琪、张亢为幕客。泛舟湖中,只以诸妓自随。晏公把舵,王、张操篙。琪,南方人,知行舟次第,至桥下,故使船触柱而横,厉声呼曰:"晏艄使舵不正也!"

(旧题宋孔平仲《谈苑》卷三,《四库全书·子部十二·小说家类一》)

晏殊佚闻 六则
宋王铚

世传王迥遇女仙周瑶英事,或言非实,托寓而为之耳。是诚不然。当斯时,盛传天下,禁中亦知。是时,皇储屡夭。晏元献为相,一日,遣人请召迥之父郎官王璐至私第,款密久之,王璐不测其意。忽问曰:"贤郎与神仙游,其人名在帝所,果否?"王璐惊惶,不知所对,徐曰:"此子心疾,为妖鬼所凭,为家中之害,所不胜言。"晏曰:"无深讳。不知每与贤郎言未来之事,有验否?"王瑶对曰:"间有后验,而未常问也。"晏曰:"此上旨也。上令殊呼郎中密托令,似以争太子屡夭,深轸上心,试于帝所,问早晚之期与后来王子还得否。"王璐曰:"不敢。"辞。后数日,来云:"密言漫令小子问之。小子言其人亲到九天,见主典簿籍者;言圣上若以族从为嗣,即圣祚绵久,未见诞育之期也。虽其言若此,愿相公勿以为信,以保家族。"晏公默然。其后,闻所奏者,亦不敢尽言。富郑公,乃晏婿也。富公为宰相,皇子犹未降,故与文潞公、刘丞相、王文忠首进建储之议,盖本诸此。

(宋王铚《默记》卷上,《四库全书·子部十二·小说家类一》)

晏元献守长安。有村中富民异财,云:素事玉髑髅,因大富;今弟兄异居,欲分为数段。元献取而观之,自额骨左右皆玉也,瑰异非常者可比。公见之,喟然叹曰:"此岂得于华州蒲城县唐明皇泰陵乎?"民言:其祖实于彼得之也。元献因为僚属言:唐小说,唐玄宗为上皇,迁西内,李辅国令刺客夜携铁槌击其脑。玄宗卧未起,中其脑,皆作磬声。上皇惊谓刺者曰:"我固知命尽于汝手,然叶法善曾劝我服玉,今我脑骨皆成玉;且法善劝我服金丹,今有丹在,固自难死。汝可破脑取丹,我乃可死矣。"刺客如其言取丹,乃死。
（宋王铚《默记》卷上,《四库全书·子部十二·小说家类一》）

李宗易郎中,陈州人,诗文、琴棋、游艺皆妙绝过人,前辈中名士也。晏临淄公为陈守,属伏暑中,同诸客集于州之后囿。时炎曦赫然,晏公叹曰:"江南盛冬烘柿,当此时得而食之,应可涤暑也。"宗易忽对曰:"此极易致,愿借四大食盒。"公大惊,遽令取之。宗易起,入于堂之西房,令取盒,复掩关,少刻而出,振衣就席,徐曰:"可令开盒。"如言,烘柿四盒俱满,正如盛冬初熟者,霜粉蓬勃。分遗众客及其家,靡不沾足。晏公曰:"此人能如此,甚事不可做?"自是遂疏之。
（宋王铚《默记》卷上,《四库全书·子部十二·小说家类一》）

王荆公于杨寘榜下第四人及第。是时,晏元献为枢密使,上令十人往谢。晏公俟众人退,独留荆公,再三谓曰:"廷评乃殊乡里,久闻德行乡评之美。况殊备位执政,而乡人之贤者取高科,实预荣焉。"又曰:"休沐日,相邀一饭。"荆公唯唯。既出,又使直省官相约饭会,甚殷勤也,比往时待遇极至。饭罢,又延坐,谓荆公曰:"乡人他同名位如殊坐处,为之有馀矣。"且叹慕之又数十百言,最后曰:"然有二语欲奉闻,不知敢言否?"晏公言'至此,语欲出而拟议久之。晏公泛谓荆公曰:"能容于物,物亦容矣。"荆公但微应之,遂散。公归至旅舍,叹曰:"晏公为大臣,而教人以此,何其卑也!"心颇不平。荆公后罢相,其弟和甫知金陵,时说此事,且曰:"当时我大不以为然。我在政府,平生交友,人人与之为敌,不保其终。今同思之,不知晏公何以知之?复不知'能容于物,物亦容焉'二句有出处,或公自为之言也。"

(宋王铚《默记》卷中,《四库全书·子部十二·小说家类一》)

庆历三年,御试进士,时晏元献为枢密使。杨察,晏婿也,时自知制诰,避亲勾当三班院。察之弟寘,时就试毕,负魁天下望。未发榜间,将先宣示两府,上十人卷子。寘因以小赋求察,问晏公己之高下焉。晏公明日入对,见寘之赋已考定第四人,出,以语察之。察以报寘。而寘试罢与酒徒饮酒肆,闻之以手击案,叹曰:"不知那个卫子夺吾状元矣!"

(宋王铚《默记》卷下,《四库全书·子部十二·小说家类一》)

晏元献罢相,守颍州。二日,有岐路人献杂手艺者,作踏索之技。已而掷索向空,索植立,遂缘索而上,快若风雨,遂飞空而去,不知所在。公大骇,莫测。已而守衙排军白公曰:"顷常出戍,曾见此等事,但请合郡谯门大索,必获。盖斯等妖术,未能遽出府门也。"公如请,戒众兵曰:"凡遇非衙中旧有之物,即以斧斫之。"既周视,无有。最后于马院旁,一卒曰:"旧有系马柱五枚,今有六枚,何也?"亟斫之,而大呼,乃人尔。遂获妖人。

(宋王铚《默记》卷下,《四库全书·子部十二·小说家类一》)

晏殊佚闻一则
宋程大昌

晏丞相尝笼生鹅,饷梅圣俞。圣俞以诗谢之,曰:"昔居凤池上,曾食凤池萍。乞与江湖客,从教养素翎。"丞相得诗,不悦。

(宋程大昌《演繁露·续集》卷四《凤池鹅》,《四库全书·子部十·杂家类二》)

晏殊佚闻五则
宋叶梦得

晏元宪公虽早富贵,而奉养极约;惟喜宾客,未尝一日不燕饮,而盘馔皆不预办，客至旋营之。顷有苏丞相子容，尝在公幕府，见每有嘉客必留，但人设一空案、一杯。既命酒，果实蔬茹渐至，亦必以歌乐相佐，谈笑杂出。数行之后，案上已灿然矣。稍阑，即罢遣歌乐曰："汝曹呈艺已遍，吾当呈艺。"乃具笔札，相与赋诗，率以为常。前辈风流，未之有比。

（宋叶梦得《避暑录话》卷上，《四库全书·子部十·杂家类三》）

晏元宪平居，书简及公家文牒未尝弃一纸，皆积以传书。虽封皮，亦十百为沓。暇时，手自持熨斗，贮火于旁，炙香匙亲熨之，以铁界尺镇案上。每读得一故事，则书以一封皮，后批门类，按书吏传录，盖今《类要》也。王莘乐道："尚有数十纸，余及见之。"

（宋叶梦得《避暑录话》卷上，《四库全书·子部十·杂家类三》）

晏元献、杨文公皆神童。元献十四岁，文公十一岁，真宗皆亲试以九经，不遗一字。此岂人力可至哉！神童不试文字，二公既警绝，乃复命试以诗赋。元献题目适其素尝习者，自陈请易。文公初试一赋，立成，继又请；至五赋乃已。皆古所未闻也。

（宋叶梦得《避暑录话》卷上，《四库全书·子部十·杂家类三》）

仁庙初即位，秋宴百戏。有缘撞竿者忽坠地，碎其首死。上恻然怜之，命以金帛厚赐其家，且诏：自是撞竿，减去三之一。晏元献作诗纪之，曰："君王特轸推沟念，诏截危竿横赐钱。"余往在从班侍燕时，见百戏撞竿才二丈馀，与外间绝不同。一老中贵人为余言。后阅元献诗，果见之。庙号称"仁"，信哉！

（宋叶梦得《避暑录话》卷下，《四库全书·子部十·杂家类三》）

吕许公初荐富韩公出使。晏元献为枢密使，富公不以嫌辞，晏公不以亲避，爱憎议论之际，卒无秋毫。窥其间者，其直道自信不疑，诚难能也。及使还，连除资政殿学士，富公始以死辞，不拜。虽义固当然，其志亦有在矣。未几，晏公为相，富公同除枢密副使。晏公方力陈求去,不肯并立。仁宗不可,遂同处二府。前盖未有比也。

（宋叶梦得《避暑录话》卷下,《四库全书·子部十·杂家类三》）

晏殊佚闻一则
宋孙升

王青,晏元献公门下常卖人,自号王实头。常遇奇士,传一相术,时时相公之奴婢,辄中。夫人一日呼至堂下,青遽相其女,曰:"此国夫人也。"夫人笑曰:"为我择一佳婿。"青应声曰:"恰有一秀才,姓富,须做宰相,明年状元及第,在兴国寺下。"元献退朝,夫人具道其事,使人通好。明年,富黜于春官。晏以青为妄,大悔之。未几,富中大科,恩比状元,即大丞相郑公也。

（宋孙升《孙公谈圃》卷上,《四库全书·子部十二·小说家类一》）

晏殊佚闻一则
宋高晦叟

富文忠、杨隐甫,皆晏元献公婿也。公在二府日,二人已升贵仕。富每诣谒,则书室中会话竟日,家膳而去。杨或来见,则坐堂上置酒,从容出姬侍,奏弦管、按歌舞以相娱乐。人以是知公待二婿之重轻也。二婿之功名年位,亦自不相伦矣。

（宋高晦叟《珍席放谈》卷下,《四库全书·子部十二·小说家类一》）

晏殊佚闻一则
宋吴曾

元献晏公为丞相时,作新第于城南。时钱思公镇西洛,晏求牡丹于思公。公以绝句并花寄晏,云:"名花封殖在秋期,翠石丹萱幸可依。华馆落成和气动,便随桃李共芳菲。"

（宋吴曾《能改斋漫录》卷一一《钱思公寄晏元献牡丹绝句》,《四库全书·子部十·杂家类二》）

晏殊佚闻一则
宋刘克庄

旧说晏元献公清俭,凡书简首尾空纸,皆手剪熨,置几案以备用。富公此简仅阔三寸,而布置七行百馀字,若书生灯下作绳头者。意者二公性相似欤?谚云:"党进用纸一幅,写一姜字不尽"。惜不令见此字。

(宋刘克庄《后村先生大全集》卷一○三《富郑公》,《四部丛刊初编·集部》)

附录二

祭悼

司空侍中临淄公晏殊谥元献

宋苏颂

大理寺丞、馆阁校勘、同知礼院苏某议曰：终官繇三品而上，得以谥易名，非特宠贵臣而假优礼，将以因恤典而示劝监。举字之美恶，视行之贤否，至公之道也。其法曰："主善行德曰元，文贤有成曰献。"惟二义之美，合于故相司空、临淄公之行为，宜矣。司空神机警异，器蕴夙就，初起江介，已被先帝知奖，训言敦勉许以远至。历文馆，登掖垣，翼储闱，直禁署，宠荣便蕃，待遇莫贰。圣皇纂嗣，注意图旧，乃践枢极，乃赞冢卿，出藩入辅，垂二十年而至于大任。若其操履端固，议论诚悫。居官任职，所至有声。谠言嘉谟，入则造膝。辟在近密，见谓忠谨如张少儒。居朝位，除拟公当若崔贻孙。至于好贤乐善，特出天性。平生以风鉴自许，未尝用喜愠加人，此又人之难能也。故士或被荐用者，至有十数年间跻显途，置廊庙：若故范文正实同列台司，孔给事尝代为御史；又称今观文富公于上，使报邻聘，亦不以亲疑为间。昔胡广与陈蕃并为三司，汉史纪之；谢安引从子幼度往备北陲，晋人为善焉。较之前良，在我无愧，可谓能知人矣，公不私矣。始以文艺自著，资适逢世。进官早成，遍历华要。总几宥，登宰府，持宪纲，主邦计，爵禄名数极矣，而处之若无有也。遇事持正，动循规准。不为势怵，不为利回。笃志文史，老而益坚。作为文章，蹈道自信。盖得四教之忠信，三德之刚柔，礼之中和，诗之温厚。傅经义以饰行事，宜乎遭会两朝，大节无玷，可谓能保躬者矣，有始卒者矣。夫委质入朝，当政任事，有知人之明而济以不私，得不谓之"主善行德"乎！保躬而由礼，则行已而有始卒，得不谓之"文贤有成"乎！前考功状司空功阀，且告葬期，请以"元献"谥。谨议。

（宋苏颂《名贤氏族言行类稿》卷四五，《四库全书·集部三·别集类二》）

赠司空兼侍中晏殊谥元献
宋沈遘

司空初以圣童召见，章圣皇帝即以卿器之。维先帝知人之哲，所以奖厉而育成其材者，非它臣敢望。而司空亦自以天子为知己，所以感奋一心以事上者，又非它臣所及。故终先帝世，未尝去左右，君臣之遇，盛已极矣。上嗣位，以先帝之所属，且东朝之旧，遂大任之。夫以少年起远外，为两朝亲臣，登丞相府，为国元老，非高材盛德，孰克任之？呜呼，贤哉！有司举《谥法》曰："主善行德曰元，文贤有成曰献。"夫以道正身，以身正国，推贤进能，维公罔私，可谓主善行德矣。学为世师，文为国华，进退法度，始终一德，可谓文贤有成矣。谥曰元献，有司之议是，请从之。

（宋沈遘《西溪集》卷九，《全宋文》第74册第336页，上海辞书出版社，2006年；《四库全书·集部三·别集类二》）

阳翟祭晏元献公文
宋韩维

公之道德，与言与事，迭见歌颂，没而不废，非维暗薄，所敢褒纪。独念晚进，辱公提携，脱略尊严，降接陋卑。酬酢篇咏，从容燕嬉。治学粲然，右有左宜。启告诲谕，发于诚辞。岂敢失坠，天实为之！呜呼！去年之春，拜公洛土。昔旆旋西，今柩窆许。谁谓哀乐，近在仰俯！告别筵前，一恸千古。

（宋韩维《南阳集》卷二八，《全宋文》第49册第254页，上海辞书出版社，2006年；《四库全书·集部三·别集类二》）

闻临淄公薨
宋梅尧臣

至和癸巳十二月兮，友人语我火犯房。芒射钩铃而拂上相兮，祸非弼臣谁可当？昨日闻太宰悟天道而畏忌兮，归卧其第三拜章。太宰既不得请而赐黄金百两以为寿兮，谏官御史犹击强。明年孟陬临淄公薨兮,果然邦国挠栋梁。岂无神医善药以起疾兮,固知禀命有短长。公自十三岁而先帝兮,谓肖九龄宜相唐。后由石渠凤阁禁林以登枢兮,俄佩相印居庙堂。出入藩辅留守两都兮,其民咏歌盈康庄。官为喉舌勋爵一品兮,经筵讲义尊萧匡。年逾顺耳不为夭兮,文字百卷存缣箱。子孙侁侁同雁行,二女贵婿富与杨。未知归葬何土乡,临川松柏安可忘。我为故吏摧肝肠,洒泪作雨春悲凉。精魄其归于天乎,必为星宿还高张;骨肌其归于土乎,必为蕙芷不灭香。墓碑墓铭谁能尽其美?我为欲传万古须欧阳。

(宋梅尧臣《宛陵集》卷四四,《四库全书·集部三·别集类二》)

晏元献公挽辞三首
宋欧阳修

接物襟怀旷,推贤品藻精。谋猷存二府,台阁遍诸生。帝念宫臣旧,恩隆衮服荣。春风绿野迥,千两送铭旌。

四镇名藩忽十春,归来白首两朝臣。上心方喜亲耆德,物论犹期秉国钧。退食图书盈一室,开樽谈笑列嘉宾。昔人风采今人少,恸哭何由赎以身。

富贵优游五十年,始终明哲保身全。一时闻望朝廷重,馀事文章海外传。旧馆池台闲水石,悲筇风日惨山川。解官制服门生礼,惭负君恩隔九泉。

(宋欧阳修《文忠集》卷五六,《四库全书·集部三·别集类二》)

晏公丧过州北哭罢成篇二首
宋宋庠

昔迎留守萧丞相,(癸巳秋公自长安代余守洛。)今哭谈经戴侍中。(公久留经筵以备顾问。)一代高情无觅处,落花残日九原风。

故郡迎丧匝野悲,(公尝镇许昌。)柳车丹旐共逶迤。泉途自古无春色,可惜森森琼树枝。

(宋宋庠《元宪集》卷一五,《四库全书·集部三·别集类二》)

元献晏公挽辞三首
宋王安石

文章晋康乐,经术汉公孙。旧秩疑丞贵,前功保傅尊。传呼犹在耳,会哭已填门。萧瑟城南路,鸣笳上九原。

终贾年方妙,萧曹地已亲。优游太平日,密勿老成人。抗论辞多秘,赓歌迹已陈。功名千载下,不负汉庭臣。

感会真奇遇,飞扬独妙龄。他年西饯日,此夜上骑星。宿惠留藩屏,馀忠在禁庭。音容无处所,仿佛寄丹青。

(宋王安石《临川文集》卷三五,《四库全书·集部三·别集类二》)

晏元献公挽辞三首
宋韩维

大策安宗社,高文著庙堂。从容造辟议,感激荐贤章。貂冕崇廞服,銮舆俯奠觞。哀荣岂无有,公德倍辉光。

先帝文章老,东朝羽翼臣。风流至公尽,哀愤与时均。箫鼓悲将曙,烟云惨不春。灵辀归旧治,遗爱泣州民。

直道初终见,高情出处同。光华两朝内,文字一生中。爱酒怜陶散,言诗许赐通。平生知己类,洒尽九原风。

(宋韩维《南阳集》卷一二,《四库全书·集部三·别集类二》)

赠司空侍中晏元献公挽词二首
宋王珪

震邸陪经席,辰阶拥化钧。高谟帷幄旧,嘉织鼎彝新。露湿铭旌晓,尘凝燕榭春。许郊民爱厚,犹忆相车茵。

富贵谁为并,文章世所稀。勋名丹史在,体貌九天违。嵩极朝摧峻,台躔夜掩辉。空馀旧游客,泪向寝门挥。

(宋王珪《华阳集》卷六,《全宋诗》第5961页;《四库全书·集部三·别集类二》)

兵部尚书赠司空侍中晏元献公挽词三首
宋胡宿

俊老三阶后,高华四纪中。朝廷用文治,廊庙得才雄。鸡树前阴改,鱣庭旧迹空。生存华屋处,零落恨无穷。

川岳沦精气,风华丧杰才。典刑留大雅,文象坏中台。聚窟香难破,钧天梦不回。只应之帝所,鸣玉侍丹台。公早被章圣顾遇。

储极元寮宠,公貂盛策班。宁神依大駜,结冢近陉山。鼓吹春风里,麒麟夕照间。寄言川上水,何事不西还。

(宋胡宿《文恭集》卷二,《四库全书·集部三·别集类二》)

晏元献公挽歌辞二首
宋沈遘

英才动先圣,盛业启今王。朝廷尊元老,官师仰典常。才还宣室对,遽叹哲人亡。独有勋名在,书为后世光。

四海尚多事,君心属太平。天胡不遗憖,邦早夺耆英。柱石倾宫构,盐梅废鼎烹。斯人无复见,谁意在苍生?

(宋沈遘《西溪集》卷三,《四库全书·集部三·别集类二》)

晏元献祠
宋黄榦

惟公受天间气,为世钜公。山川炳灵,顾瞻如在。吏司教化,自谒祠宫。庶公邑人,闻风而起。

(宋黄榦《勉斋集》卷二四,《四库全书·集部四·别集类三》)

古像赞·晏元献公殊
明孙承恩

以臣事君,大臣之义。公在相位,实克有是。嫉恶匪隘,检身益严。弗丐恩泽,世称尔贤。

(明孙承恩《文简集》卷四一,《四库全书·集部六·别集类五》)

附录三

诗文评等

《四库全书总目·类要》提要
(浙江范懋柱家天一阁藏本)

宋晏殊撰。殊字同叔,抚州临川人。景德初,张知白以神童荐,赐同进士出身,擢秘书省正字;官至集贤殿学士、同平章事兼枢密使。卒,谥元献。事迹具《宋史》本传。是篇乃所作类事之书,体例略如《北堂书钞》《白氏六帖》,而详赡则过之。叶梦得《避暑录话》称殊生平未尝弃一纸,虽封皮亦十百为沓,每读书得一故事,则批一封皮;后批门类,命书吏传写,即今《类要》也。故所载皆从原书采掇,不似他类书互相剽窃,辗转传讹。然自宋代所传名曰,卷帙已多互异。欧阳修作殊《神道碑》,称类集古今为集选二百卷。曾巩作序,则称上中下帙七十四篇。惟《宋史》本传称一百卷,与今本合。据其四世孙知雅州袤进书原表,则南渡后已多缺佚,袤续加编录,于开禧二年上进。故今书中有于篇目下题四世孙袤补阙者,皆袤所增,非殊之旧矣。自明以来,传本甚罕。惟浙江范氏天一阁所藏尚从宋本抄存,而中间残缺至四十二卷。别有两淮所进本,仅存三十七卷,门类次第,尤多颠倒,且传写相沿,讹谬脱落甚,至不可句读。盖与《太平御览》同为宋代类书之善本,而其不可校正,则较《御览》为更甚,故今惟附存其目耳焉。

(《四库全书总目》卷一三七《子部·类书类存目一》,第1160-1161页,中华书局,1965年)

类要序
宋曾巩

晏元献公出东南,起童子,入秘阁读书,遂赞名,命入翰林为学士。真宗特宠待之,每进见劳问及所以任属之者,群臣莫能及。皇太子就书学,公以选入侍。太子即皇帝位,是为仁宗。公遂管国枢要,任政事,位宰相。其在朝廷五十馀年,常以文学谋议为任,所为赋、颂、铭、碑、制、诏、册、命、书、奏、议、论之文传天下,尤长于诗,天下皆吟诵之。

当真宗之世,天下无事,方辑福应,推功德,修封禅,及后土山川老子诸祠,以报礼上下。左右前后之臣,非工儒学,妙于语言,能讨论古今,润色太平之业者,不能称其位。公于是时为学者宗,天下慕其声名。人见公应于外者之不穷,而不知公之得于内者深也。及得公所为《类要》上中下帙,总七十四篇,凡若干门,皆公所手抄。乃知公于六艺、太史、百家之言,骚人墨客之文章,至于地志、族谱、佛老、方伎之众说,旁及九州之外,蛮夷荒忽诡变奇迹之序录,皆披寻绅绎,而于三才万物变化情伪,是非兴坏之理,显隐细巨之委曲,莫不究尽。公之得于内者,在此也。公之所以光显于世者,有以哉!

观公之所自致者如此,则知士不素学而处从官大臣之列,备文儒道德之任,其能不馁且病乎?此公之书所以为可传也。

公之子知止,能守其家者也,以书属余序。余与公仕不并时,然皆临川人,故为之论次,以为公书诸首。

(《曾巩集》卷一三,中华书局,1984 年)

晏元献公紫薇集序
宋程敦厚

夫诗至宋,唐律无遗功矣。而谓该极雅丽,包蕴密致,曲尽万态之变,精索群言之要,昔杨文公论独尊玉溪生焉。自公与杨、刘唱和集出,学者争效之,号西昆体,李、杜之作几废而不行。虽欧阳文忠公尝有是说,至公赋《新蝉》云:"风来玉宇乌先觉,露下金茎鹤未知。"亦莫敢少贬也。近世则皆苏、黄,而以李、杜为初祖,其攻玉溪唯恐不力。然元稹评太白"放浪纵恣,摆去拘束,可以差肩子美。若乃铺陈终始,排比声韵,辞气豪迈而风清调深,属对律切而脱弃凡近,尚弗历其藩篱"。况于下太白,而曾不研练覃思,抉摘窈眇,专务摆去约束,辄以怠心易之,弛而不严,是岂文忠之所望于后之学者耶？文忠固爱之,又尝曰:"或患大年多用故事,语僻而难晓,殊不知自是学者之陋。"呜呼！诚使效西昆而能骨格具存,纤秾兼备,李、杜果何远哉！某误持江西之宪节,获款赣帅薛公直老。一日,直老曰:"顷幸见元宪(献)公《紫薇集》,盍广之以遗善学柳下惠者？"某既镵诸板,因妄论之如此。

（《全宋文》第194册第283-284页,上海辞书出版社,2006年）

跋晏元献公书

宋欧阳修

右观文殿大学士、兵部尚书晏元献公二帖。公为人真率,其词翰亦如其性,是可嘉也。

（欧阳修《文忠集》卷七三,《四库全书·集部三·别集类二》）

跋晏元献公帖

宋魏了翁

元献公三帖:其论西边攻守,当是康定元年冬所作；论富公充使,当是庆历二年春；而所与评事帖,则公为相而富公未第时也。虽以妇翁子婿,至论国事不嫌于矛盾。而使辽之役,虽非富公所乐,公在枢府,亦未尝以夺公也。至康定攻守之策,则韩忠献主攻,范文正主守,而公与庞庄敏、白宣简诸人,亦每以未可轻动为言卒之。泾原之师,暴骸满野,则公所不主攻策之为得也。朝廷一政一令,必集思广益,熟复而后行之。其审重盖若此,然且不免于败。然则开禧用兵,嘉定议和,不必皆出于人之所同。是其得失,又当何如也？公之孙曰:子中尝昌言于嘉定,抑所谓维有是似者与。

开禧三年冬,闻权臣就殛。余表兄高东叔为诗志喜,余兄弟相率偕赋。大抵虽以去凶为快,尚以函首请和为国体虑也。尝以寄虞侯仲易之诗曰:自是去凶明国是,毋轻函首启戎奸。而其兄伯易亦曰:函颅谨勿为终策,天下英雄暗破颜。或者尚谓过虑也。明年,其事果出于此,有传贤关士人书者,乃子中也。英词劲气,疏畅磊落,识者传诵。信知义理之在人心,盖有不期而同者也。

(宋魏了翁《鹤山集》卷六〇,《四库全书·集部四·别集类三》)

跋晏元献公手帖
宋曹彦约

本朝庆历之盛,追踪泰和。于时当轴处中辅赞弥缝者,其人何如也?元献晏公,谋猷在国史,固可想见。今观其手帖,事前辈以敬,训子弟以严。至于读书习礼,爱亲敬兄,立万世不刊家法,自修身齐家,以至平治。厥有本末,宜乎发而为政,肫肫忠厚,成庆历缝俗,立本朝寿脉。此意未已,尚虑班行中,公事细碎,汲汲乎以远轻薄为戒,君子于此可以论世矣。嘉定辛巳九月望日,东汇泽曹某敬书。

(宋曹彦约《昌谷集》卷一七,《四库全书·集部四·别集类三》)

跋晏元献公与吕申公帖
宋曹彦约

兵不可穷,亦不可去。时措之宜,以仁厚为本,以预备为常。不得已而权以息民,亦犹以不失人心。国体为重,惟深于治道者乃能知之。临淄晏氏,世有谠言,百虑一致。惟康定御戎,不忍穷兵。绍兴议和,不肯去兵。近日闻开边失计,又不欲鱼肉,首议以辱国,不欲滥致归附。以长寇前后几二百年,非履跗蹙足而一合国,是此其源流深远,学问高明,传授于言语之外,有难为浅见寡闻道者。读晏元献公所与吕申公议兵帖,又因诸公叙绍兴尚书所奏,有和好用兵不可偏废之论,与嘉定新进士扣阁大议,必以人心国体为本,使人三致意焉。九顿首起敬。嘉定辛巳孟冬甲子,东汇泽曹某敬书。

(宋曹彦约《昌谷集》卷一七,《四库全书·集部四·别集类三》)

晏殊诗文评一则
宋吴处厚

晏元献公虽起田里,而文章富贵,出于天然。尝览李庆孙《富贵曲》云:"轴装曲谱金书字,树记花名玉篆碑。"公曰:"此乃乞儿相,未尝谙富贵者也。"故公每吟咏富贵,不言金玉锦绣,而唯说其气象,若"楼台侧畔杨花过,帘幕中间燕子飞"、"梨花院落溶溶月,柳絮池塘淡淡风"之类是也。故公自以此句语人曰:"穷儿家有这景致也无?"

(宋吴处厚《青箱杂记》卷五,《四库全书·子部十二·小说家类一》)

晏殊诗文评五则
宋吴曾
太液池网索

元微之诗:"蕊珠深处少人知,网索西临太液池。浴殿晓闻天语后,步郎骑马笑相随。"注:网索在太液池上,学士候制每歇于此。故晏元献《和宋子京召还学士院》有云"网索轩窗邃,鸾坡羽卫重。鹢舟还下濑,星驷出飞龙。赋待三英集,辞须五吏供。会看边燧息,横霈紫泥封"者,为此也。又一篇云:"暮召三山峻,晨趋一节回。乍维青雀舫,还直右银台。陟降丹涂密,论思武帐开。欲谈当世务,元藉轶群才。"

(宋吴曾《能改斋漫录》卷六,《四库全书·子部十·杂家类二》)

花落去 燕归来

晏元献公赴杭州,道过维扬,憩大明寺。瞑目,徐行,使侍史诵壁间诗板,戒其勿言爵里姓名,终篇者无几,又使别诵一诗云:"水调隋宫曲,当年亦九成。哀音已亡国,废沼尚留名。仪凤终沉迹,鸣蛙只沸羹。凄凉不可问,落日下芜城。"徐问之,江都尉王琪诗也。召至同饭,又同步游池上。时春晚,已有落花,晏云:"每得句,书墙壁间,或弥年,未尝强对。且如'无可奈何花落去',至今未能也。"王应声曰:"似曾相识燕归来。"自此辟置,又荐馆职,遂跻侍从矣。

(宋吴曾《能改斋漫录》,卷一一)

晏元献所得是知人

晏元献喜荐士,其得人最多。范蜀公作公挽词,云:"平生欲报国,所得是知人。"

(宋吴曾《能改斋漫录》,卷一一)

晏元献节俭

晏元献与兄手帖:

殊再拜。庄客至，知大事礼毕；日月迅速，哀痛无极，奈何！奈何！记文本及寄殊生日衣服及孩儿妳子等信物，甘子、黄雀鲊等，领讫。地远不须烦神用，况人事有何穷尽？知置得宅子，大抵廉白守分为官，须随宜作一生计。且安泊亲属，不必待丰足。尝见范应辰率家人持十斋，自云："一则劝其淡素好善，次则减鱼肉之价，聚为生计。"果置得一两好庄及第宅，免于茫然，此最良图。况宦游有何尽期？兼官下不可营私，魏四工部，可为戒也。然须内外各且俭啬为先，方可议此。殊家间仆吏等，直至今两日内破一顿猪肉，定其两数，或回换买他鱼肉，亦只约猪肉钱数，以此可久。此持久之术，是以常为宗亲及相知交游言之。建节之说，皆虚传也。今边事尚未息，须当他重委，乃建节或兼恩命，必不于优闲处用此职，况须因干求经营方受。殊一生不曾干求，况今虽经位极人臣，更何颜求觅？是以须待出于特命，且不能效人干请结托以至。势须恬静，若非久特差，则远近高下，应难推避。不然，则必不能求请。凡虚传者，但请勿信。古今贤哲有识知耻者，量力度德，常忧不能任者。不佞当负愧重责，是以终无侥求。其更识高者，非亲耕不食，非亲蚕不衣，孺子之类是也。盖功利不能及人，而坐受窃其膏血，纵无祸，亦须愧赧也。殊从来多介僻者，理在此，今因信略及之。此外，希顺变善居。不备。弟殊再拜十一哥赞善、十一嫂县君坐前。十二日。

右晏元献公手帖。予尝谓公以童子被遇章圣，观《庆历圣德诗》，名首诸公，则公之为人可知也。方国家承五季，文章卑陋，公师杨、刘，独变其体。识欧阳公诸生，遂以斯文付之，殊之文于是视古无愧。功德如范、富，气节如孔道辅，咸出其门。然则仁宗治致太平，非公而谁？大抵善观人者，不于其显，必于其幽；不于其外，必于其内。以书规兄嫂，守官必曰"廉"，曰"官下不可营私，当以魏四工部为戒"。首尾大约本于节俭。至引古人非亲耕不食，亲织不衣，兹非畏独根诸中而不欺者邪？昔东坡跋欧阳公与其子书，戒其在官欲附致朱砂，乃知欧阳公所养，不无所自矣。曾南丰与公同乡里，元丰间，神宗命以史事其传。公云："虽少富贵，奉养若寒士。"考公手帖，则曾传可谓得实。而景文宋公草公谪辞云："广营产以植私,多役兵而规利。"宋亦公门人,而必为此者,岂当时有不得已欤?沈存中著书,称公对章圣语"臣非不乐游燕,直臣以贫,无可为之具;若有钱,亦须往"。后生晚进,道听途说,以诬大贤。予乃知小说不足信类如此。

（宋吴曾《能改斋漫录》,卷一二）

千里伤行客

晏元献早入政府,迨出镇,皆近畿名藩,未尝远去王室。自南都移陈,离席,官奴有歌"千里伤行客"之辞。公怒曰："予平生守官,未尝去王畿五百里,是何'千里伤行客'也?"

（宋吴曾《能改斋漫录》,卷一六）

晏殊诗文评 二则
宋宋祁

晏相国,今世之工为诗者也。末年见编集者乃过万篇,唐人已来所未有。然相国不自贵重其文,凡门下客及官属解声韵者,悉与酬唱。

（宋宋祁《宋景文笔记》卷上,《四库全书·子部十·杂家类三》）

上即位。天圣初元以来,缙绅间为诗者益少,惟故丞相晏公殊、钱公惟演、翰林刘公筠数人而已。至丞相王公曙参知政事,宋公绶翰林学士,李公淑文章外亦作诗,而不专也。其后,石延年、苏舜钦、梅尧臣皆自谓好为诗,不能自名矣。

（宋宋祁《宋景文笔记》卷上,《四库全书·子部十·杂家类三》）

晏殊文话 一则
宋叶梦得

晏元献为参知政事,仁宗亲政,与同列皆罢,知亳州。亳有摘其为章懿太后墓志,不言帝所生以自结者,然亦不免俱去。一日游涡水,见蛙有跃而登木捕蝉者,既得之,口不能容,乃相与坠地,遂作《蜩蛙赋》,略云:"匿蓁质以潜进,跳轻躯而猛噬。虽多口以连获,终扼吭而弗制。"欧阳文忠滁州之贬,作《憎蝇赋》;晚以濮庙事亦厌言者,屡困不已,又作《憎蚊赋》。苏子瞻扬州题诗之谤,作《点鼠赋》。皆不能无芥蒂于中而发于言,欲茹之不可,故惟知道者为能忘心。

(宋叶梦得《避暑录话》卷下,《四库全书·子部十·杂家类三》)

晏殊诗话一则
宋叶梦得

晏元献公留守南郡,王君玉时已为馆阁校勘,公特请于朝,以为府签判。朝廷不得已,使带馆职从公。外官带馆职,自君玉始。宾主相得,日以赋诗饮酒为乐,佳时胜日,未尝辄废也。尝遇中秋阴晦,斋厨夙为备,公适无命。既至夜,君玉密使人伺公,曰:"已寝矣。"君玉亟为诗以入,曰:"只在浮云最深处,试凭弦管一吹开。"公枕上得诗,大喜。即索衣起,径召客,治具,大合乐。至夜分,果月出,遂乐饮达旦。前辈风流固不凡,然幕府有佳客,风月亦自如人意也。

(宋叶梦得《石林诗话》,《四库全书·集部九·诗文评类》)

晏殊诗话七则
宋陈思　元陈世隆

晏元献喜评诗,尝云:"'老觉腰金重,慵便枕玉凉',未是富贵语。不如'笙歌归院落,灯火下楼台',此善言富贵者也。"人皆以为知言。

(宋欧阳修《归田录》卷二)

公有题新昌石氏山斋句云:"书仙十阁壮儒宫,灵越山川宝埶雄。"又与张临川云:"篱边菊秀先生醉,桑下雏娇稚子仁。"又送张明州云:"骚客登山知有助,秦源鸡犬更相闻。"

公有与客饮红梅花下诗曰:"若更迟开三二月,北人应作杏花看。"客曰:"公诗固佳,待北俗何浅也?"公笑曰:"顾伧父,安得不然。"一坐绝倒。

宋莒公见晏公佳句辄书于斋壁。如"无可奈何花落去，似曾相识燕归来""静寻啄木藏身处，闲看游丝到地时""楼台冷落收灯夜，门巷萧条扫雪天""已定复摇春水色，似红如白野棠花"之类，后人多不可及。（以上见宋吴处厚《青箱杂记》卷五）

韩子苍尝与吕居仁闲论前辈所作上元诗。居仁曰："晏元献云'楼台冷落收灯夜，门巷清虚扫雪天'最佳，直是说得出，不可及。"后见吕郎中有诗云："江城气候犹含雪，草市人家已挂灯。"岂用晏意耶？

公有送人知洪州诗云："望斗气沉龙已化，置刍人去榻犹悬。"

孙少述栽竹诗曰："更起粉墙高百尺，莫令墙外俗人看。"晏临淄曰："何用粉墙高百尺，任教墙外俗人看。"处士之节，宰相之量，各言其志。

（以上见旧题宋陈思编，元陈世隆补《两宋名贤小集》卷一一〇《萝轩外集》卷末附录，《四库全书·集部八·总集类》）

跋晏元献公帖
宋魏了翁

晏大正自跋以文定致仕为康定二年，康定无二年也。以公检傅枢使为庆历初，亦差。

按：公康定元年三月，自三司使除刑书知密院。厥九月，以检校太傅、刑书充使。庆历二年七月，加检尉平章。三年三月，以行刑书为集贤相。而李文定公由彰信之节除宫傅致仕，则庆历二年七月也。然则前二帖，其康定之元与？庆历之二年乎？后帖半幅，所谓五十年作官苦学，犹自步步事事共人商量。此语尤可玩。昔人谓："至微勋业有难立，尽大功名或易为。"元献公流闻光显，吾尝以其行于家人、父子间者观之。

（宋魏了翁《鹤山集》卷六二，《四库全书·集部四·别集类三》）

跋晏元宪公表稿[注]

宋陈傅良

景祐二年,定新乐。是时,同在词掖如胥公偃、丁公度、张、李、晁、石,皆前进。元宪公以元年四月掌制,乃独属笔,岂非其文擅一时,诸公所推逊欤?钦诵遗稿,令人起敬。

(宋陈傅良《止斋文集》卷四一,《四库全书·集部四·别集类三》)

[注]《四部丛刊》之《止斋先生文集》卷四一,此文题作"跋宋元宪公表稿"。

跋周昉育婴图·又跋

明胡应麟

图名《育婴》,写唐人宫中景物酷类,绢素破裂而设色如新;尾有晏元献跋,几七百言,文既雅驯,书亦严饬。乃晏公在宋,自诗名外,他不复传。微此,世几无知者,信古人才未易测也。此图昉笔真赝,难遽定断,然非五代后物矣。

(明胡应麟《少室山房集》卷一〇九,《四库全书·集部六·别集类五》)

晏殊诗话一则

宋欧阳修

晏元献公文章擅天下,尤善(一作喜)为诗。而多称引后进,一时名士,往往出其门。圣俞平生所作诗多矣,然公独爱其两联云:"寒鱼犹著底,白鹭已飞前。"又"絮暖鮆鱼繁,豉添莼菜(一作丝)紫。"余尝于圣俞家见公自书手简,再三称赏此二(一作两)联。余疑而问之,圣俞曰:"此非我之极致,岂公偶自得意于其间乎?"乃知自古文士,不独知己难得,而知人亦难也。

(宋欧阳修《欧阳文忠公文集》卷一二八《诗话》,《四部丛刊初编·集部》)

晏殊诗文评二则

宋宋祁

晏相国,今世之工为诗者也。末年见编集者,乃过万篇,唐人已来所未有。然相国不自贵重其文,凡门下客及官属解声韵者,悉与酬唱。

（宋宋祁《宋景文笔记》卷上，《四库全书·子部十·杂家类三》）

晏丞相尝问曾明仲云："刘禹锡诗有'瀼西春水穀纹生'，'生'字作何意？"明仲曰："作生育之生。"丞相曰："非也。作生熟之生，语乃健。"

（宋宋祁《宋景文笔记》卷上，《四库全书·子部十·杂家类三》）

晏殊文评一则
宋黄庭坚

观晏元献所作制草，知先朝爱惜财用如此。所以垂衣拱手、无所作为，天下晏然者乎？

（宋黄庭坚《山谷集·外集》卷九，《四库全书·集部三·别集类二》）

晏殊诗话一则
宋江休复

紫阁山老僧文聪说：晏相来游山，猕猴万数，遍满山谷。僧言：未尝如此多也。晏诗寻添猕猿之句。

（宋江休复《嘉祐杂志》，《四库全书·子部十二·小说家类一》）

晏殊诗话五则
宋蔡绦

二宋俱为晏元献门下士，兄弟虽甚贵显，为文必手抄寄公，恳求雕润。尝见景文寄公书曰："莒公兄赴镇圃田，同游西池，作诗'长杨猎罢寒熊吼，太一波闲瑞鹄飞'，语意警绝。因作一联，云'白雪久残梁复道，黄头闲守汉楼船'。"仍注"空"字于"闲"之旁，批云："二字未定，更望指示。"晏公书其尾云："'空'优于'闲'。且见虽有船不御之意，又字好语健。"盖前辈务求博约，情实纯至如此。

（宋蔡绦《西清诗话》卷上，张伯伟编校《稀见本宋人诗话四种·明抄本西清诗话》，第180页，江苏古籍出版社，2002年）

晏元献守汝阴,梅圣俞自都下特往见之,剧谈古今作诗体制。圣俞将行,公置酒颍河上,因言:古今章句中全用平声,制字稳帖,若神施鬼设者,如"枯桑知天风"是也,恨未见侧字诗。圣俞既引舟,遂作五侧体寄公:"月出断岸口,影照别舸背。且独与妇饮,颇胜俗客对。月渐上我席,暝色亦稍退。岂必在秉烛,此景已可爱。"此诗家一种事也。

(宋蔡绦《西清诗话》卷上,张伯伟编校《稀见本宋人诗话四种·明抄本西清诗话》,第191－192页,江苏古籍出版社,2002年)

　　名山福地,古来题咏传讽于世者尤鲜。缑氏王子晋升仙之地,有祠在焉。像设尘昏,奠献不继,然宛存山川古色。郑工部文宝尝题一绝:"秋阴漠漠秋云轻,缑氏山头月正明。帝子西飞仙驭远,不知何处夜吹笙。"后晏元献守洛,过见之,取白乐天语书其后云:"此诗在处有神物护持。"

(宋蔡绦《西清诗话》卷中,张伯伟编校《稀见本宋人诗话四种·明抄本西清诗话》,第208页,江苏古籍出版社,2002年)

　　红梅清艳两绝,昔独盛于姑苏,晏元献始移植西冈第内,特珍赏之。一日,贵游赂园吏,得一枝分接,由是都下有二本。公尝与客饮花下,赋诗曰:"若更迟开三二月,北人应作杏花看。"客曰:"公诗固佳,待北俗何浅耶?"公曰:"顾伧夫安得不然。"一座绝倒。王君玉闻盗花种事,以诗遗公:"馆娃宫北旧精神,粉瘦琼寒露蕊新。园吏无端偷折去,凤城从此有双身。"自尔名园争培接,遍都城矣。

(宋蔡绦《西清诗话》卷下,张伯伟编校《稀见本宋人诗话四种·明抄本西清诗话》,第218－219页,江苏古籍出版社,2002年)

　　晏元献初罢政事,守亳社,每叹士风凋落。一日,营妓曰刘苏哥,有约终身而寒盟者,方春物喧妍,驰骏马出郊,登高冢旷望,长恸遂卒。元献谓:"士大夫受人眄睐,随燥湿变渝如反掌手,曾狂女子不若。"为序其事,以诗吊之:"苏哥风味逼天真,恐是文君向上人。何日九原芳草绿,大家携酒哭青春。"

(宋蔡绦《西清诗话》卷下,张伯伟编校《稀见本宋人诗话四种·明抄本西清诗话》,第230页,江苏古籍出版社,2002年)

晏殊诗话一则
宋蔡居厚

晏元献守亳,始至,亦尝梦赋诗云:"一年为客未归去,笑杀城东桃李花。"初莫省谓何,已而因春出游,则州之园馆皆在城东。公留亳逾年,而后移睢阳,无不合者。元之自从班谪散秩,先为之兆,固宜矣。若元献,但日月淹速之间,亦有预告之者,则世间万事,何尝不有定数邪?

(宋蔡居厚《蔡宽夫诗话》,郭绍虞辑《宋诗话辑佚·卷下》,第415页,中华书局,1980年)

晏殊诗话二则
宋刘攽

晏元献尤喜江南冯延巳歌词,其所自作,亦不减延巳。乐府《木兰花》皆七言诗,有云:"重头歌咏响琤琮,入破舞腰红乱旋。"重头、入破,皆管弦家语也。

(宋刘攽《中山诗话》,《四库全书·集部九·诗文评类》)

祥符天禧中,杨大年、钱文僖、晏元献、刘子仪以文章立朝,为诗皆宗尚李义山,号西昆体。后进多窃义山语句。赐宴,优人有为义山者,衣服败敝,告人曰:"吾为诸馆职挦撦至此。"闻者欢笑。大年《汉武》诗曰:"力通青海求龙种,死讳文成食马肝。待诏先生齿编贝,忍令索米向长安。"义山不能过也。元献《王文通》诗曰:"甘泉柳苑秋风急,却为流萤下诏书。"子仪画义山像,写其诗句列左右。贵重之如此。

(宋刘攽《中山诗话》,《四库全书·集部九·诗文评类》)

晏殊诗话一则
宋赵彦卫

晏元献公《鹿葱花》诗云:"宫后扇开青雉尾,羽人衣剪赤霜文。农皇药录真无谓,不向萱丛辩纠纷。"注云:"《本草经》云:'萱,一名忘忧,一名鹿葱。'"今验此花,中有鹿斑文,与萱小同而大异,其开花亦不并时,则知当以有鹿斑文者为鹿葱,无斑文者为萱云。

(宋赵彦卫《云麓漫钞》卷四,《四库全书·子部十·杂家类三》)

晏殊诗话一则
宋刘克庄

诗家评论古人,多是书生空言尔。晏元献《书平津侯传》云:"主父仲舒容不得,未知宾阁是何人?"公能客富、欧二公于门下,然后可以为此言。但主父非仲舒之伦,宜以汲黯代之。

(宋刘克庄《后村诗话》卷二,《四库全书·集部九·诗文评类》)

晏幾道集

(北宋)晏幾道 著

戴训超 整理

前　言

晏幾道，字叔原，号小山，宋代抚州临川人，世居临川之沙河（今属南昌市进贤县文港镇沙河村）。他是晏殊的第八个儿子，是北宋著名的词人，与其父亲晏殊合称"二晏"或"大小晏"。

一、关于晏幾道的生卒年及仕宦情况

由于史书及相关著作记载的缺少，晏幾道的生卒年一直是个悬而难决的问题。宛敏灏先生在其所著的《二晏及其词》一书中，主要根据晏幾道好友郑侠的生卒年推断晏幾道生卒年为1041年（或推前几年）—1119年。夏承焘先生在《二晏年谱》中据黄昇《唐宋诸贤绝妙词选》和王灼《碧鸡漫志》等书中的相关记载，推定晏幾道的生卒年约为1030年—1106年。夏承焘的说法尽管有难圆之处，但在没有定论之前，仍然为大多数研究者和文学史编撰者所采用。1988年10月江西人民出版社出版了吴林抒校笺的《小山词》，罗传奇在为其所写的《序》文注释中已提到："据《东南晏氏重修家谱》记载:晏幾道生于宋宝元戊寅（1038年）四月二十三日辰时，卒于宋大观庚寅（1110年）九月，年七十三岁。"可能是该书流传不广，加上又是以注释的形式出现，罗传奇提供的新材料没有引起学界的注意。直到十年后涂木水在《文学遗产》1997年第1期上发表《关于晏幾道的生卒年和排行》一文，晏立豪在《文献》1997年第2期上发表《"二晏"年谱小考》一文，重新据《东南晏氏重修宗谱》中的明确记载，指出晏幾道的生卒年为1038年—1110年，这才产生重要影响，受到越来越多研究者的重视，甚至采用这一新的说法，如1999年8月由袁行霈主编、高等教育出版社出版的《中国文学史》第三卷（分卷主编是莫砺锋和黄天骥），2008年由张草纫笺注、上海古籍出版社出版的《二晏词笺注》，都采纳这一新的确定的说法。奇怪的倒是：1998年由涂木水主编、江西高校出版社出版的《临川文学史》仍沿用夏承焘的推断，2005年由江西人民出版社出版的《江西文学史》中也标明晏幾道"生卒年不详"，都没有采纳"1038年—1110年"的新的确定的说法。2010年南开大学出版社出版了唐红卫的《二晏研究》，作者认为《晏氏宗谱》的记载可疑，并提出了五点理由。经认真分析，唐红卫认为晏幾道的生卒年均应在《晏氏宗谱》的基础上往后再推数年，生于公元1045年稍后，卒年或许是靖康之难期间。如果这样，则晏幾道的生卒年依然难以确定。

不过，我们认为在没有新的资料发现之前，《晏氏宗谱》的记载依然是最具参考价值的文献。"宝元"是宋仁宗的年号，"大观"是宋徽宗的年号，晏幾道一生经历了仁宗、英宗、神宗、哲宗、徽宗五朝。1038年他出生的时候他父亲晏殊（991—1055）已年近五十，故黄庭坚《小山词序》中说他是"临淄公之暮子"；邵博《邵氏闻见后录》卷一九称他是"临淄公晚子"；《四库提要》说他是"殊之幼子"。从年龄看，他比苏轼（1036—1101）小两岁，比黄庭坚（1045—1105）大七岁，比晁端礼（1046—1113）大八岁，比秦观（1049—1110）大十一岁。1055年其父去世时，晏幾道只有十七岁，尚未成人。刘攽（1023—1089）《彭城集》中有《永安县君张氏墓志铭》一文，文中提到："元献薨，有三男子、四女子幼稚，夫人养毓调护，皆至成立，娶妇嫁夫。"据《东南晏氏重修宗谱》记载，晏殊共生有九子：居厚、成（一作"承"，见欧阳修《晏公神道碑铭并序》）裕、全节（自小已过继给晏幾道叔父晏颖为子）、宣礼、崇让（皇祐元年举进士，改名知止。见明嘉靖卅三年刊刻《抚州府志》）、铭远、祗德、幾道、传正。张氏是晏殊次子晏成裕的嫡妻，晏幾道是晏殊第八子，所以，上文所说到的未成人（古代有"二十而冠"表示成年的说法）的三男子中应该包括晏幾道。

晏幾道虽出名门，但由于父亲去世时他尚未成人，加上为人过于任性，"疏于顾忌"，不愿借重父亲馀烈，不肯依傍当政权贵，结果"仕宦连蹇"(黄庭坚《小山词序》)。根据有限的记载,我们能了解到的晏幾道的仕宦经历有:1. 仁宗至和(1054—1056,晏幾道16岁至18岁)中即晏殊去世时任太常寺太祝(见欧阳修《晏公神道碑铭并序》)。2. 熙宁(1068—1077,晏幾道30岁至39岁)中,曾因好友郑侠上书请罢新法之事受牵连系狱(见赵令畤《侯鲭录》卷四)。3. 约在元丰五年(1082,晏幾道44岁)监颍昌府许田镇(邵博《邵氏闻见后录》卷一九;夏承焘《二晏年谱》"元丰五年"条)。4. 徽宗崇宁(1102—1106)初(晏幾道64岁),晏幾道因"更练事为,积有闻誉"而由乾宁军通判转任开封府推官(见宋慕容彦逢撰《摛文堂集》卷五《通判乾宁军晏幾道可开封府推官制》)。崇宁四年(1105,晏幾道67岁)闰二月,晏幾道因"两经狱空"再转一官(《宋会要辑稿·刑法·狱空门》)。5. 未至乞身年龄即退居京城赐第(见王灼《碧鸡漫志》卷二)。"乞身"指自己主动请求退职。《礼记·曲礼上》有"大夫七十而致仕"的说法。年未至乞身而退居应该是指晏幾道不到七十就辞去了官职。据以上任职情况推算,晏幾道退居应在崇宁四年(1105)到大观元年(1107)之间,即晏幾道67岁至69岁之间。如王灼的记载可靠,那么可以推定晏幾道最后五年左右的时间是在闲居中度过的。

在晏幾道的仕宦经历中,还有几件事情值得提及或辨析。一是黄昇《唐宋诸贤绝妙词选》记载说:"庆历中,开封府与棘寺同日奏狱空,仁宗于宫中宴集,宣晏叔原作此(按:指《鹧鸪天》"碧藕花开水殿凉"一词),大称上意。"黄昇于宋理宗淳祐年间(1241—1252)尚在世,按理说他上距晏幾道的年代不算太远,应该有所依据,不至于乱说。但庆历(1041—1048)中晏幾道最大年龄不会超过十岁,恐难有此事。据锺陵《晏幾道生卒年小考》一文考证,宋仁宗庆历八年中无"开封府与棘寺同日奏狱空"的记载,倒是神宗元丰五年四月一日、四月七日,开封府、棘寺都曾奏狱空,而神宗的诞辰又恰在四月十日,这与晏幾道奉诏填词的特殊背景基本符合,因此,此事可能发生在神宗元丰中,而不是仁宗庆历中。二是王灼《碧鸡漫志》卷二记载说:"叔原年未至乞身,退居京城赐第,不践诸贵之门。蔡京重九、冬至日遣客求长短句,欣然两为作《鹧鸪天》(词略)。竟无一语及蔡者。"这一记载与黄庭坚《小山词序》中说到的晏幾道的一"痴"——"仕宦连蹇,而不能一傍贵人之门"相符,有可信之处。根据《宋史·宰辅表》的记载:蔡京先后在崇宁元年七月至崇宁五年二月、大观元年五月至大观三年六月等时间内为相。而晏幾道崇宁四年甚至五年仍在职,大观四年(1110)即去世,因此,这两首词创作的时间应在崇宁末至大观三年之间,是在晏幾道人生的最后几年。

二、关于晏幾道的为人与生活情况

晏幾道是一个个性十分鲜明的人,对于他的为人,黄庭坚在《小山词序》中有很好的概括。在黄庭坚眼里,晏幾道是一个"磊隗权奇,疏于顾忌"的人,是"人英",尤其是他性情中的四"痴"——"仕宦连蹇,而不能一傍贵人之门,是一痴也;论文自有体,不肯一作新进士语,此又一痴也;费资千百万,家人寒饥而面有孺子之色,此又一痴也;人百负之而不恨,己信人终不疑其欺己,此又一痴也"——超出常人。晏幾道就是这样一个不识时务、不随流俗、任性执著的人。他的个性和任性有时甚至张扬到不近情理的地步。据元代陆友仁《研北杂志》记载,"元祐间,叔原以长短句行,苏子瞻因黄鲁直欲见之,则谢曰:'今政事半吾家旧客,亦未暇见也。'"以苏轼在当时的名气,加上好友黄庭坚的关系,见一面本乃情理中事,可晏幾道硬是不给这个面子。这就是晏幾道的人品:独立(乃至固执),不俗。

在生活中,晏幾道是一个重感情、也珍视感情的人。这方面值得一提的是他与一些歌儿舞女之间的交往。一卷《小山词》主要倾诉的是他对这些曾让他有好感甚至动了情的年轻女子的爱怜与思恋。与其他词家不一样,晏幾道不是以一种贵公子玩乐的心态对待她们,他是认真对待,真情相拥。他记得她们的芳名,她们的音容笑貌,在离别后,他会在梦中不断地想起她们,回忆交往时的真切情景,甚至在很多年后他还会旧地重游,期待能再一次相遇。与这些女子的结缘,是晏幾道精神上的重要寄托。可以说,这些貌美多情的女子是晏幾道词创作永不枯竭的源泉,他反复吟唱,似乎总有诉说不尽的绵绵情思。一个一往情深的真人,借春花秋月般的寻常之景,以近乎一唱三叹的委婉之笔,抒写男女之间真挚而又略带隐秘的相思离别之真情,应是晏幾道词最显著也最可贵的品质。

生活中,晏幾道还是一个喜欢藏书、读书的人。黄庭坚《小山词序》曾说到晏幾道"平生潜心六艺,玩思百家,持论甚高,未尝以沽世。"张邦基《墨庄漫录》卷三也记载说:"晏叔原聚书甚多,每有迁徙,其妻厌之,谓叔原有类乞儿搬漆碗。"于是,他写了《戏作示内》一诗,在诗中晏幾道认为"世久轻原宪",风气不淳厚,唯有"颜瓢庶共操"。从他用到的典故中可以证明黄庭坚说的话——"费资千百万,家人寒饥而面有孺子之色,此又一痴也"——的确不假。

三、关于晏幾道的作品及流传情况

晏幾道颇具才情,又身处诗、词、文均繁荣的北宋文坛,因此,除了词作,他应该还有不少水平不低的诗作和文章。且黄庭坚《小山词序》中也曾说他"文章翰墨,自立规模","持论甚高",赞他"论文自有体,不肯一作新进士语"。可惜,他的诗与文基本上没有流传下来。目前能断定属他的诗作,仅有《与郑介夫》等五首(另有四首存疑作品),散见于历代论诗谈艺等杂著中,后收集在元代陈世隆《宋诗拾遗》、清代厉鹗《宋诗纪事》、清代曾燠《江西诗征》、现代钱锺书《宋诗纪事补正》等书中。他的文章似在当时就已完全散失,北京图书馆所藏的宋庆元三年书隐斋刊刻的《新刊国朝二百家名贤文粹》(辑录者不详,此书《续修四库全书·集部·总集类》收入)中,已不见收录。现只有《小山词自序》一篇,靠了词集得以流传下来。在中国古代文学史上,晏幾道一直是独以词著称的作家。他的词现存近260首(含部分存疑作品)。其版本流传情况,唐圭璋在《词学论丛·宋词版本考·晏幾道》(见本书附录)中有详细介绍,兹就不赘述。

四、关于《小山词》点校的说明

晏幾道的词集原称《乐府补亡》,后称《小山词》。今存易见的《小山词》抄本和刻本主要有:一、吴讷(1372—1457)《唐宋名贤百家词》抄本(今存天津市图书馆,有商务印书馆排印本和天津市古籍书店影印本)。二、毛晋(1599—1659)汲古阁刻本,见其所刻《宋名家词六十一种》(按:《四库全书》存目,《续修四库全书·集部·词类》

收录,据明崇祯毛氏汲古阁刻本影印)。三、晏端书咸丰二年(1852)家刻本。此本分两卷:《小山词抄》一卷、《补抄》一卷;《词抄》从《历代诗馀》辑录词190首;《补抄》从汲古阁本中补录68首,共258首。四、朱祖谋(1857—1921,原名孝臧)《彊村丛书》刻本。此本以赵氏星凤阁藏明抄本为底本,以毛刻为主要参校本,同时参校了其他刻本。就刻本说,一般认为毛本最早,晏本最多,朱本最善。考虑到毛本是朱本的主要参校本,而《四库全书》所收《小山词》用的正是毛本(按:同时参校了其他刻本,并对毛刻本的错误有所订正),所以这次整理还是以《四库全书》本为底本,以前述已列各本《小山词》为主要参校本,同时参考了以下各书中所收的晏幾道词作或校记:宋黄大舆编《梅苑》、宋佚名原编、何士信增修《草堂诗馀》、宋黄昇选编《唐宋诸贤绝妙词选》、宋赵闻礼选编《阳春白雪》、明陈耀文选编《花草粹编》、明卓人月、徐士俊辑《古今词统》、明顾从敬、钱允治辑并由钱允治、陈仁锡笺释的《类选笺释草堂诗馀》和《类选笺释续选草堂诗馀》、清初朱彝尊、汪森选辑《词综》、清沈辰垣等选编《御选历代诗馀》、清康熙年间编《钦定词谱》、现代唐圭璋先生编撰《全宋词》、宛敏灏《二晏及其词》(按:其中有《小山词笺校记》一章)、刘毓盘《小山词校记》(按:收录在王焕猷《小山词笺》中)等。点校中凡有关作者、词调、排序、文字上的不同,一律以"校记"的方式逐一列出,考虑到读者阅读的方便,"校记"均放在每首词作之后。

  最后需要特别说明的是,在本次点校整理过程中,参考并吸收了所能见到的这以前的各类整理、研究成果,出处已随文注明,在此一并表示诚挚的谢意。老同学杜华平教授在资料收集方面给予我诸多帮助,深情厚谊非言语所能表达。晏幾道的作品量虽不大,但疑问多,异文丛出,因此要做到比较完善仍感力不从心,整理中错误、不当之处一定还不少,恳请大家批评指正。

整理者:戴训超

目　录

说明

(1)篇名与所在页码之间用"/"(斜杠)隔开。

(2)词牌后用"(　)"括注该首第一句,不超过四字。以与同一词牌其他各首相区别。

小山词

临江仙(斗草阶前)/181
　　又　(身外闲愁)/181
　　又　(淡水三年)/181
　　又　(浅浅馀寒)/181
　　又　(长爱碧阑)/182
　　又　(旖旎仙花)/182
　　又　(梦后楼台)/182
　　又　(东野亡来)/182
蝶恋花(卷絮风头)/182
　　又　(初撚霜纨)/183
　　又　(庭院碧苔)/183
　　又　(喜鹊桥成)/183
　　又　(碧草池塘)/184
　　又　(碾玉钗头)/184
　　又　(醉别西楼)/184
　　又　(欲减罗衣)/184
　　又　(千叶早梅)/185
　　又　(金剪刀头)/185
　　又　(笑艳秋莲)/185
　　又　(碧落秋风)/185
　　又　(碧玉高楼)/186
　　又　(梦入江南)/186
　　又　(黄菊开时)/186
鹧鸪天(彩袖殷勤)/186
　　又　(一醉醒来)/187
　　又　(梅蕊新妆)/187
　　又　(守得莲开)/187
　　又　(斗鸭池南)/187
　　又　(当日佳期)/188
　　又　(题破香笺)/188
　　又　(清颍尊前)/188
　　又　(醉拍春衫)/188
　　又　(小令尊前)/188
　　又　(楚女腰肢)/189
　　又　(十里楼台)/189
　　又　(陌上濛濛)/189
　　又　(晓日迎长)/189

又　（小玉楼中）/189
又　（手撚香笺）/189
又　（九日悲秋）/190
又　（碧藕花开）/190
又　（绿橘梢头）/190
生查子(金鞍美)/190
又　（轻匀两）/190
又　（关山魂）/191
又　（坠雨已）/191
又　（一分残）/191
又　（轻轻制）/191
又　（红尘陌）/191
又　（长恨涉）/192
又　（远山眉）/192
又　（落梅亭）/192
又　（狂花顷）/192
又　（官身儿）/192
又　（春从何）/192
南乡子(渌水带)/193
又　（小蕊爱）/193
又　（花落未）/193
又　（何处别）/193
又　（画鸭懒）/194
又　（眼约也）/194
又　（新月又）/194
清平乐(留人不住)/194
又　（千花百草）/194
又　（烟轻雨小）/194
又　（可怜娇小）/195

又　（红英落尽）/195
又　（春云绿处）/195
又　（波纹碧皱）/195
又　（西池烟草）/195
又　（蕙心堪怨）/196
又　（幺弦写意）/196
又　（笙歌宛转）/196
又　（暂来还去）/196
又　（双纹彩袖）/196
又　（寒催酒醒）/196
又　（莲开欲遍）/196
又　（沉思暗记）/197
又　（莺来燕去）/197
又　（心期休问）/197
玉楼春(秋千院落)/197
又　（小颦若解）/198
又　（小莲未解）/198
又　（风帘向晓）/198
又　（念奴初唱）/198
又　（玉真能唱）/198
又　（阿茸十五）/199
又　（初心已恨）/199
又　（雕鞍好为）/199
又　（一尊相遇）/199
又　（琼酥酒面）/200
又　（清歌学得）/200
又　（旗亭西畔）/200
又　（离鸾照罢）/200
又　（东风又作）/200

又　（斑骓路与）/200
又　（红绡学舞）/201
又　（当年信道）/201
又　（采莲时候）/201
又　（芳年正是）/201
又　（轻风拂柳）/201
减字木兰花（长亭晚送）/202
又　（留春不住）/202
又　（长杨辇路）/202
洞仙歌（春残雨过）/202
菩萨蛮（来时杨柳）/202
又　（个人轻似）/202
又　（莺啼似作）/202
又　（春风未放）/203
又　（娇香淡染）/203
又　（香莲烛下）/203
又　（哀筝一弄）/203
又　（江南未雪）/204
又　（相逢欲话）/204
阮郎归（粉痕闲印）/204
又　（来时红日）/204
又　（旧香残粉）/204
又　（天边金掌）/205
又　（晓妆长趁）/205
浣溪沙（二月春花）/205
又　（卧鸭池头）/205
又　（二月风和）/206
又　（白纻春衫）/206
又　（床上银屏）/206

又　（绿柳藏乌）/206
又　（家近旗亭）/206
又　（日日双眉）/206
又　（楼上灯深）/206
又　（飞鹊台前）/207
又　（午醉西桥）/207
又　（一样宫妆）/207
又　（已拆秋千）/207
又　（闲弄筝弦）/208
又　（团扇初随）/208
又　（翠阁朱栏）/208
又　（唱得红梅）/208
又　（小杏春声）/208
又　（铜虎分符）/208
又　（浦口莲香）/208
又　（莫问逢春）/209
六幺令（绿阴春尽）/209
又　（雪残风信）/209
又　（日高春睡）/209
更漏子（槛花稀）/210
又　（柳间眠）/210
又　（柳丝长）/210
又　（露华高）/210
又　（出墙花）/210
又　（欲论心）/210
御街行（年光正似）/211
又　（街南绿树）/211
浪淘沙（高阁对横）/211
又　（小绿间长）/211

又　（丽曲醉思）/211
又　（翠幕绮筵）/212
诉衷情（种花人自）/212
又　（净揩妆脸）/212
又　（渚莲霜晓）/212
又　（凭觞静忆）/212
又　（小梅风韵）/213
又　（长因蕙草）/213
又　（御纱新制）/213
又　（都人离恨）/213
碧牡丹（翠袖疏纨）/213
望仙楼（小春花信）/214
行香子（晚绿寒红）/214
点绛唇（花信来时）/214
又　（明日征鞭）/215
又　（碧水东流）/215
又　（妆席相逢）/215
又　（湖上西风）/215
少年游（绿勾栏畔）/215
又　（西溪丹杏）/216
又　（离多最是）/216
又　（西楼别后）/216
又　（雕梁燕去）/216
虞美人（闲敲玉镫）/217
又　（飞花自有）/217
又　（曲阑干外）/217
又　（疏梅月下）/217
又　（玉箫吹遍）/217
又　（秋风不似）/218

又　（小梅枝上）/218
又　（湿红笺纸）/218
又　（一弦弹尽）/218
采桑子（秋千散后）/218
又　（花前独占）/218
又　（芦鞭坠遍）/219
又　（日高庭院）/219
又　（日高庭院）/219
又　（征人去日）/219
又　（花时恼得）/219
又　（春风不负）/220
又　（秋来更觉）/220
又　（谁将一点）/220
又　（宜春苑外）/220
又　（白莲池上）/220
又　（高吟烂醉）/220
又　（前欢几处）/220
又　（无端恼破）/221
又　（年时此夕）/221
又　（双螺未学）/221
又　（西楼月下）/221
又　（非花非雾）/221
又　（当时月下）/221
又　（湘妃浦口）/221
又　（别来长记）/222
又　（红窗碧玉）/222
又　（昭华凤管）/222
又　（金风玉露）/222
又　（心期昨夜）/222

踏莎行(柳上烟归)/223
　又　(宿雨收尘)/223
　又　(绿径穿花)/223
　又　(雪尽寒轻)/223
留春令(画屏天畔)/223
　又　(采莲舟上)/223
　又　(海棠风横)/224
清商怨(庭花香信)/224
长相思(长相思)/224
醉落魄(满街斜月)/224
　又　(鸾孤月缺)/225
　又　(天教命薄)/225
　又　(休休莫莫)/225
西江月(愁黛颦成)/225
　又　(南苑垂鞭)/226
武陵春(绿蕙红兰)/226
　又　(九日黄花)/226
　又　(烟柳长堤)/226
解佩令(玉阶秋感)/226
泛清波摘遍(催花雨小)/227
归田乐(试把花期)/227
河满子(对镜偷匀)/227
　又　(绿绮琴中)/228
于飞乐(晓日当帘)/228
愁倚栏令(凭江阁)/228
　又　(花阴月)/228
　又　(春罗薄)/228
破阵子(柳下笙歌)/229
好女儿(绿遍西池)/229
　又　(酌酒殷勤)/229
两同心(楚乡春晚)/229
满庭芳(南苑吹花)/230
风入松(柳阴庭院)/230
　又　(心心念念)/230
秋蕊香(池苑清阴)/231
　又　(歌彻郎君)/231
思远人(红叶黄花)/231
凤孤飞(一曲画楼)/231
庆春时(倚天楼殿)/232
　又　(梅梢已有)/232
喜团圆(危楼静锁)/232
忆闷令(取次临鸾)/232
梁州令(莫唱阳关)/232
燕归来(莲叶雨)/233
胡捣练(小亭初报)/233
扑蝴蝶(风梢雨叶)/233
丑奴儿(夜来酒醒)/234
谒金门(溪声急)/234
附：存目词/234

晏幾道文
小山词自序/236

晏幾道诗
与郑介夫/237
戏作示内/237
题司马长卿画像/237
观画目送飞雁手提白鱼/237

公仪招观画/238

七夕/238

晚春/238

失题/239

列子有力命王充论衡有命禄极言必定之致览之有感/239

句/239

附　录

一、传记序跋类/240

二、唱和、轶事类/244

三、评论类(古代)/248

四、著作、论文类(现当代)/252

五、《中国古籍善本书目》著录《小山词》现存善本一览表/257

六、小山词版本考/257

小山词

临江仙

斗草阶前初见,穿针楼上曾逢。罗裙香露玉钗风。靓妆眉沁绿,羞艳[1]粉生红。　流水便随春远,行云终与谁同。酒醒长恨锦屏空。相寻梦里路,飞雨落花中。

【校记】

[1]羞艳　毛晋汲古阁刻《宋名家词·小山词》(以下简称"毛本")同。近人朱祖谋编《彊村丛书·小山词》(以下简称"朱本")则作"羞脸",据宛敏灏《小山词笺校记》(以下简称"宛校"):"赵氏星凤阁明抄本原亦作'艳',以朱笔改'脸'字。"《元献遗文》(以下简称"《遗文》")作"羞态"。

又[1]

身外闲愁空满,眼中欢事常稀[2]。明年应赋送君[3]诗。细从[4]今夜数,相会几多时。　浅酒欲邀谁劝[5],深情惟有君知。东溪春近好同归。柳垂江上影,梅谢雪中枝。

【校记】

[1]《全宋词》题下有按语云:"此首又见晁补之《琴趣外篇》卷四。"黄昇《唐宋诸贤绝妙词选》(以下简称"《绝妙词选》")此首也收在晁补之名下。

[2]"身外"两句,《绝妙词选》作"身外闲愁空满眼,就中欢事常稀"。"稀":据朱祖谋《小山词校记》(以下简称"朱校"),赵氏星凤阁藏明抄本(以下简称"赵抄本")"稀"作"移"。据宛校,许宗彦鑑止水斋明抄本(以下简称"许抄本")"稀"也作"移"。

[3]送君　《绝妙词选》作"送春"。

[4]细从　《绝妙词选》作"试从"。

[5]谁劝　《绝妙词选》作"谁共欢"。

又

淡水三年欢意,危弦几夜离情。晓霜红叶舞归程。客情今古道,秋梦短长亭。　绿酒[1]尊前清泪,阳关叠里离声。少陵诗思旧才名。云鸿相约处,烟雾九重城。

【校记】

[1]绿酒　朱本作"渌酒"。

又

浅浅馀寒春半,雪消蕙草初长。烟迷柳岸旧池塘。风吹梅蕊闭[1],雨细杏花香。　月堕枝头欢意[2],从前虚梦高唐。觉来何处放思量。如今不是梦,真个到伊行。

【校记】
[1]闭　吴讷《唐宋名贤百家词》本(以下简称"吴本")、《遗文》、朱本均作"闹"。
[2]月堕枝头欢意　赵抄本、许抄本作"月堕从前欢意";《遗文》作"月堕窗前有意"。

又

长爱碧阑干影,芙蓉秋水开时。脸红凝露学娇啼。霞觞熏冷艳,云髻裛纤枝。　烟雨依前时候,霜丛如旧芳菲。与谁同醉采香归。去年花下客,今似蝶分飞。

又

旖旎仙花解语,轻盈春柳能眠。玉楼深处绮窗前。梦回芳草夜,歌罢落梅天。　沉水浓熏绣被,流霞浅酌金船。绿娇红小正堪怜。莫如云易散,须似月频圆。

又

梦后楼台高锁,酒醒帘幕低垂。去年春恨却来时。落花人独立,微雨燕双飞。　记得小蘋[1]初见,两重心字罗衣。琵琶弦上说相思。当时明月在,曾照彩云归[2]。

【校记】
[1]小蘋　晏端书家刻本(以下简称"晏本")作"小鬟";刘毓盘《小山词校记》(以下简称"刘校")认为当从朱本作"小蘋"。
[2]彩云归　赵闻礼《阳春白雪》作"彩鸾啼"。

又[1]

东野亡来无丽句,于公[2]去后少交亲。追思[3]往事好沾巾。白头王建在,犹见咏诗人。　学道深山空自老,留名千载不干身。酒筵歌席莫辞频。争如南陌上,占取一年春。

【校记】
[1]《全宋词》题下有按语云:"此首别误作晏殊词,见《啸馀谱》卷二。"
[2]于公　吴本作"子君";《花草粹编》《历代诗馀》《词律》、晏本均作"于君"。
[3]追思　晏本作"近思"。

蝶恋花[1]

卷絮风头寒欲尽。坠粉飘红[2],日日香成阵[3]。新酒又添残酒[4]困。今春不减前春恨。　　蝶去莺飞[5]无处问。隔水高楼,望断双鱼信。恼乱秋波横一寸[6]。斜阳只与黄昏近。

【校记】

[1]《全宋词》题下有按语云:"此首又作赵令畤词,见曾慥《乐府雅词》卷中。别又误作晏殊词,杨金本《草堂诗馀》后集卷下。"又唐圭璋在《宋词互见考》中说:"以上二阕(按:另一首指后面的"欲减罗衣寒未去"),《乐府雅词》《草堂诗馀》并作赵德麟词,惟又见晏幾道《小山词》,恐非。按:赵令畤字德麟,本词在《绝妙词选》中也作赵令畤词。

[2]飘红　《乐府雅词》《绝妙词选》作"飘香"。

[3]香成阵　《乐府雅词》《绝妙词选》作"红成阵"。

[4]残酒　《遗文》作"宿酒"。

[5]莺飞　《绝妙词选》《古今词统》(卓人月、徐士俊辑,以下简称"《词统》")作"莺来"。

[6]秋波横一寸　毛本作"层波潢一寸";吴本、《遗文》、朱本作"层波横一寸";《乐府雅词》《绝妙词选》《历代诗馀》、晏本均作"横波秋一寸"。

又

初撚霜纨生怅望。隔叶莺声,似学秦娥唱。午睡醒来慵一饷。双纹翠簟[1]铺寒浪。　　雨罢蘋风吹碧涨。脉脉荷花,泪脸红相向。斜贴绿云新月上。弯环正是愁眉样。

【校记】

[1]翠簟　《词统》作"翠叠"。

又

庭院碧苔红叶遍。金菊[1]开时,已近登高[2]宴。日日露荷凋绿扇。粉塘烟水澄如练[3]。　　试倚凉风醒酒面。雁字来时,恰向层楼见。几点护霜云影转。谁家芦管吹秋怨[4]。

【校记】

[1]金菊　《绝妙词选》《草堂诗馀》作"黄菊"。

[2]登高　吴本、《草堂诗馀》、朱本作"重阳"。

[3]澄如练　《绝妙词选》《草堂诗馀》作"明如练"。

[4]吹秋怨　《绝妙词选》《草堂诗馀》作"吟秋怨"。

又[1]

喜鹊桥成催凤驾。天为欢迟[2],乞与初凉夜。乞巧双蛾加意[3]画。玉钩斜傍西南挂。　　分钿擘钗凉叶下。香袖凭肩,谁记当时话。路隔银河犹可借。世间离恨何年罢。

【校记】

[1]《全宋词》题下有按语云:"《岁时广记》卷二十六误引首三句作苏轼词。"

[2]欢迟　《词综》作"欢时"。

[3]加意　许抄本、赵抄本作"如意"。

又

碧草池塘春又晚。小叶风娇,尚学娥妆浅。双燕来时还念远。珠帘绣户杨花满。　　绿柱频移弦易断。细看秦筝,正似人情短。一曲啼乌心绪乱。红颜暗与流年换。

又

碾玉钗头双凤小。倒晕工夫,画得宫眉巧。嫩麴□□群胜□。鸳鸯绣字春衫好。[1]　　三月露桃春意[2]早。细看花枝,人面争多少。水调声长歌未了。掌中杯尽东池晓。

【校记】

[1]"嫩麴"句　吴本、朱本作"嫩麴罗裙胜碧草";刘校云"当从朱本补";又宛校指出,明抄原作"嫩麴罢群胜碧草",赵抄本朱笔改"罢群"二字为"罗裙"。

[2]春意　吴本、朱本作"芳意"。

又

醉别[1]西楼醒不记。春梦秋云,聚散真容易。斜月半窗还少睡。画屏闲展吴山翠。　　衣上酒痕诗里字。点点行行,总是凄凉意。红烛自怜无好计。夜寒[2]空替人垂泪。

【校记】

[1]醉别　《遗文》作"醉到"。

[2]夜寒　《绝妙词选》作"夜阑"。

又[1]

欲减罗衣寒未去。不卷珠帘,人在深深处。残杏[2]枝头花几许。啼红正恨[3]清明雨。　　尽日沉香烟[4]一缕。宿酒[5]醒迟,恼破春情绪。远信还因归燕误。[6]小屏风上西江路。

【校记】

[1]《全宋词》题下有按语云:"此首又作赵令畤词,见《乐府雅词》卷中。"按:《草堂诗馀》《绝妙词选》也作赵令畤词。

[2]残杏　《乐府雅词》《草堂诗馀》《绝妙词选》均作"红杏"。

[3]啼红正恨　《乐府雅词》《草堂诗馀》《绝妙词选》均作"啼痕止恨"。
[4]沉香烟　《乐府雅词》作"沉烟香";《草堂诗馀》《绝妙词选》均作"水沉香"。
[5]宿酒　《乐府雅词》作"宿雨"。
[6]远信还因归燕误　《乐府雅词》《绝妙词选》《草堂诗馀》均作"飞燕又将归信误"。

又[1]

千叶早梅[2]夸百媚。笑面凌寒,内样妆先试。月脸冰肌香细腻。风流新称[3]东君意。　　一稔[4]年光春有味。江北江南,更有谁相比[5]。横玉声中吹满地。好枝长恨无人寄。

【校记】
[1]《全宋词》题下有按语云:"此首又见《梅苑》卷八,误作晏殊词。"
[2]早梅　《梅苑》作"梅花"。
[3]风流新称　《梅苑》作"风前偏称"。
[4]一稔　《梅苑》、许抄本、赵抄本、朱本均作"一捻";刘校云"当从朱本"。
[5]相比　《梅苑》作"相似"。

又

金剪刀头芳意动。彩蕊[1]开时[2],不怕朝寒重。晴雪半消花霎松。晓妆呵尽香酥冻。　　十二楼中双翠凤。缈缈[3]歌声,记得江南弄。醉舞春风谁可共。秦云已有鸳屏梦。

【校记】
[1]彩蕊　许抄本作"采蕊"。
[2]开时　许抄本、赵抄本作"闲时";朱本改从毛本。
[3]缈缈　晏本作"渺渺";朱本作"缥缈"。

又

笑艳秋莲生绿浦。红脸青腰,旧识凌波女。照影弄妆娇欲语。西风岂是繁华主。　　可恨良辰天不与。才过斜阳,又值[1]黄昏雨。朝落暮开空自许。竟无人解知心苦。

【校记】
[1]又值　吴本、朱本作"又是"。

又

碧落秋风吹玉树。翠节红旌[1],晚过银河路。休笑星机停弄杼。凤帏已在云深处。　　楼上金针穿绣缕。谁管天边,隔岁分飞苦。试等夜阑寻别绪。泪痕[2]千点罗衣露。

【校记】

[1]红旌　吴本、赵抄本作"红妆"。

[2]泪痕　《花草粹编》作"浪痕",误。

又

碧玉高楼临水住。红杏开时,花底曾相遇。一曲阳春春已暮[1]。晓莺声断[2]朝云去。　远水来从楼下路[3]。过尽流波,未得鱼中素。月细风尖垂柳渡。梦魂长在分襟处。

【校记】

[1]春已暮　吴本作"春色暮"。

[2]晓莺声断　《花草粹编》作"晓声莺断"。

[3]楼下路　《词综》作"楼下度"。

又

梦入江南烟水路。行尽江南,不与离人遇。睡里销魂无说处。觉来惆怅佳期[1]误。　欲尽此情书尺素。浮雁沉鱼,终了无凭据。却倚鲲弦无别绪[2]。断肠移破秦筝柱。

【校记】

[1]佳期　毛本、吴本、朱本作"销魂"。

[2]却倚鲲弦无别绪　吴本、《花草粹编》作"却倚鲲弦歌别绪";《绝妙词选》、许抄本、赵抄本、朱本均作"却倚缓弦歌别绪";《历代诗馀》、晏本作"却倚鹍弦歌别绪";明代顾从敬、钱允治辑,钱允治、陈仁锡笺释《类选笺释续选草堂诗馀》(以下简称《续选》)、《词统》作"却倚栏杆歌别绪";刘校云"当从晏本"。

又

黄菊开时伤聚散。曾记花前,共说深深愿。重见金英人未见。相思一夜天涯远。　罗带[1]同心闲结遍。带易成双,人恨成双晚。欲写彩笺书别怨。泪痕早已先书满。

【校记】

[1]罗带　毛本、晏本作"罗袖"。

鹧鸪天

彩袖殷勤捧玉锺。当年[1]拚却醉颜红。舞低杨叶[2]楼心[3]月,歌尽桃花扇影风[4]。　从别后,忆相逢。几回魂梦[5]与君同。今宵剩把银釭照,犹恐相逢是梦中。

【校记】

[1]当年 《绝妙词选》作"当筵"。

[2]杨叶 《绝妙词选》、许抄本、赵抄本、朱本均作"杨柳";宛校有按语云:"本集《清平乐》有'那回杨叶楼中'句,小山屡用,必有本事。"

[3]楼心 《遗文》作"楼头"。

[4]歌尽 《遗文》作"歌罢"。扇影:《草堂诗馀》《绝妙词选》、吴本均作"扇底"。

[5]魂梦 《草堂诗馀》作"梦魂";吴本作"梦里"。

又

一醉醒来春又残。野棠梨雨泪阑干。玉笙声里莺空怨[1],罗幕香中燕未还。 终易散,且长闲。莫教离恨损朱颜。谁堪共展鸳鸯锦,同过西楼此夜寒。

【校记】

[1]莺空怨 吴本、朱本作"鸾空怨"。

又

梅蕊新妆桂叶眉。小莲风韵出瑶池。云随绿水歌声转,雪绕红绡舞袖垂。 伤别易,恨欢迟。惜无红锦为裁诗。行人莫便销魂去,汉渚星桥尚有期。

又

守得莲开结伴游。约开萍叶上兰舟。来时浦口云随棹,采罢江边月满楼。 花不语,水空流。年年拚得为花愁。明朝万一西风劲[1],争尚[2]朱颜不奈[3]秋。

【校记】

[1]西风劲 赵抄本、朱本作"西风动"。

[2]争尚 吴本、朱本作"争奈";许抄本作"争向";唐圭璋编《全宋词》也作"争向",并加按语曰:"'向'原作'奈',改从陆贻典校汲古阁本《小山词》。"

[3]不奈 吴本、朱本作"不耐"。

又

斗鸭池南夜不归。酒阑纨扇有新漓[1]。云随碧玉歌声转,雪绕红绡[2]舞袖回。 今感旧,欲沾衣。可怜人似水东西。回头满眼凄凉事,秋月春风岂得知。

【校记】

[1]新漓 吴本、许抄本、赵抄本、《遗文》、晏本、朱本均作"新诗"。

[2]红绡　朱本作"红琼";《遗文》作"红裙"。

又

当日佳期鹊误传。至今犹作断肠仙。桥成汉渚星波外,人在[1]鸾歌凤舞前。　欢尽夜,别经年。别多欢少奈何天。情知此会无长计,咫尺凉蟾亦未圆。

【校记】

[1]人在　许抄本作"人立"。

又

题破香笺小砑红。诗多远寄[1]旧相逢。西楼酒面[2]垂垂雪,南苑春衫[3]细细风。　花不尽,柳无穷。别来欢事少人同。凭谁问取归云信,今在巫山第几峰。

【校记】

[1]诗多远寄　吴本、朱本作"诗成多寄";许抄本、《全宋词》作"诗篇多寄",《全宋词》有按语云:"'篇'原作'成',改从陆校本《小山词》。"

[2]酒面　晏本作"宿酒"。

[3]春衫　《历代诗馀》、晏本作"春山"。

又

清颖尊前酒满衣。十年风月旧相知。凭谁细话[1]当时事,肠断山长水远诗。　金凤阙,玉龙墀。看君来换锦袍时。姮娥已有殷勤约,留著蟾宫第一枝。

【校记】

[1]细话　许抄本作"细语"。

又

醉拍春衫惜旧香。天将离恨恼疏狂。年年陌上生秋草,日日楼中到夕阳。　云渺渺,水茫茫。征人归路许多长。相思本是无凭语,莫向花笺费泪行。

又

小令尊前见玉箫。银灯一曲太妖娆。歌中醉倒谁能恨,唱罢归来酒未消。　春悄悄,夜迢迢。碧云天共楚宫腰[1]。梦魂惯得无拘检,又踏杨花过谢桥。

【校记】

[1]楚宫腰　吴本、朱本作"楚宫遥";刘校云:"陈允平和词亦作'遥',当从朱本。"

又

楚女腰肢越女腮。粉圆双蕊髻中开。朱弦曲怨愁春尽,渌酒[1]杯寒记夜来。　　新掷果,旧分钗。冶游音信隔章台。花间锦字空频寄,月底金鞍竟未回。

【校记】

[1]渌酒　《历代诗馀》、晏本作"绿酒"。

又

十里楼台倚翠微。百花深处杜鹃啼。殷勤自与行人语,不似流莺取次飞。　　惊梦觉,弄晴时。声声只道不如归。天涯岂是无归意,争奈归期未可期。

又

陌上濛濛残絮飞。杜鹃花里杜鹃啼。年年底事不归去,怨月[1]愁烟长为谁。　　梅雨细,晓风微。倚楼人听欲沾衣。故园三度群花谢,曼倩[2]天涯犹未归。

【校记】

[1]怨月　许抄本、赵抄本、《遗文》均作"怨日"。
[2]曼倩　《遗文》作"何事"。

又

晓日迎长岁岁同。太平箫鼓间歌钟。云高未有前村雪,梅小初开昨夜风。　　罗幕翠,锦筵红。钗头罗胜写宜冬。从今屈指春期近,莫使金尊对月空。

又

小玉楼中月上时。夜来唯许月华知。重帘有意藏私语,双烛无端恼暗期。　　伤别易,恨欢迟。归来何处验相思。沈郎春雪愁消臂,谢女香膏懒画眉。

又

手撚香笺忆[1]小莲。欲将遗恨倩谁传。归来独卧逍遥夜,梦里相逢酩酊天。　　花易落,月难圆。只应花月似欢缘。秦筝若有[2]心情在,试写离声入旧弦。

【校记】

[1]忆　毛本、吴本作"意"。
[2]若有　朱本作"算有"。

又

九日悲秋不到心。凤城歌管有新音。风凋碧柳愁眉淡,露染黄花笑靥深。　　初见雁,已闻砧。绮罗丛里胜登临。须交[1]月户纤纤玉,细捧霞觞滟滟金。

【校记】
[1]须交　《历代诗馀》、晏本、朱本均作"须教"。

又

碧藕花开水殿凉。万年枝外[1]转红阳。升平歌管随天仗,祥瑞封章满御床。　　金掌露,玉炉香。岁华方共圣恩长。皇洲[2]又奏圜扉静,十样宫眉捧寿觞。

【校记】
[1]枝外　《绝妙词选》作"枝上"。
[2]皇洲　《绝妙词选》、吴本、晏本、朱本均作"皇州"。

又

绿橘梢头几点春。似留香蕊送行人。明朝紫凤朝天路,十二重城五碧云。　　歌渐咽,酒初醺。尽将红泪湿湘裙。赣江西畔从今日,明月清风忆使君。

生查子[1]

金鞍[2]美少年,去跃青骢马。牵系[3]玉楼人,绣被[4]春寒夜。消息未归来,寒食梨花谢。无处说相思,背面[5]秋千下。

【校记】
[1]《全宋词》题下有按语云:"此首别误作晏殊词,见《古今别肠词选》卷一。"
[2]金鞍　朱本、《遗文》作"金鞭"。
[3]牵系　《词综》作"萦系"。
[4]绣被　《草堂诗馀》《花草粹编》《词统》《词的》均作"翠被"。
[5]背面　《词统》作"背向";《草堂诗馀》有的版本作"背立"。

又

轻匀两脸花,淡扫双眉柳。会写彩笺[1]时,学弄朱弦后。

今春玉钏宽,昨夜罗裙皱。无计奈情何,且醉金杯酒。

【校记】

[1]彩笺　吴本、朱本作"锦笺"。

又[1]

关山魂梦[2]长,鱼雁音尘[3]少。两鬓可怜青,只为[4]相思[5]老。归傍[6]碧纱窗,说与人人道。真个别离难,不似相逢好。

【校记】

[1]《全宋词》有按语云:"《唐宋诸贤绝妙词选》卷五作王观词。别又见杜安世《杜寿域词》。"又唐圭璋在《宋词互见考》中说:"此晏幾道词,见毛本《小山词》及彊村本《小山词》。惟又见毛本杜安世《寿域词》,误矣。《花庵词选》《花草粹编》作王观词,亦误。"按:《历代诗馀》也作王观词。

[2]魂梦　《历代诗馀》作"梦里"。

[3]鱼雁音尘　《绝妙词选》作"塞雁音书"。

[4]只为　《历代诗馀》作"一夜"。

[5]相思　《历代诗馀》作"容颜"。

[6]归傍　吴本、朱本作"归梦"。

又

坠雨已辞云,流水难归浦。遗恨几时休,心抵秋莲苦。　　忍泪[1]不能歌,试托哀弦语。弦语愿相逢,知有相逢否。

【校记】

[1]忍泪　吴本作"忍忍"。

又

一分残酒霞,两点愁蛾晕。罗幕夜犹寒,玉枕春先困。　　心情剪彩慵,时节烧灯近。见少别离多,还有人堪恨。

又[1]

轻轻制舞衣,小小裁歌扇。三月柳浓时,又向津亭见。　　垂泪送行人,湿破红妆面。玉指袖中弹,一曲清商怨。

【校记】

[1]《全宋词》题下有按语云:"此首《词林万选》卷四误作牛希济词。杨金本《草堂诗馀·前集》卷下又误作赵彦端词。"

又

红尘陌上游,碧柳堤边住。才趁彩云来,又逐飞花去。　　深深美酒家,曲曲幽香路。风月有情时,总是相逢[1]处。

【校记】

[1]相逢　朱本作"相思"。

又

长恨涉江遥,移近溪头住。闲荡木兰舟,卧入[1]双鸳浦。无端轻薄云,暗作廉纤雨。翠袖不胜寒,欲向荷花语。

【校记】

[1]卧入　吴本、朱本作"误入"。

又

远山眉黛长,细柳腰肢袅[1]。妆罢立春风,一笑千金少。归去凤城时,说与青楼道。遍看[2]颍川花,不似师师好。

【校记】

[1]腰肢袅　朱本作"腰肢嫋";许抄本、赵抄本作"腰支袅"。

[2]遍看　毛本、吴本作"偏看"。

又

落梅亭榭[1]香,芳草池塘绿。春恨最关情,月过[2]阑干曲。几时花里闲,看得花枝足。醉后莫思家,借取师师宿。

【校记】

[1]亭榭　吴本、朱本作"庭榭";许抄本、赵抄本作"庭树"。

[2]月过　朱本作"日过"。

又

狂花顷刻香,晚蝶缠绵意。天与短因缘,聚散常容易。　传唱入离声,恼乱双蛾翠。游子不堪闻,正是衷肠事。

又

官身几日闲,世事何时足。君貌不长红,我鬓无重绿。　榴花满盏[1]香,金缕多情曲。且尽眼中欢,莫叹时光促。

【校记】

[1]满盏　晏本作"满院"。

又

春从何处归,试向溪边问。岸柳弄娇黄,陇麦回青润。　多情美少年,屈指芳菲近。谁寄岭头梅,来报[1]江南信。

【校记】
[1]来报　《历代诗馀》作"未报",似误。

南乡子

渌水带青潮[1]。水上[2]朱阑[3]小渡桥。桥上女儿[4]双笑靥,妖娆。倚著阑干弄柳条。　月夜落花朝[5]。减字偷声按玉箫。柳外行人回首处,迢迢[6]。若此[7]银河路更遥。

【校记】
[1]渌水带青潮　《绝妙词选》《阳春白雪》《遗文》均作"绿水带春潮";《历代诗馀》作"渌水带春潮";《续选》作"绿水带春潮";宛校指出"许抄本改'青'为'春'"。
[2]水上　《续选》作"上下"。
[3]朱阑　《阳春白雪》作"朱梁"。
[4]女儿　晏本作"人儿"。
[5]落花朝　《绝妙词选》、吴本、《遗文》均作"与花朝"。
[6]迢迢　《遗文》作"飘萧"。
[7]若此　《绝妙词选》《阳春白雪》、吴本、《花草粹编》《历代诗馀》《遗文》、晏本、朱本均作"若比",似意长。

又

小蕊爱春风[1]。日日宫花花树中。恰向柳绵撩乱处,相逢。笑靥旁边心字[2]浓。　归路草茸茸。家在秦楼更近东。醒去醉来无限事,谁同。说著西池满面红。

【校记】
[1]爱春风　朱本作"受春风";刘毓盘《小山词校记》云"当从朱本"。
[2]心字　《历代诗馀》、晏本作"心事"。

又

花落未须[1]悲。红蕊[2]明年又满枝。唯有花间人别后,无期。水阔山长雁字迟。　今日最相思。记得攀条话别离。共说春来春去事,多时。一点愁心入翠眉。

【校记】
[1]未须　许抄本、赵抄本、《花草粹编》均作"未消"。
[2]红蕊　朱校云:"原本'蕊'作'药',从毛本。"

又

何处别时难。玉指偷将粉泪弹。记得来时楼上烛,初残。待得清霜满画栏。　　不惯独眠寒。自解罗衣衬枕檀。百媚也应愁不睡,更阑。恼乱心情半被闲。

又

画鸭懒熏香。绣茵犹展旧鸳鸯。不似同衾愁易晓,空床。细剔银灯怨漏长。　　几夜月波凉。梦魂随月到兰房。残睡觉来人又远,难忘。便是[1]无情也断肠。

【校记】

[1]便是　《全宋词》同。毛本、吴本、朱本均作"更是"。朱校云"'更'字疑'便'误"。

又

眼约也应虚。昨夜归来凤枕孤。且据如今情分里,相期[1]。只恐多时不似初。　　深意托双鱼。小剪蛮笺细字书。更把此情重问得,何如。共结因缘久远无。

【校记】

[1]相期　吴本、朱本作"相于";刘校云"当从朱本"。

又

新月又如眉。长笛谁教月下吹。楼倚暮云初见雁,南飞。漫道行人雁后归。　　意欲梦佳期。梦里关山路不知。却待短书来破恨,应迟。还是凉生玉枕时。

清平乐

留人不住。醉解兰舟去。一棹碧涛春水路。过尽晓莺啼处。渡头杨柳青青。枝枝叶叶离情。此后锦书休寄,画楼云雨无凭。

又

千花百草。送得春归了。拾蕊人稀红渐少。叶底杏青梅小。小琼闲抱琵琶。雪香微透轻纱。正好一枝娇艳,当年[1]独占韶华。

【校记】

[1]当年　吴本、《花草粹编》、朱本均作"当筵"。

又

烟轻雨小。紫陌香尘少。谢客池塘生绿草。一夜[1]红梅先老。

旋题罗带新诗。重寻杨柳佳期。强半春寒去后,几番花信来时。

【校记】

[1]一夜　吴本作"一枝"。

又

可怜娇小。掌上承恩早。把镜不知人易老。欲占朱颜常好。画堂秋月佳期。藏钩赌酒归迟。红烛泪前低语,绿笺花里新词。

又

红英落尽。未有相逢信。可恨流年凋绿鬓。睡得春醒欲醒。钿筝[1]曾醉西楼。朱弦玉指梁州[2]。曲罢翠帘高卷,几回新月如钩。

【校记】

[1]钿筝　《花草粹编》作"细筝",宛校疑其有误。

[2]梁州　《花草粹编》作"梁舟"。

又

春云绿处。又见归鸿去。侧帽风前花满路。冶叶倡条情绪。红楼桂酒新开[1]。曾携翠袖同来。醉弄影娥池水,短箫吹落残梅。

【校记】

[1]新开　《词综》作"初开"。

又

波纹碧皱。曲水清明[1]后。折得疏梅香满袖。暗喜春红依旧。归来紫陌东头。金钗换酒消愁。柳影深深细路,花梢小小层楼。

【校记】

[1]清明　《绝妙词选》作"晴明"。

又

西池烟草。恨不寻芳早。[1]满路落花红不扫。春色渐随人老。远山眉黛娇长。清歌细逐霞觞。正在[2]十洲残梦,水心宫殿斜阳。

【校记】

[1]"西池"两句　《遗文》作"西池烟罩。何处寻芳草"。

[2]正在　《遗文》作"正好"。

又

蕙心堪怨。也逐春风转。丹杏墙东当日见。幽会绿窗题遍。眼中前事分明。可怜如梦难凭。都把旧时薄幸,只消今日无情。

又

幺弦写意。意密弦声碎。书得凤笺无限事。犹恨春心难寄。卧听疏雨梧桐。雨馀淡月朦胧。一夜梦魂何处,那回杨叶楼中。

又

笙歌宛转。台上吴王宴。宫女如花倚春殿。舞绽缕金衣线。酒阑画烛低迷。彩鸳惊起双栖。月底三千绣户,云间十二琼梯。

又

暂[1]来还去。轻似风头[2]絮。纵得相逢留不住。何况相逢无处。　去时约略[3]黄昏。月华却到朱门。别后几番明月,素娥应是消魂。

【校记】

[1] 暂　晏本作"蹔"。

[2] 风头　《遗文》作"风中"。

[3] 约略　毛本作"略约"。

又

双纹彩袖。笑捧金船酒。娇妙如花轻似柳。劝客千春长寿。艳歌更倚疏弦。有情须醉[1]樽前。恰是可怜时候,玉娇今夜初圆。

【校记】

[1] 须醉　《花草粹编》作"酒醉"。

又

寒催酒醒。晓陌飞霜定。背照画帘残烛影。斜月光中人静。锦衣才子西征。万重云水初程。翠黛倚门相送,鸾肠[1]断处离声。

【校记】

[1] 鸾肠　晏本作"鸾弦"。

又

莲开欲遍。一夜秋声转。残绿断红香片片。长是西风堪怨。

莫愁家住溪边。采莲心事年年。谁管水流花谢,月明昨夜兰船。

又

沉思暗记。几许无凭事。菊靥开残秋少味[1]。闲却画栏风意。梦云归处难寻。微凉暗入香襟。犹恨那回庭院,依前月浅[2]灯深。

【校记】
[1]秋少味 《花草粹编》作"酒少味"。
[2]月浅 《花草粹编》作"月淡"。

又

莺来燕去。宋玉墙东路。草草幽欢能几度。便有系人心处。碧天秋月无端。别来长照关山。一点厌厌[1]谁会,依前凭暖阑干。

【校记】
[1]厌厌 吴本、朱本作"恹恹"。

又

心期休问。只有尊前分。勾引行人添别恨。因是语低香近。劝人满酌金钟。清歌唱彻还重。莫道后期无定,梦魂犹有相逢。

玉楼春[1]

秋千院落重帘暮。彩笔闲来题绣户[2]。墙头丹杏[3]雨馀花,门外绿杨风后絮[4]。　　朝云信断知何处。应作襄王[5]春梦去。紫骝认得[6]旧游踪,嘶过画桥东畔路。

【校记】
[1]玉楼春 毛本、《草堂诗馀》《词综》《历代诗馀》、晏本本词词调均同。吴本、《遗文》、朱本作"木兰花"。刘毓盘《小山词校记》云:"朱本以十三首为玉楼春,以八首为木兰花。按周济《宋四家词选》曰:木兰花之前后仄起者一名玉楼春,其平起者但可曰春晓曲、惜春容耳。小山词二十一首皆平起者,则当统题曰木兰花,朱本又不知以何为别也。"可参考。
[2]"彩笔"句 《草堂诗馀》《词统》《词的》《遗文》均作"寂寞春闲扃绣户"。
[3]丹杏 《草堂诗馀》《词统》《遗文》均作"红杏"。
[4]风后絮 《花草粹编》作"花后絮",于意不妥,似误。
[5]襄王 《草堂诗馀》《词统》作"巫阳"。

[6]认得 《词的》作"认作"。

又

小颦若解愁春暮。一笑留春春也住。晚红初减谢池花,新翠已遮琼苑路。　湔裙曲水曾相遇。挽断罗巾容易去。啼珠弹尽又成行,毕竟心情无会处。

又

小莲[1]未解论心素。狂[2]似钿筝[3]弦底柱。脸边霞散酒初醒,眉上月残人欲去。　旧时家近章台住。尽日东风吹柳絮。生憎繁杏绿阴[4]时,正碍粉墙偷眼觑[5]。

【校记】
[1]小莲 《阳春白雪》作"小怜"。
[2]狂 宛校云:"赵抄本误作'旺'。"
[3]钿筝 《阳春白雪》作"秦筝"。
[4]绿阴 《阳春白雪》作"欲阴"。
[5]偷眼觑 《阳春白雪》作"偷眼处"。

又

风帘向晓寒成阵。未报[1]东风消息近。试从梅蒂紫边寻,更绕柳枝柔处问。　来迟不是春无信。开晓[2]却疑花有恨。又应添得几分愁,二十五弦弹未尽。

【校记】
[1]未报 吴本、《花草粹编》、朱本均作"来报"。
[2]开晓 吴本、《花草粹编》《词统》《历代诗馀》、晏本、朱本均作"开晚",义长。

又

念奴初唱离亭宴。会作离声勾别怨。当时垂泪忆西楼,湿尽罗衫[1]歌未遍。　难逢最是身强健。无定莫如人聚散。已拚归袖醉相扶,更恼香檀珍重劝。

【校记】
[1]罗衫 朱本作"罗衣"。

又

玉真能唱朱帘静。忆上[1]双莲池上听。百分蕉叶醉如泥,却向断肠声里醒。　夜凉水月铺明镜。更看[2]娇花闲弄影。曲终人意似流波,休问心期何处定。

【校记】
[1]忆上　毛本、晏本同,吴本、朱本均作"忆在"。
[2]更看　《历代诗馀》作"更有"。

又

阿茸十五腰肢好。天与怀春风味早。画眉匀脸不知愁,殢酒熏香偏称小。　　东城杨柳西城草。会合[1]花期[2]如意少。思量心事薄轻云,绿镜台前还自笑。

【校记】
[1]会合　吴本、朱本作"月会"。
[2]花期　《历代诗馀》作"难期"。

又[1]

初心已恨花期晚。别后相思长在眼。兰衾犹有旧时香,每到梦回珠泪满。　　多应不信人肠断。几夜夜寒谁共暖。欲将恩爱结来生,只恐来生缘又短。

【校记】
[1]《四库全书》此词调下另有小字注,云:"已上旧另刻《木兰花》,今考调同,并入。"毛本同。

又[1]

雕鞍好为莺花住。占取东城南陌路。尽教春思乱如云,莫管世情轻似絮。　　古来都被[1]虚名误。宁负虚名身莫负。劝君频入醉乡来,此是无愁无恨处。

【校记】
[1]吴本、朱本自此首后的13首词调才作《玉楼春》,且排序不同,排在《减字木兰花》《泛清波摘遍》《洞仙歌》《菩萨蛮》四调之后。
[2]都被　吴本、《花草粹编》《历代诗馀》、晏本、朱本作"多被"。

又

一尊相遇春风里。诗好似君人有几[1]。吴姬十五语如弦,能唱当时楼下水。　　良辰易去如弹指。金盏十分须尽意。明朝三丈日高时,共拚醉头扶不起[2]。

【校记】
[1]人有几　《遗文》作"能有几"。

[2]醉头扶不起 《遗文》作"扶头醉不起"。

又

琼酥酒面风吹醒。一缕斜红临晚镜。小颦微笑尽妖娆,浅注轻匀长淡净。　手挼梅蕊寻香径。正是佳期期未定。春来还为个般愁,瘦损宫腰罗带剩。

又

清歌学得秦娥似。金屋瑶台知姓字。可怜春恨一生心,长带粉痕双袖泪。　从来懒话低眉事。今日新声谁会意。坐中应有赏音人,试问回肠曾断未。

又

旗亭西畔朝云住。沉水香烟长满路。柳阴分到画眉边,花片飞来垂手处。　妆成尽任秋娘妒。袅袅盈盈当绣户。临风一曲醉腾腾[1],陌上行人凝恨去。

【校记】

[1]腾腾　吴本、朱本作"朦腾"。

又

离鸾照罢尘生镜。几点吴霜侵绿鬓。琵琶弦上语无凭,豆蔻梢头春有信。　相思拚损朱颜[1]尽。天若多情终欲问。雪窗休记夜来寒,桂酒已消人去恨。

【校记】

[1]朱颜　赵抄本作"朱弦"。

又

东风又作无情计。艳粉娇红吹满地。碧楼帘影不遮愁,还似去年今日意。　谁知错管春残事。到处登临曾费泪。此时金盏直须深,看尽落花能几醉。

又

斑骓路与阳台近。前度无题初借问。暖风鞭袖尽闲垂,微月帘栊曾暗认。　梅花未足凭芳信。弦语岂堪传素恨。翠眉绕似[1]远山长,寄兴[2]此愁颦不尽。

【校记】

[1]绕似　吴本、《历代诗馀》、晏本、朱本均作"饶似"。

[2]寄兴　吴本、《历代诗馀》、晏本、朱本均作"寄与"。

又

红绡学舞腰肢软。巧织[1]舞衣宫样染。织成云外雁行斜,染作江南春水浅。　　露桃[2]宫里随歌管。一曲霓裳红日晚。归来双袖酒成痕,小字香笺无意展。

【校记】
[1]巧织　毛本作"施织";吴本、朱本均作"旋织"。
[2]露桃　王焕猷《小山词笺》本作"露花"。

又

当年信道情无价。桃叶尊前论别夜。脸红心绪学梅妆,眉翠工夫如月画。　　来时醉倒旗亭下。知是阿谁[1]扶上马。忆曾挑尽五更灯,不记临分[2]多少话。

【校记】
[1]阿谁　赵抄本作"何谁"。
[2]临分　《花草粹编》作"临时"。

又

采莲时候慵歌舞。永日闲从花里度。暗随蘋末晓风来,直待柳梢斜月去。　　停桡共说江头路。临水楼台苏小住。细思巫峡梦回时,不减秦源肠断处。

又

芳年正是香英嫩。天与娇波长入鬓。蕊珠宫里旧承恩,夜拂银屏朝把镜。　　云情去住终难信。花意有无休更问。醉中同尽一杯欢,归后各成孤枕恨。

又

轻风拂柳冰初绽。细雨消尘云未散。红窗青镜待妆梅,绿陌高楼催送雁。　　华罗[1]歌扇金蕉盏。记得寻芳心绪惯。凤城寒尽又飞花,岁岁春光常有限[2]。

【校记】
[1]华罗　《历代诗馀》作"画罗"。
[2]有限　毛本、吴本作"有恨"

减字木兰花

长亭晚送。都似绿窗前日梦。小字还家。恰应红灯昨夜花。良时易过。半镜流年春欲破。往事难忘。一枕高楼到夕阳。

又

留春不住。恰似年光无味处。满眼飞英。弹指东风太浅情。筝弦未稳。学得新声难破恨。转枕花前。且伴[1]香红一夜眠。

【校记】

[1]且伴　吴本、朱本作"且占"。

又

长杨辇路。绿满当年携手处。试逐春风。重到宫花花树[1]中。芳菲绕遍。今日不如前日健。酒罢凄凉。新恨犹添旧恨长。

【校记】

[1]花树　《花草粹编》作"苑树"。

洞仙歌

春残雨过,绿暗东池道。玉艳藏羞媚颊笑。记当时、已恨飞镜欢疏,那至此,仍苦题花信少。　　连环情未已,物是人非,月下疏梅似伊好。淡秀色,黯寒香,粲若春容,何心顾、闲花凡草。但莫使、情随岁华迁,便香隔[1]秦源,也须能到。

【校记】

[1]香隔　吴本、晏本、《钦定词谱》、朱本均作"杳隔"。

菩萨蛮

来时杨柳东桥路。曲中暗有相期处。明月好因缘。欲圆还未圆。　　却寻芳草去。画扇遮微雨。飞絮莫无情。闲花应笑人。

又

个人轻似低飞燕。春来绮陌时相见。堪恨两横波。恼人情绪多。　　长留青鬓住。莫放红颜去。占取艳阳天。且教伊少年。

又

莺啼[1]似作留春语。花飞斗学回风舞。红日又平西。画帘遮燕泥。　　烟花[2]还自老。绿境[3]人空好。香在去年衣。鱼笺音信稀。

【校记】

[1]莺啼　朱本同。而《全宋词》作"鸾啼",疑刻写有误。
[2]烟花　《花草粹编》、朱本作"烟光"。
[3]绿境　吴本、《花草粹编》、晏本、朱本均作"绿镜",义长。

又

春风未放花心吐。尊前不拟分明语。酒色上来迟。绿须[1]红杏枝。　　今朝眉黛浅。暗恨归时远。前夜[2]月当楼。相逢南陌头。

【校记】

[1]绿须　晏本作"淡匀"。
[2]前夜　《历代诗馀》、晏本作"别后"。

又

娇香淡染胭脂雪。愁春细画弯弯月。花月镜边人[1]。浅妆匀未成。　　佳期应有在。试倚秋千待。满地落英红。万条杨柳风。

【校记】

[1]镜边人　吴本、朱本作"镜边情";《花草粹编》作"镜边明"。

又

香莲烛下匀丹雪。妆成笑弄金阶月。娇面胜芙容[1]。脸边天与红。　　玳筵双羯鼓[2]。唤上华茵舞。春浅未禁寒,暗嫌罗袖宽。

【校记】

[1]芙容　吴本、朱本作"芙蓉"。
[2]双羯鼓　毛本、吴本、朱本均作"双揭鼓";《历代诗馀》、晏本作"催叠鼓"。

又[1]

哀筝一弄湘江曲。声声写尽湘波绿。纤指十三弦。细将幽恨传。　　当筵[2]秋水慢[3]。玉柱斜飞雁。弹到断肠时。春山眉黛低。

【校记】

[1]《四库》本题下原有小字注:"或刻张子野。"毛本同。《全宋词》题下有按语云:"此首别误作张子野词,见《类编草堂诗馀》卷一。《词综》卷六又误作陈师道词。"又,唐圭

璋在《宋词互见考》中说："此晏幾道词，见毛本《小山词》及彊村本《小山词》。《历代诗馀》作张先词，彊村本子野词据以录入，恐不可信。《词综》作陈师道词，尤误。"
　　[2]当筵　《花草粹编》作"常筵"。
　　[3]慢　《遗文》作"漫"。

又[1]

　　江南未雪梅花白[2]。忆梅人是江南客。犹记旧相逢。淡烟微月中。　　玉容[3]长有信。一笑[4]归来近。怀远上楼时。晚云和雁低。

【校记】

[1]《全宋词》题下有按语云："刘毓盘辑《济南集》，此首误作李廌词。"
[2]梅花白　《梅苑》作"梅先白"。
[3]玉容　《梅苑》作"春风"。
[4]一笑　《梅苑》作"消息"。

又

　　相逢欲话相思苦。浅情肯信相思否。还恐漫相思。浅情人不知。　　忆曾携手处。月满窗前路。长到月来时。不眠犹待伊。

阮郎归

　　粉痕闲印[1]玉尖纤。啼红傍晓奁[2]。旧寒新暖尚相兼。梅疏待雪添。　　春冉冉，恨恹恹。章台对卷帘。个人鞭影弄凉蟾。楼前侧帽檐。

【校记】

[1]闲印　《绝妙词选》作"闲邸"，恐有误。
[2]晓奁　《绝妙词选》、吴本、朱本均作"晚奁"。

又

　　来时红日弄窗纱。春红入睡霞。去时庭树欲栖鸦。香屏掩月斜。　　收翠羽，整妆华。青骊信又差。玉笙犹恋碧桃花。今宵未忆家。

又

　　旧香残粉[1]似当初。人情恨不如。一春犹有数行书。秋来书更疏。　　衾凤[2]冷，枕鸾[3]孤。愁肠待酒舒。梦魂纵有也成虚。

那堪和梦无。

【校记】

[1]旧香残粉　《遗文》作"残香剩粉"。

[2]衾凤　《遗文》作"衾下"。

[3]枕鸾　《遗文》作"枕中";吴本、朱本作"枕鸳"。

又

天边金掌露成霜。云随雁字长。绿杯红袖趁[1]重阳。人情似故乡。　兰佩紫,菊簪黄。殷勤理旧狂[2]。欲将沉醉换悲凉。清歌莫断肠。

【校记】

[1]趁　朱本同。而《全宋词》改作"称",并加按语云:"'称'原作'趁',改从陆校本《小山词》。"

[2]旧狂　晏本此二字作"旧妆";宛校以为"非"。

又

晓妆[1]长趁景阳钟。双蛾著意浓。舞腰浮动绿云浓。樱唇[2]半点红。　怜美景,惜芳容。沉思暗记中。春寒帘幕几重重。杨花尽日风。

【校记】

[1]晓妆　赵抄本、朱本作"晚妆"。

[2]樱唇　吴本、许抄本、赵抄本、朱本均作"樱桃"。

浣溪沙[1]

二月春花厌落梅。仙源归路碧桃催。渭城丝雨劝离杯。　欢意似云真薄幸,客鞭摇柳正多才。凤楼人待锦书来。

【校记】

[1]《全宋词》有按语云:"此首别误作欧阳修词,见《历代诗馀》卷六。"

又

卧鸭池头小苑开。暗风吹尽北枝梅。长莎软路几萦回[1]。　静迳[2]绿阴莺有意,漫随游骑絮多才。去年今日忆同来。

【校记】

[1]长莎软路几萦回　吴本、朱本作"柳长莎软路萦回";刘校认为"当从朱本"。

[2]静迳　朱本作"静避"。

又

二月风和[1]到碧城。万条千缕绿相迎。舞烟弄日[2]过清明。妆镜巧眉偷叶样,歌台[3]妍曲借枝名。晚秋霜霰莫无情。

【校记】
[1]风和　吴本、朱本作"和风"。
[2]弄日　吴本、朱本作"眠雨"。
[3]歌台　吴本、朱本作"歌楼"。

又

白纻春衫杨柳鞭。碧蹄骄马杏花鞯。落英飞絮冶游天。南陌暖风吹舞榭,东城凉月照歌筵。赏心多是酒中仙。

又

床上银屏几点山。鸭炉香过琐窗寒。小云双枕恨春闲。惜别漫成良夜醉,解愁时有翠笺还。那回分袂月初残。

又[1]

绿柳藏乌静掩关。鸭炉香细琐窗闲。那回分袂月初残。惜别漫成良夜醉,解愁时有翠笺还。欲寻双叶寄情难。

【校记】
[1]朱本此首有眉批云:"此当是原作,上一阕为改作,编者两存之。"

又[1]

家近旗亭酒易酤。花时长得醉工夫。伴人歌扇[2]懒妆梳。户外绿杨春系马,床头[3]红烛夜呼卢。相逢还解[4]有情无。

【校记】
[1]《全宋词》有按语云:"《古今图书集成》艺术典卷八百二十三娼妓部此首误作晏殊词。"
[2]歌扇　吴本、《历代诗馀》《续选》、晏本、朱本均作"歌笑"。
[3]床头　吴本、《历代诗馀》《续选》、晏本、朱本均作"床前"。
[4]还解　《历代诗馀》《续选》作"不解"。

又

日日双眉斗画长。行云飞絮共轻狂。不将心嫁冶游郎。溅酒滴残歌扇字,弄花熏得舞衣香。一春弹泪说凄凉。

又[1]

楼上灯深欲闭门。梦云散处[2]不留痕。几年芳草忆王孙。

白日[3]栏干依旧绿,试将前事倚黄昏。记曾来处易销魂。

【校记】

[1]吴本、《全宋词》此首放在本调各首之末。《四库》本调名下有小字注云:"旧失题,次卷末。"毛本同。

[2]散处　吴本、朱本作"归去"。

[3]白日　吴本、朱本作"向日"。

又[1]

飞鹊台前晕翠蛾。千金新换绛仙螺[2]。最难加意为颦多[3]。几处睡痕[4]留醉袖,一春愁思近横波。远山低尽不成歌。

【校记】

[1]《四库》本《小山词》此处无此首,毛本、晏本同;吴本、朱本、《全宋词》则有;《全宋词》加按语云:"此首或作黄庭坚词,见《豫章黄先生词》。"按:《花草粹编》也作黄庭坚词。

[2]新换绛仙螺　《全宋词·黄庭坚词》作"新买帝青螺";《花草粹编》作"新买带青螺"。

[3]加意为颦多　《全宋词·黄庭坚词》《花草粹编》作"如意为情多"。

[4]睡痕　《全宋词·黄庭坚词》《花草粹编》均作"泪痕"。

又

午醉西桥夕未醒。雨花凄断不堪听。归时应减鬓边青。　　衣化客尘今古道,柳含春意短长亭。凤楼争见路傍[1]情。

【校记】

[1]路傍　朱本作"路旁"。

又

一样宫妆簇彩舟。碧罗团扇[1]自遮羞[2]。水仙时在[3]镜中游。腰自细来多态度,脸因红处转风流。年年相遇绿江头。

【校记】

[1]碧罗团扇　毛本、晏本作"碧团罗扇",疑有误。

[2]自遮羞　毛本、吴本、晏本、朱本均作"自障羞"。

[3]时在　吴本、朱本作"人在"。

又

已拆秋千不奈闲。却随蝴蝶到花间。旋寻双叶插云鬟。　　几褶[1]湘裙烟缕细,一钩罗袜素蟾弯。绿笺[2]红豆忆前欢。

【校记】

[1]褶　吴本、朱本作"摺"。
[2]绿笺　吴本、朱本作"红窗";《全宋词》作"绿窗",并加按语云:"'绿'原作'红',改从陆校本《小山词》。"

又

闲弄筝弦懒系裙。铅华消尽见天真。眼波低处事还新。　怅恨不逢如意酒,寻思难值有情人。可怜虚度琐窗春。

又

团扇初随碧簟收。画帘[1]归燕尚迟留。靥朱眉翠喜清秋。　风意未应迷狭路,灯痕犹自记高楼。露花烟叶与人愁。

【校记】

[1]画帘　吴本、朱本作"画檐"。

又

翠阁朱栏倚处危。夜凉闲捻彩箫吹。曲中双凤已分飞。　绿酒细倾消别恨,红笺小写问归期。月华风意似当时。

又

唱得红梅字字香。柳枝桃叶尽深藏。遏云声里送雕觞[1]。　才听便拚衣袖湿,欲歌先倚黛眉长。曲终敲损燕钗梁。

【校记】

[1]雕觞　《历代诗馀》、晏本作"离觞"。

又

小杏春声学浪仙。疏梅清唱替哀弦。似花如雪绕琼筵。　腮粉月痕妆罢后,脸红莲艳酒醒前。今年新调[1]得人怜。

【校记】

[1]新调　吴本、朱本作"水调"。

又

铜虎分符领外台。五云深处彩旌来。春随红旆过长淮。　千里袴襦添旧暖,万家桃李间新栽。使星回首是三台。

又

浦口莲香夜不收。水边风里欲生秋。棹歌声细不惊鸥。　凉月送归思往事,落英飘去起新愁。可堪题叶寄东楼[1]。

【校记】

[1]东楼　晏本作"东流"。宛校云:"按本集《满庭芳》'南苑吹花,细楼题叶'及《六幺令》'常记东楼夜雪',则'流'字非是。"

又

莫问逢春能几回。能歌能笑是多才。露花犹有好枝开。　　绿鬓旧人皆老大,红梁新燕又归来。尽须珍重掌中杯。

六幺令

绿阴春尽,飞絮绕香阁。晚来翠眉宫样,巧把远山学。一寸狂心未说,已向横波觉。画帘遮匝。新翻曲妙,暗许闲人带偷掐。　　前度书多隐语,意浅愁难答。昨夜诗有回纹,韵险还慵押。都待笙歌散了,记取留时霎。不消红蜡。闲云归后,月在庭花旧阑角。

又[1]

雪残风信,悠扬春消息。天涯倚楼新恨,杨柳几丝碧。还是南云雁少,锦字无端的。宝钗瑶席。彩弦声里,拚作尊前未归客。　　遥想疏梅此际,月底香英拆[2]。别后谁绕前溪,手拣繁枝摘。莫道伤高恨远,付与临风笛。尽堪愁寂。花时往事,更有多情个人忆。

【校记】

[1]《全宋词》有按语云:"此首别误作晏殊词,见《梅苑》卷二。"

[2]香英拆　《梅苑》、吴本、朱本均作"香英白";《词综》作"香英坼";《花草粹编》作"香英密"。

又

日高春睡,唤起懒装束。年年落花[1]时候,惯得娇眠[2]足。学唱宫梅便好,更暖银笙逐。黛蛾低绿。堪教人恨[3],却似江南旧时曲。　　常记东楼夜雪,翠幕遮红烛。还是芳酒杯中,一醉光阴促。曾笑阳台梦短[4],无计怜香玉。此欢难续。乞求歌罢,借取归云画堂宿。

【校记】

[1]落花　《历代诗馀》作"花落"。

[2]娇眠　《历代诗馀》作"春眠";《遗文》作"娇嗔"。

[3]人恨　《历代诗馀》"一恨"。

[4]曾笑阳台梦短　《遗文》作"可惜阳台梦杳"。

更漏子

槛花稀,地草[1]遍。冷落吹笙庭院。人去日,燕西飞,燕归人未归。　数书期,寻梦意。弹指一年春事。新怅望,旧悲凉。不堪红日长。

【校记】

[1]地草　吴本、《历代诗馀》、晏本、朱本均作"池草"。

又

柳间眠,花里醉。不惜绣裙铺地。钗燕重,鬓蝉轻。一双梅子青。　粉笺书,罗袖泪。还有可怜新[1]意。遮闷绿,掩羞红。晚来团扇风。

【校记】

[1]可怜新　《四库》本"可怜"后脱一"新"字,今据毛本、吴本、《历代诗馀》、晏本、朱本补。

又

柳丝长,桃叶小。深院断无人到。红日淡,绿烟晴。流莺三两声。　雪香浓,檀晕少。枕上卧枝花好。春思重,晓妆迟。寻思残梦时。

又

露华高,风信远。宿醉画帘低卷。梳洗倦,冶游慵。绿窗春睡浓。　彩绦轻,金缕重。昨夜小桥相送。芳草恨,落花愁。去年同倚楼。

又

出墙花,当路柳。借问芳心可否[1]。红解笑,绿能颦。千般恼乱春。　北来人,南去客。朝暮等闲攀折。怜晚秀,惜残阳。情知枉断肠。

【校记】

[1]可否　吴本、朱本作"谁有"。

又

欲论心,先掩泪。零落去年风味。闲卧处,不言时。愁多只自知。　到情深,俱是怨。惟有梦中相见。犹似旧,奈人禁。偎人说寸心。

御街行

年光正似花梢露。弹指春还暮。翠眉仙子望归来,倚遍玉城珠树。岂知别后,好风凉月[1],往事无寻处。　　狂情错向红尘住。忘了瑶台路。碧桃花蕊已应开,欲伴彩云飞去。回思十载,朱颜青鬓,枉被浮名误。

【校记】

[1]凉月　吴本、许抄本、赵抄本、《花草粹编》、晏本、朱本均作"良月";宛校云:"按同叔《望汉月》调也有'好风良月'句,作'良月'是。"

又

街南绿树春饶絮。雪满游春路。树头花艳杂娇云,树底人家朱户。北楼闲上,疏帘高卷,直见街南树。　　栏干倚尽犹慵去。几度黄昏雨。晚春盘马踏青苔,曾傍绿阴深驻。落花犹在,香屏空掩,人面知何处。

浪淘沙

高阁对横塘。新燕年光。柳花残梦隔潇湘。绿浦归帆看不见,还是斜阳。　　一笑解愁肠。人会蛾妆[1]。藕丝衫袖郁金香。曳雪牵云留客醉,且伴春狂。

【校记】

[1]蛾妆　吴本、朱本作"娥妆"。

又

小绿间长红。露蕊烟丛。花开花落昔年同。惟恨花前携手处,往事成空。　　山远水重重。一笑难逢。已拚长在别离中。霜鬓知他从此去,几度春风。

又

丽曲醉思仙。十二哀弦。秾蛾叠柳脸红莲。多少雨条烟叶恨,红泪离筵。　　行子[1]惜流年。鹈鴂枝边。吴堤春水舣兰船。南去北来今渐老,难负尊前。

【校记】

[1]行子　《历代诗馀》作"衫子"。

又[1]

翠幕绮筵张。淑景难忘。阳关声巧绕雕梁。美酒十分谁与共,玉指持觞。　　晓枕梦高唐。略话衷肠[2]。小山池院竹风凉。明夜月圆帘四卷,今夜思量。

【校记】

[1]此调之后朱本接有《丑奴儿》二首,并有眉批云:"此即《采桑子》,分列二处。"吴本在《丑奴儿》二首下也有小字注云:"此二曲又见《采桑子》,其间小有不同,今两存之。"

[2]衷肠　毛本作"哀肠",疑刻写有误。

诉衷情

种花人自蕊宫来。牵衣问小梅。今年芳意无数,何似应枝开[1]。　　凭寄语,谢瑶台。客无才。粉香传信,玉盏开筵,莫待春回。

【校记】

[1]今年芳意无数,何似应枝开　吴本、朱本作"今年芳意何似,应向旧枝开";刘校云"当从朱本"。

又

净揩妆脸浅匀眉。衫子[1]素梅儿。方无[2]心绪梳洗,闲淡也相宜。　　云态度,柳腰肢。入相思。夜来月底,今日尊前,未当佳期。

【校记】

[1]衫子　吴本作"山子"。

[2]方无　吴本、朱本作"苦无"。

又

渚莲霜晓坠残红。依约旧秋同。玉人团扇恩浅,一意恨西风。　　云去住,月朦胧。夜寒浓。此时还是,泪墨书成,未有归鸿。

又

凭觞静忆去年秋。桐落故溪头。诗成自写红叶,和恨向东流[1]。　　人脉脉,水悠悠。几多愁。雁书不到,蝶梦无凭,漫倚高楼。

【校记】

[1]向东流　吴本、朱本作"寄东流"。

又

小梅风韵最妖娆。开处雪初消。南枝欲附春信,长恨陇人遥。闲记忆,旧江皋。路迢迢。暗香浮动,疏影横斜,几处溪桥。

又[1]

长因蕙草记罗裙。绿腰沉水熏。阑干曲处人静,曾共倚黄昏。风有韵,月无痕。暗消魂。拟将[2]幽恨,试写残花[3],寄与朝云。

【校记】

[1]《全宋词》有按语云:"此首别误作元人张伯远作,见《词的》卷一。"
[2]拟将 《词统》作"拟成"。
[3]残花 晏本作"花笺"。

又

御纱新制石榴裙。沉香慢火熏。越罗双带宫样,飞鹭碧波纹。随锦字,叠香芸[1]。寄文君。系来花下,解向尊前,谁伴朝云。

【校记】

[1]香芸 吴本、朱本作"香痕"。

又

都人离恨满歌筵。清唱倚危弦。星屏[1]别后千里,重见[2]是何年。 骢骑稳,绣衣鲜。欲朝天。北人欢笑,南国悲凉,迎送金鞭。

【校记】

[1]星屏 朱校以为"二字误倒"。
[2]重见 朱本同。而《全宋词》改作"更见",不知何据?或为印刷之误。

碧牡丹

翠袖疏纨扇。凉叶催归燕[1]。一夜西风,几处伤高怀远。细菊枝头,开嫩香还遍。月痕依旧庭院。事何限[2]。 怅望秋意[3]晚。离人鬓华将换。静忆天涯,路比此情犹短[4]。试约鸾笺,传素期良愿。南云应有新雁。

【校记】

[1]归燕 《历代诗馀》作"归雁"。
[2]事何限 吴本、《花草粹编》《词综》《词谱》、晏本、朱本、《全宋词》均以"事何限"

属下阕;《词律》解释说:"'事何限'是换头起句,子野、正伯各词皆同。因旧刻误连前结,《图谱》因之,谬矣。"
[3]秋意　《词谱》作"秋色"。
[4]犹短　《花草粹编》《词综》《历代诗馀》《词律》《词谱》均作"还短"。

望仙楼[1]

小春花信日边[2]来,未上江梅先拆[3]。今岁东君消息。还自南枝得。　　素衣染尽天香[4],玉酒添成团色[5]。一自故溪疏隔。肠断长相忆。

【校记】

[1]望仙楼　《梅苑》《花草粹编》此词调名作《胡捣练》,下片首句多一字,为七字句。按:《花草粹编》在《望仙楼》调下也收录了本词。
[2]日边　《梅苑》《花草粹编》(《胡捣练》)作"雪中"。
[3]未上江梅先拆　《梅苑》作"陇上小梅先拆";《花草粹编》(《胡捣练》)作"垅上小梅先拆";《花草粹编》(《望仙楼》)作"未上江梅先拆";吴本、朱本作"未上江楼先坼";《词律》作"冰上江梅先拆";《词谱》作"陇上江梅先坼"。
[4]染尽天香　《梅苑》《花草粹编》(《胡捣练》)作"洗尽九天香"。
[5]团色　《梅苑》、吴本、《花草粹编》《历代诗馀》《词律》、朱本均作"国色"。

行香子[1]

晚绿寒红[2]。芳意匆匆。惜年华、今与谁同。碧云零落,数字征鸿[3]。看渚莲[4]凋,宫扇旧,怨秋风。　　流波坠叶,佳期何在,想天教、离恨无穷。试将前事,闲倚梧桐。有销魂处,明月夜,锦屏[5]空。

【校记】

[1]《全宋词》有按语云:"此首又作汪辅之词,见《唐宋诸贤绝妙词选》卷五。"
[2]寒红　《历代诗馀》作"寒江。"
[3]征鸿　《绝妙词选》作"宾鸿"。
[4]渚莲　《花草粹编》作"沼莲"。
[5]锦屏　毛本、吴本、《花草粹编》、朱本均作"粉屏"。

点绛唇

花信来时,恨无人似花依旧。又成春瘦。折断门前柳。　　天与多情,不与长相守。分飞后。泪痕和酒。沾了[1]双罗袖。

【校记】

[1]沾了　毛本、吴本、《花草粹编》《续选》、朱本均作"占了"。

又

明日[1]征鞭[2],又将南陌垂杨折。自怜轻别。拚得音尘[3]绝。杏子枝边,倚遍[4]阑干月。依旧[5]缺。去年时节。旧事无人说。

【校记】

[1]明日　许抄本、毛本、《花草粹编》《续选》均作"明月";宛校指出:"赵抄本改'月'为'日'。"

[2]征鞭　《续选》作"征鞍"。

[3]音尘　《花草粹编》作"音书"。

[4]倚遍　朱本作"倚处"。

[5]依旧　毛本、吴本、《词综》《历代诗馀》、晏本、朱本均作"依前"。

又

碧水东流,漫题凉华[1]津头寄。谢娘春意。临水颦双翠。日日骊歌,空费行人泪。成何计。未知[2]浓醉。闲掩红楼睡。

【校记】

[1]凉华　吴本、朱本作"凉叶";晏本作"桐华"。

[2]未知　吴本、朱本作"未如"。

又

妆席相逢,旋匀红泪歌金缕。意中曾许。欲共吹花去。　长爱荷香,柳色殷桥路。留人住。淡烟微雨。好个双栖处。

又

湖上西风,露花啼处秋香老。谢家春草。唱得清商好。　笑倚兰舟,转尽新声[1]了。烟波渺。暮云稀少。一点凉蟾小。

【校记】

[1]新声　吴本、许抄本、赵抄本均作"新亭"。

少年游

绿勾栏畔,黄昏淡月,携手对残红。纱窗影里,朦胧[1]春睡,繁杏小屏风。　须愁别后,天高海阔,何处更相逢。幸有花前,一杯芳酒,归计[2]莫匆匆。

【校记】

[1]朦胧　朱本作"朦腾"。

[2]归计　《花草粹编》、朱本作"欢计";《花草粹编》在句末有小字注云:"'欢'作'归'。"

又

西溪丹杏,波前媚脸,珠露与深匀。南桥[1]翠柳,烟中愁黛,丝雨恼娇颦。　　常年[2]此处,闻歌殢酒,曾对可怜人。今夜相思,水长山远[3],闲卧送残春。

【校记】

[1]南桥　朱本作"南楼"。

[2]常年　吴本、《花草粹编》、晏本、朱本均作"当年"。

[3]水长山远　《历代诗馀》、晏本作"山长水远"。

又

离多[1]最是,东西流水,终解两相逢。浅情终似[2],行云无定,犹到梦魂中。　　可怜人意,薄于云水,佳会更难重。细想从来,断肠多处,不与这番同。

【校记】

[1]离多　宛校指出:"许抄本改'多'作'人'。"

[2]终似　《历代诗馀》、晏本作"长似";《花草粹编》作"纵似";《词统》作"谁似"。

又

西楼别后,风高露冷,无奈月分明。飞鸿影里,捣衣砧外,总是玉关情。　　王孙此际,山重水远,何处赋西征。金闺魂梦枉叮咛。寻尽[1]短长亭。

【校记】

[1]寻尽　《词谱》作"寻遍"。《词律》恩锡、杜文澜校语云:"《词谱》'寻尽'作'寻遍',此字宜去声,应遵改。"

又

雕梁燕去,裁诗寄远,庭院旧风流。黄花醉了,碧梧题罢,闲卧对高秋。　　繁云破后,分明素月,凉影挂金钩。有人凝淡[1]倚西楼,新样两眉愁。

【校记】

[1]凝淡 《花草粹编》作"凝盼"。

虞美人

闲敲玉镫随堤路[1]。一笑开朱户。素云凝淡月婵娟。门外鸭头春水、木兰船。　　吹花拾蕊嬉游惯。天与相逢晚。一声长笛倚楼时。应恨不题红叶、寄相思。

【校记】

[1]随堤路 《词综》、朱本作"隋堤路"。

又

飞花自有牵情处[1]。不向枝边坠[2]。随风飘荡已堪愁。更伴东流[3]流水、过秦楼。　　楼中翠黛含春怨。闲倚阑干遍[4]。自弹[5]双泪惜香红。暗恨玉颜光景、与花同。

【校记】

[1]牵情处 《历代诗馀》、晏本作"牵情地";刘校云"当从晏本";宛校云"处、坠同押,宋词屡见,改作'地'非"。

[2]枝边坠 《全宋词》同。朱本从许抄本、赵抄本作"枝边□",末缺一字;"坠":《遗文》作"舞"。

[3]东流 晏本作"东溪"。

[4]阑干遍 《遗文》、朱本作"阑干见";刘校云"当从朱本"。

[5]自弹 《遗文》、朱本作"远弹"。

又

曲阑干外天如水。昨夜还曾倚。初将明月比佳期。长向月圆时候、望人归。　　罗衣著破前香在。旧意谁教改。一春离恨懒调弦。犹有两行闲泪、宝筝前。

又

疏梅月下歌金缕。忆共文君语。更谁情浅似春风。一夜满枝新绿、替残红。　　蘋香已有莲开信。两桨佳期近。采莲时节定来无。醉后满身花影、倩人扶。

又

玉箫吹遍烟花路。小谢经年去。更教谁画远山眉。又是陌头风细、恼人时。　　时光不解年年好。叶上秋声早。可怜蝴蝶易分飞。

只有杏梁双燕、每来归。

又

秋风不似春风好。一夜金英老。更谁来凭曲阑干。唯有雁边斜月、照关山。　　双星旧约年年在。笑尽人情改。有期无定是无期。说与小云新恨、也低眉。

又[1]

小梅枝上东君信。雪后花期近。南枝开尽北枝开。长被陇头游子、寄春来。　　年年衣袖年年泪。堪为[2]今朝意。问谁同是忆花人。赚得小鸣[3]眉黛、也低颦。

【校记】
[1]《全宋词》题下有按语云:"此首别误作晏殊词,见《花草粹编》卷六。"
[2]堪为　吴本、朱本作"总为"。
[3]小鸣　吴本、许抄本、赵抄本、《花草粹编》、朱本均作"小鸿";刘校云:"当从朱本。"

又

湿红笺纸回纹字。多少柔肠事。去年双燕欲归时。还是碧云千里、锦书迟。　　南楼风月长依旧。别恨无端有。倩谁横笛倚危栏。今夜落梅声里、怨关山。

又

一弦弹尽仙韶乐。曾破千金学。玉楼银烛夜深深。愁见曲中双泪、落千金[1]。　　从来不奈离声怨。几度朱弦断。未知谁解赏新音。长是好风明月、暗知心。

【校记】
[1]落千金　吴本、朱本作"落香襟";刘校云:"当从朱本。"

采桑子

秋千散后朦胧月,满院人闲。几处雕栏。一夜风吹杏粉残。
昭阳殿里春衣就,金缕初干。莫信朝寒。明日花前试舞看。

又[1]

花前[2]独占春风早,长爱江梅。秀艳[3]清杯。芳意先愁凤管吹[4]。　　寻香已落闲人后,此恨难裁。更晚[5]须来。却恐初开胜未开。

【校记】

[1]《全宋词》题下有按语云:"此首抱经斋抄本《珠玉词》补遗引《群贤梅苑》误作晏殊词。"

[2]花前　《梅苑》《花草粹编》作"花中"。

[3]秀艳　《梅苑》作"香艳"。

[4]凤管吹　朱本作"凤管催";《梅苑》《花草粹编》作"调角催"。

[5]更晚　《梅苑》《花草粹编》作"更晓"。

又

芦鞭坠遍杨花陌,晚见珍珍。疑是朝云。来作高唐梦里人。应怜醉拂[1]楼中帽,长带歌尘。试拂香茵。留解金鞭[2]睡过春。

【校记】

[1]醉拂　许抄本、赵抄本作"醉归";吴本、《花草粹编》、朱本作"醉落"。

[2]金鞭　吴本、朱本作"金鞯";刘校云"当从朱本"。

又

日高庭院杨花转,闲淡春风。昨夜匆匆。颦入遥山翠黛中。金盆水冷菱花净,满面残红。欲洗犹慵。弦上啼乌此夜同。

又[1]

日高庭院杨花转,闲淡春风。莺语惺忪。似笑金屏昨夜空。娇慵未洗匀妆手,闲印斜红。新恨重重。都与年时旧意同。

【校记】

[1]《四库》本此首调名后有小字注云:"此阕向刻《丑奴儿》,另编。"朱本将本词编入《采桑子》调中,有眉批云:"此即《采桑子》,分列二处。"

又

征人去日殷勤嘱,莫负心期。寒雁来时。第一传书慰别离。轻风[1]织就机中素,泪墨题诗。欲寄相思。日日高楼看雁飞。

【校记】

[1]轻风　许抄本作"经春";《花草粹编》作"轻丝";吴本、朱本作"轻春";朱校云:"按:'轻'字疑'经'误。"宛校云:"许抄本正改为'经'字。"

又

花时恼得琼枝瘦,半被残香。睡损梅妆。红泪今春第一行。风流笑伴相逢处,白马游缰。共折垂杨。手撚芳条说夜长。

又

春风不负年年信,长趁花期。小锦堂西。红杏初开第一枝。碧箫度曲留人醉,昨夜归迟。恨短[1]凭谁。莺语殷勤月落时。
【校记】
[1]恨短　朱本作"短恨"。

又

秋来更觉销魂苦,小字还稀。坐想行思。怎得相看似旧时。南楼把手凭肩[1]处,风月应知。别后除非。梦里时时得见伊。
【校记】
[1]凭肩　朱本从赵抄本作"凭看";意似不妥,故《全宋词》改作"凭肩",并加按语云:"原作'看',改从汲古阁本《小山词》。"

又

谁将一点凄凉意,送入低眉。画箔闲垂。多是今宵得睡迟。夜痕[1]记尽窗间月,曾误心期。准拟相思。还是窗间记月时。
【校记】
[1]夜痕　晏本作"衣痕";宛校云"当误"。

又

宜春苑外楼堪倚,雪意方浓。雁影冥濛。正共银屏小景同。可无人解相思处,昨夜东风。梅蕊应红。知在谁家锦字中。

又

白莲池上[1]当时月,今夜重圆。曲水兰船。忆伴飞琼看月眠。黄花绿酒分携后,泪湿吟笺。旧事年年。时节南湖又采莲。
【校记】
[1]池上　吴本作"送上"。

又

高吟烂醉淮西月,诗酒相留。明日归舟。碧藕花中醉过秋。文姬赠别双团扇,舟泻[1]银钩。散尽离愁。携得清风到别州[2]。
【校记】
[1]舟泻　吴本、朱本作"自写";晏本作"字写"。
[2]到别州　吴本、朱本作"出画楼"。

又

前欢几处笙歌地,长负登临。月幌风襟。犹忆西楼著意深。

莺花见尽当时事,应笑如今。一寸愁心。日日寒蝉夜夜砧。

又

无端恼破桃源梦,明月[1]青楼[2]。玉腻花柔。不学行云易去留。　　应嫌衫袖前香冷,重傍金虬。歌扇风流。遮尽归时翠黛愁。

【校记】

[1]明月　吴本、朱本作"明日"。

[2]青楼　许抄本作"清楼"。

又

年时[1]此夕东城见,欢意匆匆。明日还重。却在楼台缥缈中。垂螺拂黛清歌女,曾唱相逢。秋月春风。醉枕香衾一岁同。

【校记】

[1]年时　吴本、朱本作"年年"。

又

双螺未学同心绾,已占歌名。月白风清。长倚昭华笛里声。知音敲尽[1]朱颜改,寂寞时情。一曲离亭。借与青楼忍泪听。

【校记】

[1]敲尽　朱校云:"'敲'字疑'散'误。"

又

西楼月下当时见,泪粉[1]偷匀。歌罢还颦。恨隔炉烟看未真。别来楼外垂杨缕,几换青春。倦客红尘。长记楼中粉泪人。

【校记】

[1]泪粉　《历代诗馀》作"粉泪"。

又

非花非雾前时见,满眼娇春。浅笑微颦。恨隔重帘[1]看未真。殷勤借问家何处,不在红尘。若是朝云。宜作今宵梦里人。

【校记】

[1]重帘　朱本作"垂帘"。

又

当时月下分飞处,依旧凄凉。也会思量。不道孤眠夜更长。泪痕揾遍鸳鸯枕,重绕回廊。月上东窗。长到如今欲断肠。

又

湘妃浦口莲开尽,昨夜红稀。懒过前溪。闲舣扁舟看雁飞。

去年谢女池边醉,晚雨霏微。记得归时。旋折新荷盖舞衣。

又

别来长记西楼事,结遍兰襟。遗恨重寻。弦断相如绿绮琴。何时一枕逍遥夜,细话初心。若问如今。也似当年[1]著意深。

【校记】

[1]当年　朱本作"当时"。

又

红窗碧玉新名旧,犹绾双螺。一寸秋波。一斛[1]明珠觉未多。小来竹马同游客,惯听清歌。今日蹉跎。恼乱工夫晕翠蛾。

【校记】

[1]一斛　吴本、朱本作"千斛"。

又[1]

昭华凤管知名久,长闭帘栊。日日春慵。闲倚庭花晕脸红。应从金谷[2]无人后,此会相逢。三弄临风。送得当筵玉盏空。

【校记】

[1]《四库》本此词调之下原有小字注云:"此阕旧刻《丑奴儿》,另编,亦稍有异同,'日日'作'闻道','闲倚'作'方看','应从'作'可怜'。"按:此小字注即毛本原注,注中所列与吴本基本相同,只是"闲倚"作"方倚"。许校本、赵抄本也有注云:"此二曲亦见于《采桑子》,其间小有不同,今两存之。"朱校云:"按原本后《采桑子》调复载此词,'日日'作'闻道','闲'作'方','应说'作'可怜',今删。"正因朱本已删去,故《全宋词》加有按语云:"此首原无,从吴讷本《小山词》录出"。

[2]金谷　《全宋词》有按语云:"'金谷'原作'今古',从陆校本、抱经斋抄本《小山词》。"

又

金风玉露初凉夜,秋草窗前。浅醉闲眠。一枕江风梦不圆。长情短恨难凭寄,枉费红笺。试拂幺弦。却恐琴心可倩传[1]。

【校记】

[1]倩传　吴本、朱本作"暗传"。

又

心期昨夜寻思遍,犹负殷勤。齐斗堆金。难买丹诚一寸真。须知枕上尊前意,占得长春。寄语东邻。似此相看有几人。

踏莎行

柳上烟归,池南雪尽。东风渐有繁华信。花开花谢蝶应知,春去春来莺能问。　梦意犹疑,心期欲近。云笺字字萦方寸。宿妆曾比杏腮红,忆人细把香英认。

又

宿雨收尘,朝霞破暝。风光暗许花期定。玉人呵手试妆时,粉香帘幕阴阴静。　斜雁朱弦,孤鸾绿镜。伤春误了寻芳信[1]。去年今日杏墙西,啼莺唤得闲愁醒。

【校记】

[1]芳信　吴本、朱本作"芳兴";刘校云:"当从朱本。"

又

绿径穿花,红楼压水。寻芳误到蓬莱地。玉颜人是珠蕊仙,相逢展尽双蛾翠。　梦草闲眠,流觞浅醉。一春总见瀛洲事。别来双燕又西飞,无端不寄相思字。

又

雪尽寒轻,月斜烟重。清欢犹记[1]前时共。迎风朱户背灯开,拂檐花影侵帘动。　绣枕双鸳,香苞翠凤。从来往事都如梦。伤心最是醉归时,眼前少个人人送。

【校记】

[1]犹记　《历代诗馀》、晏本作"犹计"。

留春令

画屏天畔,梦回依约,十洲云水。手撚红笺寄人书,写无限、伤春事[1]。　别浦高楼曾漫倚。对江南千里。楼下分流水声中,有当日、凭高泪。

【校记】

[1]春事　《词统》作"春字"。

又

采莲舟上,夜来陡觉[1],十分秋意。懊恼寒花暂时香,与情浅、人相似。　玉蕊歌清招晚醉。恋小桥风细。水湿红裙酒初消,又记得、南溪事。

【校记】

[1]陡觉　原作"隉觉",应为刻写之误。今据毛本、吴本、《历代诗馀》、晏本、朱本改。《词谱》在解释中提及本句时也作"陡觉"。

又

海棠风横,醉中吹落,香红强半。小粉多情怨杨花[1],仔细把、残春看。　　一抹浓檀秋水畔。缕金衣新换。鹦鹉杯深艳歌迟,更莫放[2]、人肠断。

【校记】

[1]杨花　毛本作"飞絮";吴本、朱本作"花飞"。

[2]莫放　一作"莫教"。

清商怨

庭花香信尚浅[1]。最玉楼先暖。梦觉春衾[2],江南依旧[3]远。回纹锦字暗剪。漫寄与、也应归晚。要问相思,天涯犹自短。

【校记】

[1]庭花香信尚浅　毛本作"庭花香信□尚浅",大概怀疑漏缺一字。按:据《历代诗馀》说明和《词律》所标,此调有一体是双调,四十二字,首句可以是六字句,因此,首句并未缺字。

[2]春衾　《词综》《历代诗馀》、晏本、《词律》均作"香衾"。

[3]依旧　《词律》作"依梦"。

长相思

长相思。长相思。若问相思甚了期。除非相见时。　　长相思。长相思。欲把相思说似[1]谁。浅情人不知。

【校记】

[1]说似　《词谱》作"说与"。

醉落魄[1]

满街[2]斜月。垂鞭自唱阳关彻。断尽柔肠归思切。都为人人,不许多时别。　　南桥昨夜风吹雪。短亭[3]下征尘歇。归时定有梅堪折,欲把离愁,细撚花枝说。

【校记】

[1]《历代诗馀》、晏本此词调名为"一斛珠"。

[2]满街　许抄本、赵抄本、《花草粹编》均作"满鞭",疑涉后文致误。

[3]短亭　吴本、《花草粹编》《历代诗馀》、晏本、朱本均作"短长亭",疑脱"长"字。

又

鸾孤月缺。两春惆怅音尘绝。如今若负当时节。信道欢缘,枉向[1]衣襟结。　若问相思何处歇。相逢便是相思彻。尽饶别后留心别,也待相逢,细把相思说。

【校记】

[1]枉向　朱本同。而《全宋词》作"狂向",疑刻写有误。

又

天教命薄。青楼占得声名恶。对酒当歌寻思著。月户星窗,多少旧期约。　相逢细语初心错。两行红泪尊前落。霞觞且共深深酌。恼乱春宵,翠被都闲却。

又

休休莫莫。离多还是因缘恶。有情无奈思量著。月夜佳期,近写香笺[1]约。　心心口口长恨昨。分飞容易当时错。后期休似前欢薄。买断青楼,莫放春闲却。

【校记】

[1]香笺　吴本、朱本作"青笺"。

西江月[1]

愁黛颦成月浅,啼妆印得花残。只消鸳枕[2]夜来闲。晓镜心情便懒[3]。　醉帽檐头[4]风细,征衫袖口香寒。绿江[5]春水寄书难,携手佳期又晚。

【校记】

[1]《全宋词》题下有按语云:"此首或误作秦观词,见《花草粹编》卷四。别又误作晏殊词,见《古今词统》卷六。"又唐圭璋在《宋词互见考》中说:"此晏幾道词,见毛本《小山词》及彊村本《小山词》。《花草粹编》作秦观词,非是。"

[2]鸳枕　《历代诗馀》作"惊枕",误。

[3]便懒　《历代诗馀》、晏本作"更懒"。

[4]檐头　《历代诗馀》作"帘头"。

[5]绿江　石孝友《浣溪沙》集句作"锦江"。

又

南苑垂鞭路冷,西楼把袂人稀。庭花犹有鬓边枝。且插残红自醉。　　画幕凉催燕去,香屏晓放云归。依前青枕梦回时。试问闲愁有几。

武陵春

绿蕙红兰芳信歇,金蕊正风流。应为诗人多怨秋。花意与销愁。　　梁王苑路香英密,长记旧嬉游。曾看飞琼戴满头。浮动舞梁州[1]。

【校记】

[1]梁州　《历代诗馀》作"凉州"。

又

九日黄花如有意,依旧满珍丛。谁似龙山秋兴浓。吹帽落西风。　　年年岁岁登高节,欢事旋成空。几处佳人此会同。今在泪痕中。

又

烟柳长堤知几曲,一曲一魂销。秋水无情天共遥[1]。愁送木兰桡。　　熏香绣被心情懒,期信转迢迢。记得来时倚画桥。红泪满鲛绡。

【校记】

[1]天共遥　吴本作"天又遥"。

解佩令

玉阶秋感,年华暗去。掩深宫、团扇[1]无情绪[2]。记得当时,自剪下、机中轻素。点丹青、画成秦女。　　凉襟犹在,朱弦未改,忍霜纨、飘零何处。自古悲凉,是情事、轻如云雨。倚幺弦、恨长难诉。

【校记】

[1]团扇　《词谱》作"扇鸾"。

[2]无情绪　吴本、《花草粹编》《词谱》、朱本均作"无绪";刘校云:"当从朱本删。"

泛清波摘遍

催花雨小。著柳风柔,都似去年时候好。露红烟绿,尽有狂情斗春早。长安道。秋千影里,丝管声中,谁放艳阳轻过了。倦客登临,暗惜光阴[1]恨多少。　　楚天渺。归思正如乱云,短梦未成芳草。空把吴霜鬓华[2],自悲[3]清晓。帝城杳。双凤旧约渐虚,孤鸿后期难到。且趁朝花夜月,翠尊频倒。

【校记】

[1]暗惜光阴　毛本作"暗惜花光阴",衍一"花"字。按:《四库提要》曾提到这一句文字上的误增。

[2]吴霜鬓华　《词谱》作"吴霜点鬓华";《词律》恩锡、杜文澜校语云:"应遵改。"

[3]自悲　赵抄本作"月悲"。

归田乐

试把花期数。便早有、感春情绪[1]。看即梅花吐。愿花更不谢,春且长住。只恐去[2]。　　春去花开还不语。此意年年春会否[3]。绛唇青鬓,渐少花前语[4]。对花又记得、旧曾游处。门外垂杨未飘絮。

【校记】

[1]感春情绪　《词律》作"感情春绪",似误。

[2]只恐去　吴本、《词谱》、朱本均作"只恐花飞又春去",且"花开"句属下片起句。

[3]此意年年春会否　吴本、朱本作"问此意、年年春还会否";《词谱》作"问此意、年年春会否"。朱校云:"原本(按:指赵抄本)'数'作'教','只恐'句作'只恐去'三字,'花开'上有'春去'二字,'问'字、'还'字无。并从《词谱》。"

[4]前语　《词谱》作"前侣";刘校认为作"前侣"则"不复韵","当从改"。

河满子

对镜偷匀玉箸,背人学写银钩。系谁红豆[1]罗带角,心情正著春游。那日杨花陌上,多时杏子墙头。　　眼底关山无奈,梦中云雨空休。问看几许怜才意,两蛾藏尽离愁。难拚此回肠断,终须锁定[2]红楼。

【校记】

[1]系谁红豆　朱本同;《历代诗馀》、晏本作"红豆系谁",宛校认为"作'红豆系谁',

语顺而律失,不可从";刘校云"当从朱本"。

[2]锁定　朱本同,其校记云:"原本'锁'作'销',从汪大钧刻本。"毛本、赵抄本作"销定"。

又

绿绮琴中心事,齐纨扇上时光。五陵年少浑薄幸,轻如曲水瓢香。夜夜魂销梦峡,年年泪尽啼湘。　　归雁行边远字,惊鸾舞处离肠。蕙楼多少铅华在,从来错倚红妆。可羡邻姬十五,金钗早嫁王昌。

于飞乐

晓日当帘,睡痕犹占香腮。轻盈笑倚鸾台。晕残红,匀宿翠,满镜花开。娇蝉鬓畔,插一枝、淡蕊疏梅。　　每到春深,多愁饶恨,妆成懒下香阶。意中人,从别后,萦系情怀。良辰好景,相思字、唤不归来。

愁倚栏令

凭江阁,看烟鸿。恨春浓。还有当年[1]闻笛泪,洒东风。时候草绿花红[2]。斜阳外、远水溶溶。浑似[3]阿莲双枕畔,画屏[4]中。

【校记】

[1]当年　《词统》作"当时"。
[2]草绿花红　赵抄本、毛本作"草红花绿",误。
[3]浑似　《历代诗馀》作"浑是"。
[4]画屏　《历代诗馀》作"画堂"。

又

花阴月,柳梢莺。近清明。长恨去年今夜雨,洒离亭。　　枕上怀远诗成。红笺纸、小砑吴绫。寄与征人教念远,莫无情。

又

春罗薄,酒醒[1]寒。梦初残。欹枕片时云雨事,已关山。楼上斜日阑干。楼前路、曾试雕鞍。拚却一襟怀远泪,倚栏看。

【校记】

[1]酒醒　吴本、晏本、朱本均作"酒醒";刘校云:"酒醒别作酒醒,当从别本。"

破阵子[1]

柳下笙歌庭院,花间姊妹秋千。记得青楼[2]当日事,写向红窗夜月前。凭谁[3]寄小莲。　　绛蜡等闲陪泪,吴蚕到了缠绵。绿鬓能供多少恨,未肯无情比断弦。今年老去年。

【校记】

[1]破阵子　《历代诗馀》、晏本此词词调名作"十拍子"。
[2]青楼　朱本同。而《全宋词》却作"春楼",疑刻写有误。
[3]凭谁　《词综》作"凭伊"。

好女儿

绿遍西池。梅子青时。尽无端、尽日东风恶,更霏微细雨,恼人离恨,满路春泥。　　应是行云归路,有闲泪、洒相思。想旗亭、望断黄昏月,又依前误了,红笺香信,翠袖欢期。

又

酌酒殷勤。儘更留春。忍无情、便赋馀花落,待花前细把、一春心事,问个人人。　　莫似花开还谢,愿芳意、且常新[1]。倚娇红、待得欢期定。向水沉烟底,金莲影下,睡过佳辰。

【校记】

[1]常新　吴本、朱本作"长新"。

两同心

楚乡春晚,似入仙源。拾翠处、随流水[1],踏青路、暗惹香尘[2]。心心在,柳外青帘,花下朱门。　　对景且醉芳樽。莫话销魂。好意思、曾同明月,愁滋味[3]、最是黄昏。相思处,一纸红笺,无限啼痕。

【校记】

[1]随流水　吴本、《花草粹编》《词统》、晏本、朱本均作"闲随流水";朱本校记云:"原本'闲'字脱,从《花草粹编》。"《词谱》作"漫随流水";《词律》作"闲寻流水"。
[2]香尘　《花草粹编》作"芳尘"。
[3]愁滋味　吴本、《词统》《花草粹编》《词律》《词谱》、朱本均作"恶滋味"。

满庭芳

南苑吹花,西楼题叶,故园欢事重重。凭阑秋思,闲记旧相逢。几处歌云梦雨,可怜流水各西东[1]。别来久,浅情未有,锦字系征鸿。　　年光还少味,开残槛菊,落尽溪桐。漫留得,尊前淡月西风[2]。此恨谁堪共说[3],清愁付[4]、绿酒杯中。佳期在,归时待把、香袖看啼红。

【校记】

[1]可怜流水各西东　《绝妙词选》、吴本、《花草粹编》《词谱》、朱本均作"可怜便流水西东";朱校云:"原本'便'字脱,从《花庵词选》。"刘校云"当从朱本"。宛校也指出:"此句应作上三下四,毛、晏刻失律,不可从。"

[2]西风　《绝妙词选》《花草粹编》作"凄风"。

[3]共说　《绝妙词选》《花草粹编》作"说与"。

[4]清愁付　晏本作"消愁付";《历代诗馀》作"消除时"。

风入松[1]

柳阴庭院杏梢墙。依旧巫阳。凤箫已远青楼在,水沉难、复暖前香[2]。临镜舞鸾离照,倚筝飞雁辞行。　　坠鞭人意[3]自凄凉。泪眼回肠[4]。断云残雨当年事,到如今、几处[5]难忘。两袖晓风花陌,一帘夜月兰堂。

【校记】

[1]《全宋词》此题下有按语云:"此首又见韩玉《东浦词》。"

[2]水沉难复暖前香　吴本、朱本作"水沉□谁暖前香",缺一字;《全宋词》此句作"水沉谁、复暖前香","复"字后有按语云"此字原无,从陆校本《小山词》补";《花草粹编》作"水沉烟暖前香";《词谱》作"水沉烟、复暖前香"。

[3]人意　《花草粹编》作"人去"。

[4]回肠　《花草粹编》作"愁肠"。

[5]几处　《词谱》作"几度"。

又

心心念念忆相逢。别恨谁浓。就中懊恼难拚处,是擘钗、分钿匆匆。却似桃源路失,落花空记前踪。　　彩笺书尽浣溪红,深意难通。强欢殢酒图消遣,到醒来、愁闷还重。若是初心未改,多应此意须同。

秋蕊香

池苑清阴欲就。还傍[1]送春时候。眼中[2]人去欢难[3]偶。谁共一杯芳酒。　　朱阑碧砌皆如旧。记携手。有情不管别离久。情在相逢终有。

【校记】

[1]还傍　《花草粹编》作"还候"。

[2]眼中　《历代诗馀》作"眼前"。

[3]欢难　朱本作"难欢"。

又

歌彻郎君秋草。别恨远山眉小。无情莫把多情恼。第一归来须早。　　红尘自古长安道。故人少。相思不比相逢好。此别朱颜应老。

思远人

红叶黄花秋意晚,千里念行客。飞云[1]过尽,归鸿无信,何处寄书得。　　泪弹不尽临窗滴。就砚旋研墨。渐写到别来,此情深处,红笺为无色。

【校记】

[1]飞云　《花草粹编》《词谱》作"看飞云"。

凤孤飞

一曲画楼钟动,宛转歌声缓。绮席飞尘座满[1]。更少待[2]、金蕉暖。　　细雨轻寒今夜短。依前是、粉墙别馆。端的欢期应未晚。奈归云难管。

【校记】

[1]飞尘座满　吴本、朱本作"飞尘满"。刘毓盘《小山词校记》云:"按此调惟小山一词,他无可证,词律亦列作四十九字体,若作五言诗句法,则与上句句法复矣。当从《历代诗馀》作六字句为是。"

[2]少待　毛本、吴本、《花草粹编》《历代诗馀》《词律》《词谱》、晏本均作"小待"。

庆春时

倚天楼殿,升平风月,彩仗春移。鸾丝凤竹,长生调里,迎得翠舆归。　　雕鞍游罢,何处还有心期。浓熏翠被,深停画烛[1],人约月西时。

【校记】

[1]画烛　《词律》作"幽烛"。

又

梅梢已有,春来音信,风意犹寒。南楼暮雪,无人共赏,闲却玉栏干。　　殷勤今夜,凉月还似眉弯。尊前为把,桃根丽曲,重倚四弦看。

喜团圆

危楼静锁,窗中远岫[1],门外垂杨。珠帘不禁春风度,解偷送馀香。　　眠思梦想,不如双燕,得到兰房。别来只是,凭高泪眼,感旧离肠。

【校记】

[1]远岫　毛本、《词律》作"迢岫";晏本作"遥岫";《词律》恩锡、杜文澜校语云:"《词谱》'窗中迢岫'句'迢'作'远',此字宜仄,应遵改。"

忆闷令

取次临鸾匀画浅。酒醒迟来晚。多情爱惹闲愁,长黛眉低敛。　　月底相逢见[1]。有深深良愿。愿期信、似月如花,须更交[2]长远。

【校记】

[1]月底相逢见　吴本、朱本作"月底相逢花下见";刘校云:"按此调仅有小山一词,他无可证。《词律》亦列作四十五字体,又云'信'字复而赘,疑误多。若从朱本,则两起句既相合,再从万说作四十六字体,不独'但期'句与'月底'句相呼应,且前后一律矣。"

[2]更交　吴本、《词谱》、晏本、朱本均作"更教";《词律》恩锡、杜文澜校语云:"末句'交'当作'教'。"

梁州令[1]

莫唱阳关曲。泪湿当年金缕。离歌自古最销魂,于今[2]更在[3]

魂销处。　　南桥[4]杨柳多情绪。不系行人住。人情却似[5]飞絮。悠扬[6]便逐春风去。

【校记】

[1]梁州令　《历代诗馀》作"凉州令"。
[2]于今　吴本、朱本作"闻歌";《花草粹编》在"于今"后多"争奈"二字。
[3]更在　《词律》作"更有"。
[4]南桥　吴本、朱本作"南楼"。
[5]却似　《花草粹编》作"切似"。
[6]悠扬　吴本作"悠悠"。

燕归来[1]

莲叶雨,蓼花风。秋恨几枝红。远烟收尽水溶溶。飞雁碧云中。
衷肠事。鱼笺字。情绪年年相似。凭高双袖晚寒[2]浓。人在月桥东。

【校记】

[1]燕归来　晏本此词调作"喜迁莺"。《词律》注云:"一本题作《燕归来》。"王焕猷《小山词笺》按语云:"此词宜加令字曰《喜迁莺令》,因《喜迁莺》自有长调,亦曰《黄钟喜迁莺》,不宜相混也。"
[2]晚寒　《历代诗馀》作"晓寒"。

胡捣练[1]

小亭初报[2]一枝梅,惹起江南归兴。遥想玉溪风景,水漾横斜影。　　异香直到醉乡中,醉后还因香醒。好是玉容相并。人与花争莹。

【校记】

[1]按:以下四首依《全宋词》补。又,《全宋词》在词后注明本词的出处是上海古籍出版社 2004 年 10 月版景宋本《唐宋人选唐宋词·梅苑》卷九。
[2]初报　《唐宋人选唐宋词·梅苑》卷九作"初破"。

扑蝴蝶[1]

风梢雨叶,绿遍江南岸。思归倦客,寻芳来最晚。酒边红日初长,陌上飞花正满。凄凉数声弦管。怨春短。　　玉人应在,明月楼中画眉懒。鱼笺锦字,多时音信断。恨如去水空长,事与行云渐远。罗衾旧香馀暖。

【校记】

[1]《全宋词》在词后注明本词的出处是《阳春白雪》卷三,并加按语云:"《苕溪渔隐丛话·后集》卷三九载此首作旧词,不云何人作。明温博《花间集补》卷下以此首为唐人作。"

丑奴儿[1]

夜来酒醒清无梦,愁倚栏干。露滴轻寒。雨打芙蓉泪不干。

佳人别后音尘悄,瘦尽难拚。明月无端。已过红楼十二间。

【校记】

[1]《全宋词》在词后注明本词的出处是《永乐大典》卷三〇〇六"人"字韵引《小山琴趣外篇》,并加按语云:"此首见《淮海居士长短句》卷中,乃秦观作。又见《山谷琴趣外篇》卷三。疑《小山琴趣外篇》别有所据,姑两存之。"

谒金门[1]

溪声急。无数落花漂出。燕子分泥蜂酿蜜。迟迟艳风日。

须信芳菲随失。况复佳期难必。拟把此情书万一。愁多翻搁笔。

【校记】

[1]《全宋词》词牌后加按语云:"此首原见《花草粹编》卷三,题贺铸作,注:'天作叔原。'盖《天机馀锦》此首作晏叔原(幾道)词。"

附: 　　存目词(据《全宋词》移录,表述上略有改动)

调 名	首 句	出 处	附 注
破阵子	忆得去年今日	《全芳备祖》前集卷一二菊花门	晏殊词,见《珠玉词》
采桑子	樱桃谢了梨花发	《全芳备祖》前集卷二四樱桃花门	同上
渔家傲	粉笔丹青描未得	《全芳备祖》后集卷二莲门	同上
胡捣练	夜来江上见寒梅	《永乐大典》卷二八一〇梅字韵	同上

调 名	首 句	出 处	附 注
桃源忆故人	玉楼深锁薄情种	《永乐大典》卷三〇〇五人字韵	秦观词,见《淮海居士长短句》卷中
醉桃源	南园春半踏青时	《阳春集》注引《兰畹集》	冯延巳词,见《阳春集》
浣溪沙	一曲新词酒一杯	陈钟秀本《草堂诗馀》卷上	晏殊词,见《珠玉词》
如梦令	楼外残阳红满	《类编草堂诗馀》卷一	秦观词,见《淮海居士长短句》卷中
探春令	绿杨枝上晓莺啼	《类编草堂诗馀》卷一	无名氏词,见《草堂诗馀》前集卷下
探春令	帘旌微动	《花草粹编》卷五	宋徽宗赵佶词,见《能改斋漫录》卷一六
木兰花	一年滴尽莲花漏	《草堂诗馀》续集卷上	毛滂词,见《东堂词》
玉楼春	红楼十二栏杆侧	《词的》卷二	王子武词,见《花草粹编》卷六
踏莎行	小径红稀	《词的》卷三	晏殊词,见《珠玉词》
与团圆	鲛绡雾縠没多重	赵琦美辑《小山词补遗》	无名氏词,见《花草粹编》卷四
与团圆	轻攒碎玉玲珑竹	赵琦美辑《小山词补遗》	无名氏词,见《梅苑》卷八
御街行	霜风渐紧寒侵被	赵琦美辑《小山词补遗》引《古今词话》	无名氏词,见《花草粹编》卷八引《古今词话》
满江红	七十人稀	赵琦美辑《小山词补遗》	萧小山(泰来)词,见《翰墨大全》丙集卷一四
上行杯	落梅著雨消残粉	赵琦美辑《小山词补遗》引《词调元龟》	冯延巳词,见《阳春集》
睿恩新	芙蓉一朵霜秋色	赵琦美辑《小山词补遗》	晏殊词,见《珠玉词》
真珠髻	重重山外	《历代诗馀》卷八四	无名氏词,见《梅苑》卷一(按:《词谱》也定为无名氏之作。)
洞仙歌	江南腊尽	《古今图书集成》草木典卷二六六《柳部》	苏轼词,见《东坡词》卷下

晏幾道文

小山词自序

　　《补亡》一编,补乐府之亡也。叔原往者浮沉酒中,病世之歌词不足以析酲解愠,试续南部诸贤绪馀[1],作五七字语,期以自娱,不独叙其所怀,兼写一时杯酒间[2]闻见、所同游者意中事。尝思感物之情,古今不易,窃以谓篇中之意,昔人所不遗,第于今无传尔。故今所制,通以《补亡》名之。始时沈十二廉叔、陈十君宠[3]家有莲、鸿、蘋、云,品清讴娱客,每得一解,即以草授诸儿,吾三人持酒听之,为一笑乐。已而君宠疾废卧家[4],廉叔下世,昔之狂篇醉句,遂与两家歌儿酒使俱流转于人间。自尔邮传滋多,积有窜易。七月己巳,为高平公缀缉成编。追惟往昔过从饮酒之人,或垅木已长,或病不偶。考其篇中所记,悲欢合离之事,如幻如电,如昨梦前尘,但能掩卷怃然,感光阴之易迁,叹境缘之无实也。

（录自《四库全书·集部·小山词》后所载,见《全宋文》卷一六六四。）

【校记】
　　[1]馀绪　毛本同；他本作"绪馀"。
　　[2]杯酒间　《全宋文》"杯酒"后少一"间"字。
　　[3]君宠　毛本同。他本或作"君龙"。
　　[4]为一笑乐已而君宠疾废卧家　毛本同；朱本、吴本作"为一笑乐而已,而君龙疾废卧家"。按："已而"前多一"而"字,句读便不同。

晏幾道诗

与郑介夫[1]

小白长红又满枝,筑毬场外独支颐。春风自是人间客,张主繁华得几时[2]。

【校记】

[1]此诗见宋赵令畤《侯鲭录》卷四;厉鹗辑撰《宋诗纪事》卷二五;曾燠辑《江西诗征》卷一〇等。

[2]钱锺书《宋诗纪事补正》卷二五云:《类说》卷一五《侯鲭录》引此事此诗,"张主"作"主领"。《爱日斋丛抄》卷三同《类说》。《独醒杂志》卷四引此诗,"张主"作"主掌"。《事文类聚前集》卷八《晚春门》引此诗,"独支颐"作"好支颐","张主"作"主管"。《优古堂诗话》引此诗,"张主"作"主管"。

戏作示内[1]

生计唯兹椀,般擎岂惮劳。造虽从假合,成不自埏陶。阮杓非同调,颜瓢庶共操。朝盛负馀米,暮贮藉残糟。幸免墦间乞,终甘泽畔逃。挑宜筇作杖,捧称葛为袍。倘受桑间饷,何堪井上螬。绰然真自许,嘑尔未应饕。世久轻原宪,人方逐子敖。愿君同此器,珍重到霜毛。

【校记】

[1]此诗见宋张邦基《墨庄漫录》卷三;厉鹗辑撰《宋诗纪事》卷二五等。

题司马长卿画像[1]

犊鼻生涯一酒垆,当年嗤笑欲何如。穷通不属儿曹意,自有真人爱《子虚》。

【校记】

[1]此诗见宋孙绍远《声画集》卷一;厉鹗辑撰《宋诗纪事》卷二五;曾燠辑《江西诗征》卷一〇等。

观画目送飞雁手提白鱼[1]

眼看飞雁手携鱼,似是当年绮季徒。仰羡知几避缯缴,俯嗟贪饵失江湖。人间感绪闻诗语,尘外高踪见画图。三叹绘毫精写意,慕冥伤涠两踌躇。

【校记】

[1]此诗见宋孙绍远《声画集》卷八;厉鹗辑撰《宋诗纪事》卷二五;曾燠辑《江西诗征》卷一〇等。

公仪招观画[1]

初约看花花已尽,重亲闲客[2]客应欢。真花既不能长艳,画在霜纨更好看。

【校记】

[1]此诗见宋孙绍远《声画集》卷八;厉鹗辑撰《宋诗纪事》卷二五;曾燠辑《江西诗征》卷一〇等。按:2005年12月大象出版社出版、陈新等补正的《全宋诗订补》一书中指出:"此乃梅尧臣《依韵和公仪龙图招诸公观舞及画三首》之三,见卷二五八。"查《全宋诗》卷二五八及上海古籍出版社2009年4月重版的朱东润先生整理的《梅尧臣集编年校注》,均收有此诗。"公仪"是梅挚的字,《宋史》有传。梅尧臣集中还有多首和梅公仪的诗。

[2]重亲闲客 《全宋诗》《梅尧臣编年校注》作"重新邀客"。

七 夕[1]

云幕无波斗柄移,鹊慵乌慢得桥迟。若教精卫填河汉,一水还应有尽时。

【校记】

[1]此诗见宋谢维新《古今合璧事类备要·前集》卷一七;厉鹗辑撰《宋诗纪事》卷二五;曾燠辑《江西诗征》卷一〇等。按:钱锺书《宋诗纪事补正》卷二五云:"此诗重见本书卷七晏殊。"又卷七"晏殊"条《补正》云:"《事文类聚·前集》卷十《七夕门》引。《岁时广记》卷二十六亦引此诗,'无波'作'无多'。"

晚 春[1]

一春无事又成空,拥鼻微吟半醉中。夹道桃花新雨过,马蹄无处避残红。

【校记】

[1]此诗见元陈世隆《宋诗拾遗》卷七及《全宋诗》卷六八五等。按:2005年12月大象出版社出版、陈新等补正的《全宋诗订补》一书中指出:"此乃张公庠《晚春途中》诗,见卷

五一五。"查《全宋诗》卷五一五所收张公庠诗中确有此诗,题为《晚春途中》,文字也略有不同,"一春无事"作"一年春事","夹道"作"夹路","新雨"作"风雨"。

失　题[1]

公馀终日坐闲亭,看得梅开梅叶青。可是近来疏酒盏,酒瓶今已作花瓶。

【校记】

[1]此诗原出《锦绣万花谷·后集》卷二四《亭门》,由钱锺书先生辑得,见《宋诗纪事补正》卷二五;张草纫《二晏词笺注》"附录二"已收录。

列子有力命王充论衡有命禄极言必定之致览之有感[1]

大钧播群物,零茂归自然。默定既有初,不为智力迁。御寇导其流,仲壬派其源。智愚信自我,通塞当由天。宰世曰皋伊,迷邦有颜原。吾道诚一概,彼徒锺百端。卷之入纤毫,舒之盈八埏。进退得其宜,夸荣非所先。朝闻夕可陨,吾奉圣师言。

【校记】

[1]此诗原出《事文类聚·前集》卷三九《谈命者门》,转录自钱锺书《宋诗纪事补正》卷二五,钱先生有按语云:"此诗又见《宋文鑑》卷十五,作主为其父晏殊。"《全宋诗》卷六八五作"存目诗"收录,在"附注"栏中指出"诗见宋晏殊《元献遗文》"。

句

玉笙声里鸾空怨[1]。

【校记】

[1]此句见宋李龏《梅花衲》,《全宋诗》卷六八五已收录。

附 录

一、传记序跋类

子八人:长曰居厚,大理评事,早卒;次承裕,尚书屯田员外郎;宣礼,赞善大夫;崇让,著作佐郎;明远、祗德,皆大理评事;幾道、传正,皆太常寺太祝。(宋代欧阳修《文忠集》卷二二《观文殿大学士行兵部尚书西京留守赠司空兼侍中晏公神道碑铭》。按:台北成文出版社有限公司1975年据明代徐良傅等纂修、嘉靖卅三年刊本影印的《抚州府志》中有类似的记载,卷一一《人道志·名公世家》云:"(殊)子八人:居厚,大理评事;承裕,屯田员外郎;宣礼,赞善大夫;崇让,皇祐元年举进士,改名知止,朝请大夫;明远、祗德,皆大理评事;幾道、传正,皆太常寺太祝。")

永安县君张氏者,相国晏元献公之冢妇、祠部郎中成裕之嫡妻也。……事舅姑以孝闻。元献薨,有三男子、四女子幼稚,夫人养毓调护,皆至成立,娶妇嫁夫。盖其勤瘁寔力凡三十馀岁云。……夫人年五十七,熙宁二年九月十一日以疾终于京师。(宋代刘攽《彭城集》卷三九《永安县君张氏墓志铭》)

敕具官某:开封府浩穰,任兼三辅,往佐府事,必惟才能。以尔更练事为,积有闻誉,选于在列,俾践厥官。毋忘恪恭,以仵明陟。可。(宋代慕容彦逢《通判乾宁军晏幾道可开封府推官制》,见《四库全书·集部三·别集类二·摛文堂集》)

徽宗崇宁四年润二月六日诏:开封府狱空,王宁特转两官;两经狱空,推官晏幾道、何述、李注,推官转管勾使院贾炎并转一官,仍赐章服。(《宋会要辑稿》第一六八册《刑法四·狱空》)

晏叔原,元献公之暮子,自号小山。有乐府行于世,山谷为之序,称其词为高唐、洛神之流,其下者不减桃叶、团扇云。(宋代黄昇《唐宋诸贤绝妙词选》卷之三)

按其谱:自师吉上距于元献八世,距尚书公(按:指晏敦复,《宋史》有传。)六世。盖元献公九子,尚书则第八子之子。尚书六十三而殁,而尚书之子生三岁而孤,是以师吉之系历三百年而才八世云尔。宋之南渡,秦桧专政误国,胡公邦衡慷慨一疏,当时伟之,至今读者犹愤发有生气;岂知尚书之疏,犹深切著明,忧思治法,无不毕备。世臣之言,固当然乎?而学者鲜得见之,然国史有尚书之传,今又幸于私记叙谱而见之也,君子之言,其不可泯也如此乎!(元代虞集《道园学古录》卷三二《临川晏氏家谱序》)

幾道字叔原,号小山,殊幼子。监颍昌许田镇。能文章,尤工乐府,有临淄公风。子溥,字慧开。靖康初,官河北,与妻玉牒赵氏死难。(厉鹗《宋诗纪事》卷二五《晏幾道小传》)

殊公八子幾道,字叔原,行十五,号小山。……宋宝元戊寅四月廿三辰时生,宋大观庚寅九月殁,寿七十三岁。……生子二:溥、澄;女三。(《东南晏氏重修宗谱》,谱由晏殊第二十九世孙晏成玉主修,修谱时间为乾隆三十二年即1768年。转引自《文学遗产》1997年第1期刊载的涂木水文章《关于晏幾道的生卒年和排行》)

晏幾道,字叔原,殊第七子。能为文章,尤工乐府。其《小山词》清壮顿挫,见者击节,以为有临淄公风。黄山谷序之曰:"叔原固人英也。仕宦连蹇,而不一傍贵人之门;家人饥寒,而面有孺子之色;人百负之,终不疑其欺己。至其文,上掩骚屈,下者亦岂减《团扇》《桃叶》哉!"其所推如此。(清代曾国藩、刘坤一等修,刘绎、赵之谦等纂《江西通志》卷一五一《列传》)

晏叔原,临淄公之暮子也。磊隗权奇,疏于顾忌。文章翰墨,自立规摹,常欲轩轾人而不受世之轻重。诸公虽称爱之而又以小谨望之,遂陆沉于下位。平生潜心六艺,玩思百家,持论甚高,未尝以沽世。余尝怪而问焉。曰:"我槃跚勃窣,犹获罪于诸公;愤而吐之,是唾人面也。"乃独嬉弄于乐府之馀,而寓以诗人之句法。清壮顿挫,能动摇人心。士大夫传之,以为有临淄之风耳,罕能味其言也。余尝论叔原固人英也,其痴亦自绝人。爱叔原者皆恺而问其目。曰:"仕宦连蹇,而不能一傍贵人之门,是一痴也;论文自有体,不肯一作新进士语,此又一痴也;费资千百万,家人寒饥而面有孺子之色,此又一痴也;人百负之而不恨,己信人终不疑其欺己,此又一痴也。"乃共以为然。虽若此,至其乐府,可谓狭邪之大雅,豪士之鼓吹。其合者《高唐》《洛神》之流,其下者岂减《桃叶》《团扇》哉?余少时,间作乐府,以使酒玩世。道人法秀独罪余"以笔墨劝淫,于我法中当下犁舌之狱",特未见叔原之作耶?虽然,彼富贵得意,室有倩盼慧女,而主人好文,必当市购千金,家求善本,曰独不得与叔原同时耶!若乃妙年美士,近知酒色之娱;苦节臞儒,晚悟裙裾之乐。鼓之舞之,使宴安酖毒而不悔,是则叔原之罪也哉。山谷道人序。(黄庭坚《山谷集》卷一六《小山词序》)

《小山集》一卷,晏幾道叔原撰。其词在诸名胜中,独可追逼《花间》,高处或过之。其为人虽纵驰不羁,而不苟求进,尚气磊落,未可贬也。(陈振孙《直斋书录解题》卷二一)

诸名胜词集删选相半,独《小山集》直逼《花间》,字字娉娉嫋嫋,如揽嫱、施之袂。恨不能起莲、鸿、蘋、云,按红牙板唱和一过。晏氏父子具足追配李氏父子云。古虞毛晋记。(《宋名家词·小山词》毛晋跋)

臣等谨按:《小山词》一卷,宋晏幾道撰。幾道字叔原,号小山,殊之幼子。监颍昌许田镇。熙宁中,郑侠上书下狱,悉治平时所往还厚善者,幾道亦在数中;从侠家搜得其诗,裕陵称之,始令放出。事见《侯鲭录》。黄庭坚《小山集序》曰:"其乐府可谓侠邪之大雅,豪士之鼓吹。其合者《高唐》《洛神》之流;其下者,岂减《桃叶》《团扇》哉?"又《古今词话》载程叔微之言曰:"伊川闻人诵叔原词'梦魂惯得无拘检,又踏杨花过谢桥',曰'鬼语也'。意颇赏之。"然则幾道之词固甚为当时推挹矣。马端临《经籍考》载《小山词》一卷,并录黄庭坚全序。此本佚去庭坚序,惟存无名跋后一篇。又似幾道词本名《补亡》,以为"补乐府之亡",单文孤证,未敢遽改,姑仍旧本题之。至旧本字句,往往讹异。如《泛清波摘遍》一阕"暗惜光阴恨多少"句,此刻于"光"字上误增"花"字,衍作八字句,《词汇》遂改"阴"作"饮",再误为"暗惜花光饮恨多少",如斯之类,殊失其真,今并订正之焉。乾隆四十六年五月恭校上。(《四库全书·小山词提要》)

比于《文献通考》得黄山谷所制《小山集序》,论叔原痴绝,有之。称其乐府"寓以诗人句法,精壮顿挫,能动摇人心。士大夫传之,以为有临淄之风尔,罕能味其言也"。又谓"其合者《高唐》《洛神》之流,其下者岂减《桃叶》《团扇》",诚足当小山知音雅旧。已别录一卷,即以兹叙弁首,更为斠订词中躇驳,以小字密行,精刊墨板。名曰《小山乐府补亡》,从其自序义例也。(郑文焯《小山词跋》,见唐圭璋《词话丛编》第五册《大鹤山人词话附录》)

右《小山词》一卷,赵氏星凤阁藏明抄本。以校毛氏汲古阁刻,校正八十馀字。其讹文之显见者,即以毛本校录如右。他所参校亦附见焉。孝臧识。(朱孝臧《小山词校记》)

晏叔原词自序曰:"始时沈十二廉叔、陈十君龙家有莲、鸿、蘋、云,清讴娱客。"廉叔、君龙殆亦风雅之士。竟无篇阕流传,并其名亦不可考。宋兴百年以还,凡著名之词人,十九《宋史》有传。或附见父若兄传。大都黄阁钜公,乌衣华胄。即名位稍逊者,亦不获二三焉。当时词称极盛。乃至青楼之妙姬,秋坟之灵鬼,亦有名章俊语,载之曩籍,流为美谈。万不至章甫缝掖之士,尺板斗食者流,独无含咀宫商、规模秦、柳者。矧天子右文,群公操雅,提倡甚非无人,而卒无补于湮没不彰,何耶?国初顾梁汾有言:'懊恼之态,浸淫而入于风雅。'良可浩叹。即北宋词人以观,盖此风由来旧矣。即如叔原,其才庶几跨灶,其名殆犹恃父以传。夫传不传亦何足轻重之有?唯是自古迄今，不知埋没几许好词。而其传者，或反不如不传者之可传。是则重可惜耳！（况周颐《晏叔原词序》，见《蕙风词话》卷二）

晏氏父子嗣响南唐二主，才力相敌，盖不特辞胜，尤有过人之情。叔原以贵人暮子，落拓一生，华屋山邱，身亲经历，哀丝豪竹，寓其微痛纤悲，宜其造诣又过于父。山谷谓为"狎邪之大雅，豪士之鼓吹"，未足以尽之也。（夏敬观《彊村丛书·小山词》卷末评语）

《小山词》一卷，毛晋刊在《六十一家词》中。近岁归安朱氏《彊村丛书》取赵氏星凤阁藏明抄本以校毛刻，斠正八十馀字，视毛本增多一阕。兹编次序悉依彊本，以毛刻及诸选本参校一过，列其同异，录为校记一卷。凡彊本校记所及，不复重著。中华民国十七年（1928）六月六日闽侯林大椿记于北京。（林大椿跋）

二、唱和、轶事类

黄庭坚《次韵答叔原会寂照房呈稚川》："客愁非一种，历乱如蜜房。食甘念慈母，衣绽怀孟光。我家犹北门，王子渺湖湘。寄书无雁来，衰草漫寒塘。故人哀王孙，交味耐久长。置酒相暖热，愶于冬饮汤。吾侪痴绝处，不减顾长康。得闲枯木坐，冷日下牛羊。坐有稻田衲，颇熏知见香。胜谈初亹亹，修绠汲银床。声名九鼎重，冠盖万夫望。老禅不挂眼，看蜗书屋梁。韵与境俱胜，意将言两忘。出门事衮衮，斗柄莫昂昂。月色丽双阙，雪云浮建章。苦寒无处避，惟欲酒中藏。"

黄庭坚《同王稚川晏叔原饭寂照房得房字》："高人住宝坊，重客款斋房。市声犹在耳，虚静生白光。幽子遗淡墨，窗间见潇湘。蒹葭落凫雁，秋色媚横塘。博山沉水烟，淡与人意长。自携鹰爪牙，来试鱼眼汤。寒浴得温滔，体净心凯康。盘餐取近市，厌饫谢膻羊。裂饼羞豚胁，包鱼芰荷香。平生所怀人，忽言《山谷集》作兹共榻床。常恐风雨散，千里郁相望。斯游岂易得，渊对妙濠梁。雅雅《山谷集》作人王稚川，易亲复难忘。晏子与人交，风义盛激昂。两公盛才力《山谷集》作名,宫锦丽文章。鄙夫得秀句,成诵更怀藏。"

黄庭坚《次韵叔原会寂照房得照字》:"风雨思齐诗,草木怨楚调。本无心击排,胜日用歌啸。僧窗茶烟底,清绝对二妙。俱含万里情,雪梅开岭徼。我惭风味浅,砌莎慕松茑。中朝盛人物,谁与开颜笑。二公老谙事,似解寂寞钓。对之空叹嗟,楼阁重晚照。"（以上三首诗均录自傅璇琮等主编、北京大学出版社1995年3月出版的《全宋诗》第17册卷一〇〇五）

黄庭坚《自咸平至太康鞍马间得十小诗寄怀晏叔原并问王稚川行李鹅儿黄似酒对酒爱新鹅此他日醉时与叔原所咏因以为韵》其一:"诗入鸡林市,书邀道士鹅。云间晏公子,风月兴如何。"其二:"春风马上梦,樽酒故人持。犹作狂时语,邻家乞侍儿。"自注:稚川醉时作旁午状。其三:"忆同嵇阮辈,醉卧酒家床。今日垆边客,初无人姓黄。"其四:"对酒诚独难,论诗良不易。人生如草木,臭味要相似。"其五:"春色挟曙来,恼人似官酒。酬春无好语,怀我文章友。"其六:"红梅定自开,有酒无人对。归时应好在,常恐风雨晦。"其七:"东南万里江,绿净《山谷集》、陈刻本作尽一杯酒。王孙江南去,更得消息否。"其八:"献笑果不情,貌亲初不爱。谁言百年交,投分一倾盖。"其九:"四十垂垂老,文章岂更新。鼻端如可斲,犹拟为挥斤。"其十:"土气昏风日,人嚣极雁鹅。寻河著自注:音斫。绳墨,诗思略无多。"（录自傅璇琮等主编、北京大学出版社1995年3月出版的《全宋诗》第17册卷一〇一二,序号为整理者所加。）

晁端礼《鹧鸪天》（原词序云:晏叔原近作《鹧鸪天》曲,歌咏太平,辄拟之为十篇。野人久去辇毂,不得目睹盛事,故诵所闻万一而已。）:"霜压天街不动尘。千官环佩贺成禋。三竿闾阖楼边日,五色蓬莱顶上云。　随步辇,卷香裀。六宫红粉倍添春。乐章近与中声合,一片仙韶特地新。"又:"数骑飞尘入凤城。朔方诸部奏河清。圜扉木索频年静,大晟箫韶九奏成。　流协气,溢欢声。更将何事卜升平。天颜不禁都人看,许近黄金辇路行。"又:"阆苑瑶台路暗通。皇州佳气正葱葱。半天楼殿朦胧月,午夜笙歌淡荡风。　车流水,马游龙。万家行乐醉醒中，何须更待元宵到，夜夜莲灯十里红。"又："洛水西来泛绿波。北瞻丹阙正嵯峨。先皇秘箓按原本字残，不知何字无人解，圣子神孙果众多。　　民物阜，岁时和。帝居不用壮山河。卜年卜世过周室，亿万斯年入咏歌。"又："璧水溶溶漾碧漪。桥门清晓驻鸾旗。三千儒服鸳兼鹭，十万犀兵虎与貔。　　春服就，舞雩归。四方争颂育莪诗。熙丰教养今成效，已见夔龙集凤池。"又："八彩眉开喜色新。边陲来奏捷书频。百蛮洞穴皆王土，万里戎羌尽汉臣。　　丹转毂，锦拖绅。充庭列贡集珠珍。宫花御柳年年好，万岁声中过一春。"又："圣泽昭天下漏泉。君王慈孝自天然。四民有养跻仁寿，九族咸亲迈古先。　　歌舜日，咏尧年。竞翻玉管播朱弦。须知大观崇宁事，不愧生民下武篇。"又："日日仙韶度曲新。万机多暇宴游频。歌馀兰麝生纨扇，舞罢珠玑落绣綳。　　金屋暖，璧台春。意中情态掌中身。近来谁解辞同辇，似说昭阳第一人。"又："万国梯航贺太平。天人协赞甚分明。两阶羽舞三苗格，九鼎神金一铸成。　　仙鹤唳，玉芝生。包茅三脊已充庭。翠华脉脉东封事，日观云深万仞青。"又："金碧觚棱斗极边。集英深殿听胪传。齐开雉扇双分影，不动金炉一喷烟。　　红锦地，碧罗天。升平楼上语喧喧。依稀曾听钧天奏，耳冷人间四十年。"（录自唐圭璋编《全宋词》，中华书局1995年6月版第一册）

晏元献之子小晏，善词章，颇有父风。有宠人善歌舞，晏每作新词，先使宠人歌之。张子野与小晏厚善，每称赏宠人善歌。偶一日，宠人触小晏细君之怒，遂出之，子野作《碧牡丹》一曲以戏小晏曰："步帐摇红绮。晓月堕，沉烟砌。缓板香檀，唱彻伊家新制。怨入眉头，敛黛峰眉翠。芭蕉寒，雨声碎。　　镜华翳。闲照孤鸾戏。思量去时容易。钿盒瑶钗，至今冷落轻弃。望极蓝桥，空暮云千里。几重山？几重水？"小晏见之凄然，与子野曰："人生以适意为贵，吾何咎之有！"乃多以金帛赎姬，及归，使歌子野之词。（原题皇都风月主人编《绿窗新话》卷上，引自宋代杨湜撰、赵万里辑《古今词话》。按：《道山清话》以此事属晏殊。查张先词集，本词有词题也作"晏同叔出姬"。）

熙宁中，郑侠上书，事作下狱，悉治平时所往返厚善者，晏叔原皆在数中。侠家搜得叔原与侠诗，云："小白长红又满枝，筑毬场外独支颐。春风自是人间客，张主繁华得几时。"裕陵称之，即令释出。（宋代赵令畤《侯鲭录》卷四）

晏叔原，临淄公晚子。监颍昌府许田镇，手写自作长短句，上府帅韩少师。少师报书："得新词盈卷，盖才有馀而德不足者。愿郎君捐有馀之才，补不足之德，不胜门下老吏之望云。"一监镇官，敢以杯酒间自作长短句示本道大帅；以大帅之严，犹尽门生忠于郎君之意；在叔原为甚豪，在韩公为甚德也。（宋代邵博《邵氏闻见后录》卷一九）

晏叔原聚书甚多，每有迁徙，其妻厌之，谓叔原有类乞儿搬漆碗，叔原作诗云云。（宋代张邦基《墨庄漫录》卷三）

叔原年未至乞身，退居京城赐第，不践诸贵之门。蔡京重九、冬至日遣客求长短句，欣然两为作《鹧鸪天》（词略）。竟无一语及蔡者。（宋代王灼《碧鸡漫志》卷二）

庆历中，开封府与棘寺同日奏狱空，仁宗于宫中宴集，宣晏叔原作此（按：指《鹧鸪天》"碧藕花开水殿凉"一词），大称上意。（宋代黄昇《唐宋诸贤绝妙词选》卷三）

晏叔原见蒲传正，言先公平日小词虽多，未尝作妇人语也。传正云："'绿杨芳草长亭路，年少抛人容易去'岂非妇人语乎？"晏曰："公谓'年少'为何语？"传正曰："岂不谓其所欢乎！"晏曰："因公之言，遂晓乐天诗两句，云：'欲留所欢待富贵，富贵不来所欢去。'"传正笑而悟。然如此语意自高雅耳。（宋代魏庆之《诗人玉屑》卷二一《诗眼》引）

元祐间，叔原以长短句行，苏子瞻因黄鲁直欲见之，则谢曰："今政事半吾家旧客，亦未暇见也。"（元代陆友仁《研北杂志》）

李师师,汴中名妓,不独周美成为之倾倒,一时诸名士,亦多有题赠焉。晏小山则有《生查子》云:"远山眉黛长,细柳腰肢袅。妆罢立春风,一笑千金少。　归去凤城时,说与青楼道。遍看颍川花,不似师师好。"又云:"落梅亭榭香,芳草池塘绿。春恨最关情,月过栏干曲。　几时花里闲,看得花枝足。醉后莫思家,借取师师宿。"(清代叶申芗《本事词》卷上。按:王焕猷《小山词笺》有按语曰:"李师师为徽宗所赏名妓,此人所皆知者,然疑'师师'二字为宋人通用妓女之名,张先词中亦有师师。先仁宗初已成进士,而师师乃名于徽宗时。故疑叔原此首末句所言,非指李师师也。至南宋人词则此二字已不多见矣。"

三、评论类(古代)

　　晁无咎评本朝乐章云:……晏元献不蹈袭人语,而风调闲雅,如"舞低杨柳楼心月,歌尽桃花扇底风",知此人不住三家村也。(《复斋漫录》,宋代魏庆之《诗人玉屑》卷二一《诗馀》"晁无咎评"条引。按:"舞低"两句实为晏幾道词句。)

　　王介甫、曾子固,文章似西汉,若作一小歌词,则人必绝倒,不可读也。乃知词别是一家,知之者少。后晏叔原、贺方回、秦少游、黄鲁直出,始能知之。又晏苦无铺叙,贺苦少典重,秦即专主情致而少故实。譬如贫家美女,虽极妍丽丰逸,而终乏富贵态。黄即尚故实,而多疵病。譬如良玉有瑕,价自减半矣。(宋代李清照《词论》)

　　晏叔原长短句云:"门外绿杨春系马,床前红烛夜呼卢。"盖用乐府《水调歌》云:"户外碧潭春洗马,楼前红烛夜迎人。"然叔原之词甚工。(宋代吴开《优古堂诗话》)

　　《侯鲭录》载:裕陵喜晏叔原《与郑侠绝句》云:"小白长红又满枝,筑毬场外独支颐。春风自是人间客,主管繁华得几时?"然山谷少时有《感春》诗云:"风光不长妍,如客暂时寓。"则晏意山谷已道之矣。(宋代吴开《优古堂诗话》)

程叔微(按:一作"彻"。)云:"伊川闻诵晏叔原'梦魂惯得无拘检,又踏杨花过谢桥'长短句,笑曰:'鬼语也。'"意亦赏之。程、晏三(按:一作"二"。)家有连云。(宋代邵博《邵氏闻见后录》卷一九)

近世词人,闲情之靡,如伯有所赋,赵武所不得闻者,有过之无不及焉,是得为好色而不淫乎?惟晏叔原云"落花人独立,微雨燕双飞",可谓好色而不淫矣。(宋代杨万里《诚斋诗话》)

晏叔原小词:"无处说相思,背面秋千下。"吕东莱极喜诵此词,以为有思致。此语本李义山诗,云:"十五泣春风,背面秋千下。"(宋代曾季貍《艇斋诗话》)

《雪浪斋日记》云:"晏叔原工小词,如'舞低杨柳楼心月,歌尽桃花扇底风',不愧六朝宫掖体。"(宋代胡仔《苕溪渔隐词话》卷一)

贺方回、周美成、晏叔原、僧仲殊各尽其才力,自成一家。贺、周语意精新,用心甚苦。毛泽民、黄载万次之。叔原如金陵王谢子弟,秀气胜韵,得之天然,将不可学。仲殊次之,殊之赡,晏反不逮也。(宋代王灼《碧鸡漫志》卷二)

晏叔原歌词,初号《乐府补亡》。自序曰:(略)。其大指如此。叔原于悲欢合离,写众作之所不能,而嫌于夸,故云,昔人定已不遗,第今无传。莲、鸿、蘋、云,皆篇中数见,而世多不知为两家歌儿也。其后目为《小山集》,黄鲁直序之云:"嬉弄于乐府之馀,寓以诗人句法。清壮顿挫,能动摇人心。"有云:"狎邪之大雅,豪士之鼓吹,其合者《高唐》《洛神》之流,其下者岂减《桃叶》《团扇》。""若乃妙年美士,近知酒色之娱;苦节臞儒,晚悟裙裾之乐。鼓之舞之,使宴安酖毒而不悔,则叔原之罪也哉。"(宋代王灼《碧鸡漫志》卷二)

晏叔原熨帖悦人，如"为少年湿了，鲛绡帕上，都是相思泪"，便一直说去，了无风味，此词家最忌。（清代刘体仁《七颂堂词绎》）

"夜阑更秉烛，相对如梦寐。"叔原则云："今宵剩把银釭照，犹恐相逢是梦中。"此诗与词之分疆也。（清代刘体仁《七颂堂词绎》）

晏幾道小山词似古乐府，余绝爱其《生查子》云："长恨涉江遥，移近溪头住。闲荡木兰舟，卧入双鸳浦。　无端轻薄云，暗作廉纤雨。翠袖不胜寒，欲向荷花语。"公自序云："《补亡》一篇，补乐府之亡也。"可以当之。（清代李调元《雨村词话》卷一）

鬼语分明爱赏多，小山小令擅清歌。世间不少分襟处，月细风尖唤奈何！（清代厉鹗《论词绝句》）

叔原《小山词》，其自叙以为"浮沉酒中，病世之歌词不足以析酲解愠，试续南部诸贤馀绪，作五七字语，期以自娱，不独叙其所怀，兼写一时杯酒间闻见所及。"又云："始时，沈十二廉叔、陈十君宠家有莲、鸿、蘋、云，品清讴娱客，每得一解，即以草授诸儿，吾三人持酒听之，为一笑乐。"盖其寄托如此。其所称莲、鸿、蘋、云者，词中往往见之。（举例略）皆寓诸伎之名也。叔原自许续南部馀绪，故所作足闯《花间》之室，以视《珠玉集》，无愧也。（清代郭麐《灵芬馆词话》卷二）

晏氏父子，仍步温、韦；小晏精力尤胜。（清代周济《宋四家词选目录序论》）

词之有令，唐五代尚矣。宋惟晏叔原最擅胜场，贺方回差堪接武。其馀间有一二名作流传，然皆专门之学。自兹以降，专工慢词，不复措意令曲，其作令曲，仍与慢词声响无异。（清代杜文澜《憩园词话》卷二引周稚圭词评，见《词话丛编》第三册）

词同《珠玉集》俱传,直过《花间》恐未然。人似伊川称鬼语,君王却赏《鹧鸪天》。(清代谭莹《乐志堂诗集》卷六)

淮海、小山,真古之伤心人也,其淡语皆有味,浅语皆有致,求之两宋词人,实罕其匹。子晋欲以晏氏父子追配李氏父子,诚为知言。(冯煦《蒿庵论词》)

少游词有小晏之妍,其幽趣则过之。(清代刘熙载《艺概·词概》)

叔原贵异,方回赡逸,耆卿细贴,少游清远。四家词趣各别,惟尚婉则同耳。(清代刘熙载《艺概·词概》)

北宋之晏叔原,南宋之刘改之,一以韵胜,一以气胜,别于清真、白石外,自成大家。(清代陈廷焯《词坛丛话》)

晏小山词,风流绮丽,独冠一时。黄山谷序称叔原"仕宦连蹇,而不能一傍贵人之门,是一痴也;论文自有体,而不肯一作新进士语,此又一痴也;费资千百万,家人寒饥而面有孺子之色,此又一痴也"。是叔原之为人,正有异于流俗,不第以绮语称矣。(清代陈廷焯《词坛丛话》)

《诗》三百篇,大旨归于无邪。北宋晏小山工于言情,出元献、文忠之右,然不免思涉于邪,有失风人之旨;而措词婉妙,则一时独步。(清代陈廷焯《白雨斋词话》卷一)

李后主、晏叔原皆非词中正声,而其词则无人不爱,以其情胜也。情不深而为词,虽雅不韵,何足感人?(清代陈廷焯《白雨斋词话》卷七)

晏元献、欧阳文忠皆工词,而皆出小山下;专精之诣,固应让渠独步。然小山虽工词,而卒不能比肩温、韦,方驾正中者,以情溢词外,

未能意蕴言中也。故悦人甚易,而复古则不足。(清代陈廷焯《白雨斋词话》)

冯梦华《宋六十一家词选序例》谓:"淮海、小山,古之伤心人也。其淡语皆有味,浅语皆有致。"余谓此唯淮海足以当之。小山矜贵有馀,但可方驾子野、方回,未足抗衡淮海也。(王国维《人间词话》)

小山词《阮郎归》云:"天边金掌露成霜。云随雁字长。绿杯红袖趁重阳。人情似故乡。　兰佩紫,菊簪黄。殷勤理旧狂。欲将沉醉换悲凉。清歌莫断肠。""绿杯"二句,意已厚矣。"殷勤理旧狂"五字三层意。"狂"者,所谓一肚皮不合时宜,发见于外者也。狂已旧矣,而理之,而殷勤理之,其狂若有甚不得已者。"欲将沉醉换悲凉"是上句注脚。"清歌莫断肠"仍含不尽之意。此词沉著厚重,得此结句,便觉竟体空灵。小晏神仙中人,重以名父之贻,贤师友相与沉瀣,其独造处,岂凡夫肉眼所能见及。"梦魂惯得无拘管,又逐杨花过谢桥。"以是为至,乌足与论小山词耶。(况周颐《蕙风词话》卷二)

余谓艳词自以小山为最,以曲折娇婉,浅处皆深也。(吴梅《词学通论》)

四、著作、论文类(现当代)

(一)著作类

1. 林大椿整理《小山词》,上海商务印书馆,1930 年
2. 宛敏灏《二晏及其词》,上海商务印书馆,1935 年
3. 王焕猷《小山词笺》,商务印书馆,1947 年(按:内收刘毓盘《小山词校记》)
4. 夏承焘《唐宋词人年谱·二晏年谱》,古典文学出版社,1957 年
5. 唐圭璋编《全宋词·晏幾道词》,中华书局,1980 年
6. 吴林抒整理《小山词》,江西人民出版社,1988 年

7. 王根林校点《词林集珍·小山词》,上海古籍出版社,1988年

8. 羊春秋点校《宋十大名家词·小山词》,岳麓书社,1990年

9. 吴林抒,斌生《二晏研究论集》,学林出版社,1991年

10. 涂木水主编《临川文学史》,江西高校出版社,1998年

11. 《小山词》(收入《书韵楼丛刊》第三辑),上海古籍出版社,2005年

12. 王双启《晏幾道词新释辑评》,中国书店,2007年

13. 张草纫《二晏词笺注》,上海古籍出版社,2008年

14. 唐红卫《二晏研究》,南开大学出版社,2010年

(二)论文类

1. 冒广生《小山词校记》,《同声月刊》1941(1)

2. 郑骞《夏著二晏年谱补正》与《晏叔原系年新考》,见其所著《景午丛编》下编,台北:中华书局,1972

3. 吴世昌《漫谈小山词用成句及其他》,《光明日报》1987-7-21

4. 顾学颉《漫谈小山词的婉字法》,《光明日报》1983-2-1

5. 刘扬忠《二晏父子》,《文史知识》1983(9)

6. 朱淡文《略论晏幾道及其小山词》,《求是学刊》1984(5)

7. 锺陵《清壮顿挫小山词》,《南京师范大学学报》1985(2)

8. 锺陵《二晏家世事迹补辨——二晏事迹缀补之一》,《南京师范大学学报》1986(2)

9. 张富华《浅论晏幾道词的思想意义》,《新疆大学学报》1986(2)

10. 锺陵《晏幾道生卒年小考》,《南京师范大学学报》1987(4)

11. 朱槿《〈珠玉词〉的名对和小山词的婉字法》,《抚州师专学报》1987(2)

12. 陈尚君《晏幾道生平零考》,《中华文史论丛》1988(1)

13. 陶尔夫、刘敬圻《晏幾道梦词的理性思考》,《文学评论》1990(2)

14. 缪钺《词品与人品——再论晏幾道》,《四川大学学报》1990

(3)

15. 陈信凌《晏幾道的个性与其词的创作浅探》,《江西大学学报》1992(4)

16. 吴晟《略论晏幾道词的抒情方式》,《抚州师专学报》1993(1)

17. 殷光熹《悲怨深婉、沉郁顿挫的小山词》,《云南师范大学学报》1993(2)

18. 诸葛忆兵《心灵的避难所——论晏幾道的恋情词》,《求是学刊》1993(4)

19. 李军《论小山词痴的情感特征》,《齐齐哈尔师范学院学报》1994(1)

20. 陈定玉《论晏幾道对令词发展的贡献》,《中国韵文学刊》1994(1)

21. 黄南南《跨越时空的不解情结——二晏词"痴情""惆怅"意绪论》,《江西社会科学》1996(12)

22. 涂木水《关于晏幾道的生卒年和排行》,《文学遗产》1997(1)

23. 晏立豪《"二晏"年谱小考》,《文献》1997(2)

24. 王玫《离歌自古最销魂——浅论小山词审美特征》,《中国韵文学刊》1997(2)

25. 高国藩《论晏幾道的痴情:兼谈林黛玉的痴情》,《抚州师专学报》1997(4)

26. 傅义《论晏幾道对晏殊词的继承与超越》,《江西社会科学》1998(1)

27. 刘庆云《试解小晏专意令词之谜》,《求索》1998(2)

28. 张海鸥《小晏词内涵的对比结构分析》,《殷都学刊》1998(2)

29. 泠风《落花微雨说相思——吟晏幾道(临江仙)》,《文史知识》1998(3)

30. 刘锋焘《欲将沉醉换悲凉——浅谈情与梦境交织的晏小山词》,《文史知识》1998(3)

31. 朱德才《漫说小山词》,《名作欣赏》1998(3)

32. 林家英《明月与梦——二晏词意象散论》,《甘肃广播电视大

学学报》1998(3)

33. 阎玉慧《名句千古,不能有二——晏幾道(小山词)新论》,《郑州大学学报》1998(4)

34. 程自信《论晏幾道的政治倾向及其词作》,《安徽大学学报》1998(6)

35. 许金华《小山词借"花间之身"还"南唐之魂"》,《古典文学知识》1999(1)

36. 文瀚《晏幾道两首(浣溪沙)辨》,《西北大学学报》1999(2)

37. 李慎明《晏幾道梦词原型意象的增值性》,《河东学刊》1999(2)

38. 王晓瑜《诉衷情于相逢之时,寄别恨于欣喜之间:也谈晏幾道的(鹧鸪天)》,《贵阳师专学报》1999(3)

39. 房日晰《浅谈晏幾道词对梦的描写》,《古典文学知识》1999(6)

40. 泠风《沉醉重阳莫断肠——说晏幾道〈阮郎归〉》,《文史知识》1999(12)

41. 房日晰《二晏词论略》,《西北大学学报》2000(1)

42. 杨海明《晏幾道词中的怀旧心态》,《文史知识》2000(2)

43. 陈水根《论二晏词风形成的原因》,《九江师专学报》2001(2)

44. 文珍《小山词梦意象浅说》,《琼州大学学报》2002(2)

45. 龙慧萍《真纯·善感——论晏幾道与纳兰性德词心之相似》,《中国韵文学刊》2003(2)

46. 徐安琪《晏幾道词学思想新探》,《词学》第十五辑,华东师范大学出版社,2004

47. 覃媛元《晏幾道年谱》,《广西教育学院学报》2005(5)

48. 木斋《论小晏体的词史意义》,《山东师范大学学报》2007(2)

49. 唐红卫《二晏研究百年回顾与展望》,《湖南工程学院学报》2008(3)

50. 叶嘉莹《论晏幾道词在词史中之地位》,见《唐宋词名家论稿》,北京大学出版社,2008年。(按:在《灵溪词说》《唐宋词十七

讲》等著述中,叶嘉莹也论及晏幾道词)

51. 王小岩《论文人词写作经验对晏幾道之影响》,《南阳师范学院学报》2009(5)

52. 谢君《浅谈晏幾道、秦观之词心》,《河南机电高等专科学校学报》2009,17(4)

53. 冯婵《论小山词的今昔对比与天气描写》,《池州学院学报》2009,23(5)

54. 杨安邦《晏殊家世中的几个问题》,《东华理工大学学报(社会科学版)》2009,28(4)

55. 唐红卫《文杏牡丹自不同——论二晏词之异》,《大庆师范学院学报》2010,30(1)

56. 文红霞《惯爱"痴人说梦"的晏小山》,《古典文学知识》2010(1)

57. 邓志敏《从〈小山词〉看晏幾道的女性化气质》,《铜陵学院学报》2010(2)

58. 蔡雯《论小山词的童话意境》,《苏州科技学院学报(社会科学版)》2010,27(3)

59. 孟祥君《晏幾道词中的雁意象研究》,《绍兴文理学院学报》2010,30(3)

60. 季丹《浅谈晏幾道小山词的感伤词境》,《咸宁学院学报》2010,30(7)

61. 唐卫红、阳海燕《论二晏词的诗化特点》,《萍乡高等专科学校学报》2010,27(4)

62. 祁宁锋《晏幾道词"苦无铺叙"说新论——从李清照《词论》谈起》,《中国韵文学刊》2011(2)

五、《中国古籍善本书目》著录《小山词》现存善本一览表

书　名	著录情况	现存图书馆名称
《百家词》□□□卷,明吴讷编,明抄本,梁启超跋,存一百三十二卷	收有《小山词》一卷	天津市人民图书馆
《宋名家词六十一种》九十卷,明毛晋编,明崇祯毛氏汲古阁刻本	第一集中收有《小山词》一卷	北大图书馆、上海图书馆、南京图书馆、江西省图书馆等34家图书馆
《宋二十家词》二十六卷,明抄本,清许宗彦、丁丙跋	收有《小山词》二卷	南京图书馆
《大小晏词》四卷,清抱经斋抄本	收有《小山词》一卷,拾遗一卷	北京图书馆
《小山词》一卷,明抄本,清丁丙跋		南京图书馆
《小山词》一卷,清四宝斋抄本		上海图书馆
《小山词》一卷,清光绪十四年汪氏刻宋名家词本,朱祖谋校		浙江图书馆
《小山词》一卷,清抄本,朱祖谋批校		浙江图书馆
《小山词》一卷,明抄本,清何焯校		杭州大学图书馆

六、小山词版本考

《乐府补亡集》　　　见《苕溪渔隐丛话·后集》。
《小山集》一卷　　　见《直斋书录解题》。
《小山词》一本　　　见《文献通考》。
《晏叔原词》　　　　见《遂初堂书目》。
《小山词》一卷　　　天一阁藏抄本。
《小山词》一卷　　　见《孝慈堂书目》。曹秋岳手抄。
《小山词》一卷　　　《也是园书目》。
《小山词》一卷　　　《佳趣堂书目》。

《小山词》二卷	北京图书馆藏《南词》本。
《小山词》	天津图书馆藏《唐宋名贤百家词》抄本。
《小山词》二卷	许氏鑑止水斋藏明抄本。分上、下两卷,《归田乐》以下为下卷,卷端有山谷道人序及无名氏序。无名氏序即小山自序,所以未著名者,或传写佚去,或以自序之故。
《小山词》一卷	赵氏星凤阁藏明抄本。卷端有山谷道人序,无名氏序在卷末。此本与许藏明抄本目次同,惟自《清平乐》以后,目次与毛本迥异。
《小山词》一卷	汲古阁刊本。词二百五十四首。与赵藏本相比,此少《浣溪沙》"飞鹊台前"一首,盖毛氏以其为山谷词而删之也。
《小山词》二卷	陆敕先、毛斧季校本。陆氏据三抄本校,毛氏据孙氏旧抄本校,每首标次序,并补"飞鹊台前"一首。皕宋楼藏书,郦衡叔藏书。
《小山词》二卷	孙氏旧抄本,见毛校本跋。
《小山词》二卷	旧抄本,见毛校本跋。陆氏云:《归田乐》以下为下卷,惜下卷逸去,其本极佳。予按此与许藏明抄本同。
《小山词》一卷	抄本,见毛校本跋,章次与毛刻同。
《小山词》一卷	抄本,见毛校本跋,章次与毛刻异。
《小山词》一卷	《四库全书》本,用毛刻本,略有订正。
《小山词抄》一卷、《补抄》一卷	晏端书刊本。《词抄》从《历代诗馀》辑,一百九十首;《补抄》从汲古阁本辑,六十八首,共二百五十八首,较赵藏本多三首。《满江红》"七十人稀"一首乃萧泰来词,《珍珠髻》"重重山外"一首乃无名氏词,晏氏从《诗馀》补入,误。
《小山词》一卷	《彊村丛书》本,用赵藏明抄本。

《小山词》一卷　　汪大钧刻本,见《彊村丛书》校语。
《元献遗文》附词　《元献遗文》后附小山词,仅十四调、二十二首。

(移录自唐圭璋《词学论丛·宋词版本考·晏幾道》)

另:据江西人民出版社1994年8月出版的《江西历代书刻》一书记载,清代康熙十九年(1680)慈溪胡亦堂梦川亭刻有胡亦堂辑录的《临川文献》15种,内收有《晏叔原先生集》一卷。

图书在版编目(CIP)数据

临川二晏集/(北宋)晏殊,(北宋)晏幾道著;黄建荣,戴训超整理.—南昌:江西人民出版社,2016.12

(江右族群文献整理系列)

ISBN 978-7-210-07123-5

Ⅰ.①临… Ⅱ.①晏… ②晏… ③黄… ④戴…
Ⅲ.①宋词—选集 Ⅳ.①I222.844

中国版本图书馆 CIP 数据核字(2017)第 023431 号

书名:临川二晏集
作者:(北宋)晏殊,(北宋)晏幾道著;黄建荣,戴训超整理
责任编辑:邓丽红
特约编辑:姚继舜
装帧设计:同异文化传媒
出版:江西人民出版社有限责任公司
地址:江西省南昌市三经路 47 号附 1 号　　邮编:330006
编辑部电话:0791-86898702　　发行部电话:0791-86898893
网址:www.jxpph.cn　　E-mail:jxpph@tom.com　　web@jxpph.com
发行:各地新华书店
版次:2016 年 12 月第 1 版　　**印次**:2016 年 12 月第 1 次印刷
开本:880 毫米×1230 毫米　　1/32
印张:8.25　　**字数**:240 千字
ISBN 978-7-210-07123-5
赣版权登字—01—2017—31
定价:35.00 元
承印厂:江西千叶彩印有限公司
版权所有　　侵权必究
赣人版图书凡属印刷、装订错误,请随时向承印厂调换